U0889304

中国哲学通识课

周桂钿◎著

中共中央党校出版社

图书在版编目（CIP）数据

中国哲学通识课 / 周桂钿著 . -- 北京：中共中央党校出版社，2021.3（2022.7 重印）
ISBN 978-7-5035-7011-7

Ⅰ . ①中… Ⅱ . ①周… Ⅲ . ①哲学 - 研究 - 中国 Ⅳ . ① B2

中国版本图书馆 CIP 数据核字（2021）第 027228 号

中国哲学通识课

责任编辑 蔡锐华 王美丽
版式设计 张 敏
责任印制 陈梦楠
责任校对 马 晶
出版发行 中共中央党校出版社
地　　址 北京市海淀区长春桥路 6 号
电　　话 （010）68922815（总编室）　（010）68922233（发行部）
传　　真 （010）68922814
经　　销 全国新华书店
印　　刷 北京文昌阁彩色印刷有限责任公司
开　　本 710 毫米 ×1000 毫米 1/16
字　　数 259 千字
印　　张 19.5
版　　次 2021 年 3 月第 1 版 2022 年 7 月第 2 次印刷
定　　价 58.00 元

网　　址：www.dxcbs.net　**邮　　箱：**zydxcbs2018@163.com
微 信 ID：中共中央党校出版社 **新浪微博：**@党校出版社

版权所有 · 侵权必究
如有印装质量问题，请与本社发行部联系调换

总 序

领导干部要有通识通学通才

王荣

得知中共中央党校出版社准备出版一套领导干部通识教育读物，深受鼓舞。这一套系列丛书，涵盖文学、历史、哲学、经济、政治、军事、管理、科学、艺术等各个主要学科领域。它们将能丰富我们的知识，拓宽我们的眼界，推动我们的思维认知、选择决策，延伸发展我们的执政能力、教化能力、全面深化改革能力，优化领导干部素质，提高领导干部的境界和威信。

为了完成党领导全国各族人民，统揽伟大斗争、伟大工程、伟大事业、伟大梦想，推动中国特色社会主义伟大事业的历史使命，我们的领导干部，不但必须掌握既有的专门学科知识与技能，更要具备统揽大局、统筹全局的通识通学通才。

新中国成立前夕，在毛泽东提议下，党中央重新编审了一套12本干部要学习的马列主义著作，毛泽东专门把这套书定名为“干部必读”。这12本“干部必读”，也是一套马列主义著作的通识课，许多老同志至今对此记忆犹新，感奋不已。改革开放初期，邓小平提出了实现干部队伍革命化、年轻化、知识化、专业化的战略方针。其中的知识化，既包括了专业教育，也包括了通识教育、通才教育。习近平总书记十分重视对领导干部的本领和能力的培养教育，他提出“领导干部要爱读书读好书善读书”，领导干部要增强“八大本领”，年轻干部要提升“七种能力”。习近平总书记强调，经济、政治、历史、文化、社会、科技、军事、外交等方面的知识，领导干部要结合工作需要来学习，不断提高自己的知识化、专业化水平。要坚持干什么学什么、缺什么补什么，有针对性地学习掌握做好领导工作、履行岗位职责所必备的各种知识，努力使自己真正成为行家里手、内行领导。这样才能成为一个复合型领导干部，也就是一个通才。

作为复合型领导干部，还要善于汲取世界先进文明成果。文明因多样而交流，因交流而互鉴，因互鉴而发展。马克思主义和社会主义思想传入中国，再到改革开放以来全方位对外开放，中华文明始终在兼收并蓄中历久弥新。我们只有张开双臂拥抱世界，才能不断扩大对外开放，社会主义市场经济才能取得高质量发展。

孔子提出了“君子不器”的观点，就是说，君子的使命感责任感在于修齐治平，大任在于家国天下，不能仅仅满足于技能性操作，更要把握天命天道，以及多方面的追求规范，用今天的话来说，就是要把握历史的发展规律，要树立正确的“三观”与科学的价值体系，从而更好、更全面地推动中国的进步与发展。

我们常说，博观约取，厚积薄发。通识教育就是一个“博观”“厚积”的过程，这个过程做扎实了，就能“约取”“薄发”。领导干部要做到通识，要融会贯通多学科、跨学科与人民历史性实践的方方面面的文明成果。这样一个成果的获得，也正是马克思提出的实现人的全面发展的理想在中国特色社会主义现代化中的体现。经过摸索探寻研讨总结，希望这套丛书的出版能有助于领导干部自我教育的努力，有利于我们的干部通识教育的发展与完善。

王蒙，著名作家、学者，曾任文化部部长，2019年9月被授予“人民艺术家”国家荣誉称号。

前言

“哲”有智慧的意思，那么，哲学就是智慧之学。智慧也有千差万别，我以为智慧也可以大体分为追求真、善、美的差别。西方哲学的主流是求真的科学哲学，中国哲学的主流是求善的政治哲学。

求善的政治哲学，宗旨是保护所有人，其中包括弱者，包括矜寡孤独废疾者。为了保护弱者，需要惩治危害社会安定的害群之马。

在保护生命方面，中国传统不讲“优胜劣汰”，只讲“和而不同”。弱者、劣者不是淘汰对象，而是需要关心、保护、帮助的对象。这就形成了民本观。《尚书》中有“民为邦本，本固邦宁”的说法。“邦”是政府、国家的意思，也称“社稷”。这句话是说，人民是国家的根本，人民稳定，国家才能安宁。后来，孟子讲“民为贵，社稷次之，君为轻”，贾谊说“民无不为本”。国以为本，君以为本，吏以为本，这是以人民为主体，为官一任，造福一方，就是好官。天下太平，国君就是明君。如果内忧外患不能解决，那么人民就要换人或诛一夫，这就是“得民心者得天下”。这是中华民族以人民为主体的民主观。当政者倾听群众的意见，加以比较分析，最符合人民主体利益的，就要采纳实施。中国共产党就是靠这种办法取得一个又一个胜利，最后得到人民的拥护，取得政权。

当政者能为全体人民谋利，就是德政。德政主要有三项：一是解决社会激烈矛盾，创造和平环境，让人民安居乐业；二是使人民普遍富起来，不是只让一部分人富起来，脱贫攻坚，全面进入小康社会就是为人民谋利益，就是德政；三是“富而后教”，富以后要特别强调道德教育，使全体人民的综合素质有一个大的提升。

儒家认为应该从孝道教育开始。孝道，是道德的根本，是产生教育的源头。如果对于自己有养育之恩的父母都不孝，那又怎么会为人民谋幸福？汉代以孝治天下，产生了比较好的社会效果。

有了孝道做基础，移孝作忠，应用到社会方方面面，社会就会更加和谐，就会出现盛世。然而，盛世也会有各种不合理的现象，不能以少数不合理的现象否定全局。同时，有问题要认真研究、处理，否则小病会发展到大病，最后病入膏肓。社会总要在改革中发展。

中国传统政治哲学中最核心的是民本观。有了正确的民本观，许多难题就可以迎刃而解。例如宋明时代讨论“背主事仇”的问题，久久不能解决。管仲跟着公子纠、鲍叔跟着公子小白，最后小白战胜公子纠，当了齐桓公。原来跟着公子纠的一些人自杀殉难，而管仲没有殉难，还帮助齐桓公称霸诸侯。有人认为管仲不守信，背主事仇。孔子弟子也有类似疑问。《论语》记载孔子支持管仲，一是管仲为齐国九合诸侯立了功，二是为后人造福。按孟子的排列顺序：民为贵，社稷次之，君为轻。管仲为民为社稷都有大功，与公子纠这些尚未上台的人相比，不殉难就不值得提。唐代的魏徵也有同样的问题，但是，只要站在民本观上，就不难解决。唐太宗发动玄武门之变后，创造了唐代盛世，对人民贡献大，国君要以民为重，不同于普通百姓。

关于孝道是封建主义糟粕还是中华优秀传统，也有很大争议。有的人将“三纲”理解为“君要臣死，臣不死，是为不忠；父叫子亡，子不亡，则为不孝”“只有子孙的不是，没有父母的不是”，还有“二十四孝”，认为这些都是儒家为封建统治者巩固中央集权专制制度服务的坏理论。但是，我们从儒家经典《论语》《孝经》中找不到这一类说法。儒家经典中都将人际关系建立在对应之上，父慈子孝，子对父有意见，可以“几谏”“谏诤”，没有绝对服从的说法，君臣夫妇的关系也都是这样。不合理的说法，都是后人曲解的结果。

许多人在西方宣传自由平等的言论中，总以为中央集权制度是坏的。秦代总结春秋战国几百年战乱的深刻教训，建立中央集权的郡县制，稳定了社会，减少了战争，汉承秦制，创立了盛世。汉景帝时期发生七国之乱，有叛国没有叛郡，这些说明郡县制更利于社会稳定。“一国两制”在实践中得到比较，中央集权制延续了两千多年。西方讲优胜劣汰，以强凌弱，以众暴寡，提倡的是野蛮的丛林法则，力争的是个人自由。中国的传统是追求社会和谐，人人幸福，提倡集体主义的互助精神、奉献精神。中西风格不同，各有利弊，可以相互评议。

感谢杨琪教授和李勇同志的大力支持和帮助。

周桂钿

2021 年 1 月于三枣红楼

目 录

第一讲
中国哲学

一、哲学是什么

每一位哲学家都有自己心目中的哲学理念，都可以给哲学下个定义。胡适给哲学下的定义是：“凡研究人生切要的问题，从根本上着想，要寻一个根本的解决。这种学问，叫做哲学。”[①] 冯友兰认为，“哲学是人类精神的反思”[②]，它的作用是锻炼、发展人的理论思维，丰富、发展人的精神境界。理论思维是与科学精神相联系的理性思维，精神境界是与人文精神相联系的非理性思维。世界上许多哲学家下过许多关于哲学的定义，这些定义是哲学家对哲学的理解，虽然各有特色，其基本精神却是相通的，只是角度不同，不能说这个定义是对的，那个定义是错的。同样，世界各国各民族也都有自己的哲学，也不能说这个哲学是哲学，别的哲学不是哲学，只能说各种哲学有自己的特色而已。正如胡适所说：“哲学的定义从来没有一定的。”[③] 中国自然有自己特色的哲学。西洋所谓哲学的内容“与中国魏晋人所谓玄学，宋明人所谓道学，及清人所谓义理之学，其所研究之对象，颇可谓约略相当”[④]。也就是说，中国的玄学、道学、义理之学，就是中国的哲学。哲学的内容大体可以分为三部分：宇宙论、人生论、方法论。宇宙论又称形而上学。人生论即价值论，包括伦理学与美学。方法论又称知识论，

① 胡适：《中国哲学史大纲》，商务印书馆 2011 年版，第 1 页。
② 冯友兰：《中国哲学史新编》上卷，人民出版社 2001 年版，第 10 页。
③ 胡适：《中国哲学史大纲》，商务印书馆 2011 年版，第 1 页。
④ 冯友兰：《中国哲学史》上册，商务印书馆 2011 年版，第 7 页。

包括科学理论与逻辑学。宇宙论与方法论都是求真的，伦理学是求善的，美学是求美的。因此，哲学应该包括追求真、善、美的最基本内容。

二、中国有没有哲学

西方学者认为中国没有哲学。例如美国汉学家莱特（A.F.Wright）曾说："中国没有哲学。所谓'中国哲学'，只是一种思想（或思潮），介于古俗因袭惯例与严谨逻辑分析之间。"这并不是个别人的见解，而是西方人对中国学术的普遍看法。刚从欧洲哲学那里学点知识的人也常常说"中国没有哲学"。例如，贾丰臻在《中国理学史》的"代序"中说："我敢大胆地说：中国以前只有理学，没有什么叫做哲学。"① "我又敢大胆地说中国以前只有理学，没有甚么叫做科学。"② 于是他们只能写《中国理学史》之类的著作。至今也还有人对中国有没有哲学持怀疑态度，或者虽然承认中国有哲学，却认为中国只有一些哲学思想，没有形成理论体系；或者认为中国哲学水平不高，无法与西方哲学相媲美；或者认为中国哲学只是勉强称为哲学，从严格意义上说，都不能算纯粹的哲学；或者认为中国基本上没有哲学，只有极少数人算得上哲学家，例如中国在20世纪的一百年中只有王国维一个人算得上哲学家，其他人都只是政治思想家、革命家或其他什么家，就是不够哲学家这种规格。

中国到底有没有哲学？也许以前的人们出于民族的心理，或者出于爱国心，花了不少时间和精力去论证中国确实有哲学。至于动机如何，无关宏旨，重要的是他们的论证是否能成立。胡适是这样论证的：哲学没有一定的定义。于是他也可以给哲学下一个定义，他认为哲学就是研究人生切要问题的学问。中国古代当然也讨论过人生切要的问题，自然也就有了哲

① 贾丰臻：《中国理学史·代序》，上海古籍出版社2014年版，第1页。
② 贾丰臻：《中国理学史·代序》，上海古籍出版社2014年版，第2页。

学。例如，中国古人讨论过善恶问题，这就是人生的切要问题。因此，中国确实有哲学。他写了《中国哲学史大纲》，以此证明自己的观点。胡适还据此提出多种不同的哲学形态：研究天地如何产生的宇宙论哲学，研究知识的范围、产生、作用和方法的知识论哲学，研究人生在世应该如何行动的伦理学，研究如何使人有知识、能思想和行善去恶的教育哲学，研究社会、国家如何管理、如何组织的政治哲学，研究人生归宿问题的宗教哲学等。冯友兰也是较早撰写《中国哲学史》的学者。他学习了西方哲学以后，根据西方哲学的内容，从中国古代学术著作中寻找与之相类似的内容，“选出而叙述之”，就成了中国的哲学。他所撰写的《中国哲学史》把中国哲学史分为两个大的阶段：先秦为诸子阶段，汉以后为经学阶段。诸子阶段分儒、墨、道、法、名各家，各家选出有代表性的哲学家来叙述。他把《淮南鸿烈》作为诸子中的一家来叙述。经学阶段又分几个小阶段：两汉、南北朝、隋唐、宋明、清代这样几个阶段。每一阶段选出有代表性的哲学家加以叙述。牟宗三在《中国哲学的特质》一书中用“文化要素”的方法论证中国哲学确实存在。他针对一些人的“中国没有西方式的哲学，就认为中国根本没有哲学”这种观念，提出构成文化的一个基本成分是哲学，任何一个文化体系都有它的哲学。中国有自己的文化体系，中国自然也有自己的哲学。说中国没有西方形态的哲学可以，“说中国没有哲学，便是荒唐了”。他还认为，根据西方哲学的标准，说中国没有哲学，是“霸道和无知”，“那是自己太狭陋”。

前贤的这些论述，都是有合理性的。我想在前贤的研究基础上再作一些阐发。胡适认为哲学是研究人生切要的问题，并有不同的门类，有宇宙论、知识论、人生哲学（伦理学）、教育哲学、政治哲学、宗教哲学等。我想，如果把人生切要的问题看作是对真、善、美的追求，那么，我们从这个角度来分类，哲学就是对真、善、美的最高层次的理论探讨。或者说，哲学是关于真、善、美的最根本的、最基础的理论。因此，我们可以从这个角度，把哲学分为三大类：求真的哲学（包括现在的宇宙论、科学哲学、逻辑学、知识论等）、求善的哲学（伦理学、政治哲学、宗教哲学、道德哲学等）、求美的哲学（艺术哲学或美的哲学）。欧洲哲学以科学哲学、逻辑学等求真的哲学为主，而中国哲学则以政治哲学、伦理学等求善的哲学为主。欧洲也有重视伦理的哲学家，如17世纪荷兰唯物主义哲学家斯宾诺莎就写过《伦理学》《神学政治论》等著作，论述了关于善的问题。中国也有注重求真的哲学家，如汉代唯物主义哲学家王充，写过一部巨著《论衡》，详尽地讨论了虚与实的问题，他自称写作的宗旨是“疾虚妄”“务实诚”。而中国历史上的主流派还是孔子、孟子、荀子、董仲舒、朱熹、王阳明这些求善的政治哲学家。胡适虽然早已提到“政治哲学”，但在长期的中国哲学研究中，却很少有人研究中国的政治哲学。据此，我们认为不是中国没有哲学，而是中国的哲学与欧洲的哲学有形态上的差异，欧洲的哲学是以求真哲学为主，求真哲学是以科学为基础的，中国的哲学却是以救世济民的求善哲学即政治哲学为主。用欧洲哲学否定中国哲学与用中国哲学否定欧洲哲学都是不可取的、片面的。如果用一种哲学作为标准，否定与这种哲学不同的其他形态的哲学，那么，就会否定丰富多元的哲学，其偏见显而易见。例如，用思辨哲学中的一种类型为标准，认为世界上只有叔本华等几位是哲学家，其他都不是；中国在20世纪中只有王国维算得上哲学家，其他人都不是，如严复、康有为、梁启超、胡适、李大钊等都不是哲学家。根据这个标准，西方的卢梭、杜威甚至连黑格尔也都不是哲学家。因为他们都有身外的追求，都有为政治服务的思想倾向。这种对哲学和哲学家的标准是否太严格了？一个纯而又纯的标准，其狭隘性是很突出的。即使用这个非常狭隘的哲学标准来衡量，中国古代的庄子也够哲学家的资格，怎么能说中国没有哲学家呢？历史上的一些人物能够在真、善、美诸方面的根本问题上提出重要的新见解，他的思想体系就会对后代产生深远的影响，他就是一时大儒，自成一家，他就是哲学家，他及其思想就在历史上有了自己应有的地位。有些人当了很大的官，一时很显赫，虽然也讲了很多话，发表了很多演说，出版了豪华精装的大厚本书，著作等身，过后却没有得到相当的地位，原因何在？冯友兰先生认为，多数情况是他们的思想“不真真、不真善、不真美”[①]。换句话说，就是那些名标青史的思想家都必定有“真”的东西，有真真、真善、真美的思想成果。总之，中国还是有哲学的，只是哲学形态与西方的哲学形态有所不同而已。

三、中国有什么样的哲学

司马迁在《报任安书》中说：“究天人之际，通古今之变，成一家之言。”天人之际是指人与自然界的关系，指的是空间，中国古代称为“宇”，佛教称为“界”。古今之变是指古今历史，指的是时间，中国古代称为“宙”，佛教称为“世”。司马迁研究“天人之际”和“古今之变”，形成一个系统的理论。这就是哲学，就是宇宙观或世界观。

中国古代哲学家研究“天人”与“古今”时，着重点在“人”与“今”上。研究“天”，着重于“天”对人的关系、对人的意义。研究“古今”，是以研究“今”为主，研究人类社会的发展史，研究“成败兴坏之理”，为“今”提供借鉴，所谓“古为今用”。

研究“人”是极端复杂的。每位哲学家所研究的方面又是很复杂的。我们从每位哲学家所关注的现实问题、所追求的理想、理论的主要倾向，作大体分类，分为求真、求善、求美三类。求真者也求善、求美；求美者也求真、求善；求善者也求真、求美。如果不了解这种复杂情况，把大体分类绝对化，那么就会导致一系列的疑问和困惑。

中国古代求真的哲学家以王充为典型代表。他对于所接触的有关社会

① 冯友兰：《中国哲学史》上册，商务印书馆 2011 年版，第 3 页。

和自然界的一切问题，都进行全面审查，重新讨论其真假、虚实。他提出“九虚”“三增”，对权威的经书所载，圣人之言，对民间众口一词的传统说法，都作了分析、批判。他自己把《论衡》一书的宗旨概括为“疾虚妄”。疾是反对；虚即虚假，不符合实际；妄指不合理，谬妄。“疾虚妄”的目的在于“归实诚”，使人们都相信真实的、合理的说法。虚实之辨，也就是伪真之辨，反对虚伪，追求真实。我们称王充哲学是求真哲学。

求真哲学跟自然科学和逻辑学相联系。王充这位求真的哲学家汲取天文学、医学等自然科学研究的最新成果，讨论宇宙本原问题，认为物质性的、无意识的天地是宇宙的终极本原。人的意识是怎么产生的？天地是包含气的实体。天地之气中成分复杂，其中有一种精微的气叫“精气”，是人的意识的物质基础。精气在人体中，人就有了意识；精气离开人体，人就没了意识。精气就是自然的气，没有意识，没有了精气的人体（尸体）也就没有意识。据此，他认为天只是含有气的旋转着的最庞大的自然物，并没有意识，因此不可能与人发生相互的精神感应。王充从求真的角度，否定了当时盛行的天人感应说。他认为精神是精气与人体结合的产物，一旦分离，无精气的人体与无人体的精气都没有精神作用，从而否定了人死后精神会变鬼的可能性，阐述了形神一元论的观点。

求真的哲学家王充坚持唯物论观点，讨论当时各种理论问题。讨论历史观时，批评儒家“说圣泰隆”“称治泰盛”的偏颇，认为“实商优劣，周不如汉”。不论是物质文明，还是精神文明，周代都不如汉代。儒家经常颂扬三代文明，三代中又属周代最文明，孔子说：“周监于二代，郁郁乎文哉！吾从周。”周代的制度是借鉴了夏、商二代的制度而建立的，多么丰富的文化呀！我拥护周代的制度。周代还不如汉代。因此，王充推论出应该歌颂汉代社会的结论。周汉比较，王充坚持了从实际出发，而不是从某种观念出发，体现了唯物论的基本原则。王充在讨论认识论时，否定先验论，又强调以实验之、以道论之，充分利用事实，通过严密的逻辑推理来支持自己的观点，驳斥当时盛行的各种迷信。他强调知识的作用，认为它比体力有更大的力量，先于培根一千多年提出了“知为力”的观点。王充在认识论方面的系统观点，体现了近代科学精神，因此，他被称为近代科学精神的超前觉醒者。

在中国哲学史上，王充是求真的唯物主义哲学家的突出代表。

中国古代思想家对“人”的研究更注重善恶之分、义利之辨。从人性到教育，从事亲到忠君，从修身、齐家到治国、平天下，都贯穿着善恶、义利的问题。善道、王道、德政、仁政，都是对善的追求。善，就是指有益于人类的事情。受益的人越多，善也越大；相反，恶是指有害于人类的事情。受害的人越多、受害越深，恶也越大。做一件事，有益于少数人，损害了多数人，一般来说，这就是坏事、恶行。相反就是好事、善行。社会现实是非常复杂的，远不像抽象概括出来的理论那么简单。

从现代学科划分来看，求善的哲学应该包括伦理、宗教、政治、教育等学科领域。在这些领域虽然也有真伪虚实的问题，但主要还是善恶的问题。伦理道德是以善恶为主要范畴的。在宗教中，所描绘的天堂、地狱，都不是科学的真伪问题。它的主要目的在于劝善惩恶，用天堂吸引人们行善，用地狱来抑制人们作恶。一般来说，宗教哲学都是求善的，并不是求真的，主要范畴是善恶，而不是真伪，或者唯物、唯心。政治是管理人的复杂工程，有明君、昏君，有忠臣、奸臣，有仁政、暴政，有王道、霸道，有清官、贪官，有治世、乱世等。其中贯穿一条线，给人民生活带来的是更多的好处，还是坏处。给绝大多数人民带来幸福，那就是善的；给绝大多数人民带来灾难，那就是恶的。因此，在政治哲学中，主要也是善恶问题。它不探讨宇宙本原问题，不存在唯物、唯心的差别。当然也有一些政治哲学家提到宇宙本原问题，也就有唯物、唯心的问题。一般政治哲学家对宇宙本原不关心，也很少研究，没有专门的论述，只是偶尔提到，不值得大做文章。相对于政治哲学来说，那也是次要的。中国古代特别重视教育，几乎所有大哲学家都是教育家。孔子有弟子三千，贤人七十二。孟子、庄子、墨子、荀子也都是著名的教育家。董仲舒的弟子不计其数，由于人太多，很多弟子只能从师兄那里听取老师的教诲，甚至受业几年，还没见过老师一面。弟子做了大小官员的有数百人。他的子孙也凭学问当了大官。朱熹也是大教育家，他与弟子形成了一个大学派，叫闽学。中国的古代宗教，主要是道教和中国化的佛教，当然也有伊斯兰教和天主教。这些宗教哲学都是追求善的。例如，佛教讲要忍耐人间的各种苦难，不能贪图任何物质享受，提倡布施，救苦救难，对人应以慈悲为怀，自己少索取，讲奉献，并向他人宣传。

孔子讲仁，爱人，博施于民而能济众。提倡德政、礼治，不主张杀人，重义轻利，主张学习文化，提高修养，起到榜样的作用，来影响人民。他说："其身正，不令而行；其身不正，虽令不从。""苟正其身矣，于从政乎何有？不能正其身。如正人何？"身正，是从政的重要条件。如果自身不正，那怎么能纠正别人呢？怎么能靠命令去指挥、领导别人呢？孔子所说的"修身"，是为了从政。伦理道德方面的理论从属于政治哲学，是政治哲学的一个重要组成部分。孔子是求善的思想家，是政治哲学家。孟子讲人性有善端、倡导仁政，也是求善的政治哲学家。孟子提出"民为贵，社稷次之，君为轻"，就是要统治者爱护人民，保护人民。要统治者多为人民做些有益的事，来争取民心。如果人民能从心里拥护统治者，统治者就可以享受太平生活，而且能长治久安。但是，如果统治者损害人民的利益，那么，人民就会起来推翻他的统治，这也是天命。孟子把天命和民心统一起来，就要从精神上强迫统治者关心并保护人民，多做利民的事，少做或不做害民的事。孟子还提出应该做的最基本的好事，如保证人民有一定的土地（恒产），生产的粮食足以养家糊口。富裕以后还要进行伦理和文化的教育，使人民文化素质得到提高，要推行利民的制度，还需要任命一批贤能之士去实施，尊贤使能，使俊杰人才能充分发挥作用，而那些误国害民的庸人、小人、奸人，都应该从各级政权机构中撤出，并进行贬斥或处罚。要做这些事情，困难不困难呢？孟子认为不难，只要尽心就行了，就像为老人折树枝，这有什么难呢？要是让人挟起泰山飞越渤海，那是一般人都做不到的、十分困难的。孟子从人性善到仁政学说的一套理论，就是他的求善的政治哲学。孟子有时还强调独立人格，大丈夫精神，威武不能屈。但后来的荀子则十分系统地论述政治哲学体系，隆礼重法，君道臣道，民富国强，劝学儒效，等等。孔子、孟子、荀子对儒学的贡献是不同的，孔子是创立者；孟子有所发展，并在辟杨、墨中起了卫道的作用；荀子则是经过百家争鸣之后，重新反思，冷静思考，把儒学的政治哲学系统化了，形成比较完善的、可实施的思想体系。此后两千多年的中国封建社会，似乎都没有脱离荀子所完善的政治哲学的理论框架。谭嗣同认为中国几千年只有荀学，不是没有道理的。荀学缺乏神性，只有现实人性。对于古代，缺乏神性，会导致严重的社会问题，秦代的社会问题应该说与此有关。汉代董仲舒推衍天人感应说，填补了荀学的一处空白、一点缺陷。

中国古代也有求美的哲学，即艺术哲学。庄子是艺术哲学的重要代表，以前很少有人注意他的哲学特性，总是以求真哲学的标准来衡量他，把他判为唯心论和相对论，作为反面人物放在哲学史上。然而许多高水平的学者都给予他很高的评价，徐复观先生经过一番研究、探索，突破现代人的误解，“发现庄子之所谓道，落实于人生之上，乃是崇高地艺术精神”①。他认为：“中国艺术精神的自觉，主要是表现在绘画与文学两方面。而绘画又是庄学的‘独生子’。”②魏晋时代的玄学家，历代隐遁山林、游心清泉的学者多是庄学的信仰者，淡泊宁静，清谈玄远，追求美的精神境界，崇拜高雅，贬斥俗气。

从先秦诸子来看，求善的政治哲学家占多数，其中包括儒家、墨家、

---

① 徐复观：《中国艺术精神》，商务印书馆 2010 年版，第 3 页。
② 徐复观：《中国艺术精神》，商务印书馆 2010 年版，第 6 页。

法家。道家的《老子》具有“南面之术”，统治术、权术，自然属于政治范畴。阴阳家研究天文历法则是求真的科学哲学范畴，而占星术以及其他方术，多属宗教性质，有求善的倾向。纵横家都是政界人物，他们的学说也是求善的内容。

在秦汉以后的封建社会中，求善的政治哲学成为正统思想，成为历代统治者的指导思想，也成为社会的统治思想，深刻地影响到全民族政治活动和日常生活，成为中华民族的精神主干。而求真的科学哲学在科学研究领域如医学、天文学、农学等都起一定的指导作用，但在思想界则不被重视，甚至被作为“异端”而加以贬斥。求美的艺术哲学虽在绘画、书法、文学等文艺界有深刻影响，但在整个思想界的影响远不及政治哲学。而在政治哲学中以儒家的学说为主线，辅以法家和道家的观点。这里的道家主要是黄老道家，而不是庄子的道家。这是我们的见解。近年来，有的学者提出道家思想是中国传统哲学的主干，这当然还有讨论的必要。

第二讲
以民为本

领导干部同人民群众的关系就好比鱼和水的关系。领导干部，不论职位高低、权力大小，都只是一条鱼；而人民群众在任何时候、任何情况下都是水。鱼只有置身于水中方能有生命。如果使性子、抖威风、脱离水，便会奄奄一息。因此，领导干部必须深入基层、深入群众，与人民群众同呼吸，共命运，正本清源，开源节流，必须始终坚持“一切为了群众，一切依靠群众，从群众中来，到群众中去”的群众路线。

从思想根源来看，党的群众路线的提出，是对中国传统民本思想的继承与升华。民本思想是中华民族传统政治智慧的核心内容，其形成可谓源远流长。这些思想，对中国后世统治者的政治道德都有着深远的影响。

一、民本传统

中国古代民本思想很丰富，现将主要内容摘录如下。

（一）民惟邦本

《尚书·夏书·五子之歌》：“民惟邦本，本固邦宁。”本指树根。国家像一棵树，民是树根。树根稳固，树才能正常生长。民稳定，国家才能安宁。民是国家的根本。这一段话出于伪《古文尚书》，在两千多年中，在中国历史上产生了深刻的实际影响。《春秋穀梁传·桓公十四年》：“民者，君之本也。”民是国君的根本。

秦朝建立中央集权专制制度以后，虽然也有一些人提出民本的思想，但在实践中很难得到实行。例如，《吕氏春秋·贵公》讲：天下是天下人民的天下，不是君主一个人的天下。但是，秦二世就是将天下视为自己的私有财富，要求天下人民侍奉他一个人。秦二世认为，尧舜过的艰苦生活不应该是天子的生活，他认为大凡能尊贵至拥有天下，就能够为所欲为、极尽享乐（《史记·秦始皇本纪》）。秦二世认为，民众就是天生为实现他的意志而存在的一种有用的工具（《史记·李斯列传》）。刘邦得天下后，问其父亲："我的事业财富与老二比谁更多呢？"实际上就是将天下视为自己的财富。西汉贾谊在《新书·大政上》提出，民是一切的根本，是国家的根本，也是国君的根本、官吏的根本。这是民本思想的系统论述。因此，他又说从古到今，与民为敌的人，早晚会败于人民。此后，不以民为本者，比比皆是，与民为仇者，不绝于世。他们正如贾谊所预见的早晚要失败。有民主观念的人当政，会事事想到人民的利益；没有民主观念的人当政就会胡来，让天下人为自己的私欲服务，最后搅乱天下，给人民带来灾难，也使他自己国破家亡，身败名裂。唐太宗深知这些历史教训，所以他一上台就注重人民的利益，提出："为君之道，必须先存百姓。"（《贞观政要·君首》）经常想到前代亡国的教训，他就"不敢纵逸"（《贞观政要·君道》）。黄宗羲在《明夷待访录·原君》中明确说，"天下为主，君为客"。这与《吕氏春秋》的说法相一致。《吕氏春秋》中所说的"一人"就是指天子国君。黄宗羲明确君是客，天下百姓是主人。封建制度不合理，就在于封建君主"以我之大私为天下之大公"（《明夷待访录·原君》），君主是"天下之大害"，应该去掉。然后建立君、臣、民平等的社会，由君、臣、民共同承担社会责任。由学校来讨论政治的是非问题，制定"天下之法"取代"一家之法"。这就是要建立平等、民主、自由的新社会。这里讲民主思想，已经涉及了制度层面的内容，虽然还非常浅陋，但是其民主思想已经达到封建时代所能够达到的最高峰。

当今，“民惟邦本，本固邦宁”这一古老的思想又焕发出了新的生命力。我们现在提倡“以人为本”就是对民本思想的继承和发扬。其实质就是通过改革开放，解放和发展生产力，满足人们日益增长的物质文化需求，重视人在社会中的地位和作用、尊重人的价值、关心和保障人的权益，在平等、自由的条件下实现人的全面发展。每年的全国两会，民生问题都备受关注，诸如整治污染、养老教育、医疗等问题，在《政府工作报告》中得到高度重视，从中可以看出党和政府对民生问题的关注与“以人为本”的思路。

（二）民与天齐

《尚书·皋陶谟》中有言：成就德业就在于能够知人，能够安民。能知人就是明智，就能恰当地给人安排官职；能安民就是仁惠，黎民百姓都会爱戴你。又说“天命有德”“天讨有罪”，上天知晓人间的善恶，是在百姓之间听取和观察来的；上天的奖惩命令，也是来自百姓的意见。这是把民与天联系起来，借天的权威，强调民的重要性。统治者的责任在于“安民”“利民”。西周时代，明智的统治者就提出天命论，认为天有至高无上的权威，又说：“天视自我民视，天听自我民听。”（《孟子·万章上》引《太誓》语）认为民的视听与天的视听是一致的，所以统治者要以“敬天保民”作为执政的理念，在民面前作威作福，就是得罪了上天。《尚书·西伯戡黎》载，在周武王领导人民要推翻商朝统治的时候，殷纣王说：“呜呼！我生不有命在天？”意思是说：我是有天命的，还怕人民吗？祖伊说：“呜呼！乃罪多参在上，乃能责命于天？”大意说，你罪恶滔天，天要惩罚你，你却将责任推给上天。上天按民的意愿，惩罚君。可见，在天意中，民重于君。

他们又从理论上概括：“皇天无亲，惟德是辅。”（《左传·僖公五年》引《周书》语）德，指使人民得到好处。天没有亲戚，它只辅助能给人民带来好处的有德者。他们把民抬到与天并列的崇高地位，说明他们是极其重视人民的作用的。历代统治者是重视人民的，就被称为圣君、明君、真命天子；不重视人民的统治者或者是不够重视人民的统治者被称为昏君、暴君、亡国之君。以人民的安乐为标准来衡量君的善恶，这是中国传统不变的民本观。长期以来，我们党在执政效果上，坚持以群众满意不满意、高兴不高兴、答应不答应、赞成不赞成为唯一衡量标准，也是由此思想发展而来。这是我们党始终赢得群众支持、团结带领群众不断从胜利走向新的胜利的根本所在。

（三）民为神主

春秋时代，敬神与保民作为社会风气同时流行。有时统治者重视神，祭神特别隆重，从人民那里搜刮来很多财富，准备祭品，作为敬神的物质条件。同时，他们每有大小事都向神请示，非常相信神，凡事都按神的意志（卜筮的结果）办。另外一些思想家把民放在比神还重要的位置上，要求统治者先把人民的事情办好了，然后再去向神表示敬意和感谢。例如，季梁说，治国之道就是"忠于民而信于神"（《左传·桓公六年》）。忠于民，就是高高在上的统治者要经常想着如何才对人民有好处，就是"上思利民"。他又说："夫民，神之主也。"在古代，蜡烛的芯，叫作主。民为神主，大意是说，神的情绪随着人民的意愿而产生变化。人民高兴，神也高兴。人民不高兴，神也会不高兴。所以，圣王应先办完人民的事情，然后才花一点时间去敬神。"民和而神降之福"（《左传·桓公六年》），人民安居乐业了，神才会降福，统治者办事才会成功。"民不和，神不享矣"（《左传·僖公五年》），人民生活不好，神就不接受统治者奉献给它的祭品，当然也不会给他们降福。在敬神与重民同时存在的情况下，在儒家的典籍中，对只敬神都是持批判态度的，而对重民则持肯定的态度，这表明儒家是主张重民的，而且孔子及其弟子，以至于后来的孟子、荀子等，都对此有明确的论述。

然而，现在的一些领导干部却本末倒置，不问苍生问“鬼神”，遇到一些大事小情竟将迷信之术看作其立身“法宝”、救命“稻草”，肆意折腾，令人啼笑皆非。追本溯源，这是存在于少数官员之中的一种病态心理，是一种“官本位”思想，是自身信仰的缺失。由于信仰缺失，一些领导干部全心全意为人民服务的根本宗旨成了一句空话，同时也会在纷杂的社会中逐渐迷失方向，最终失去一名共产党人的本色。

作为一名党员干部，特别是党员领导干部，不仅要有信仰，更应该有崇高的信仰，那就是团结带领人民群众，开拓创新，不断进取，为实现中华民族的伟大复兴、为实现共产主义而不懈奋斗。历史早已证明，只有我们共产党人有着为社会主义和共产主义奋斗终身的、远大的、崇高的理想和信仰，才能永葆共产党人的纯洁性、先进性和革命性，才能远离腐败，才能发展中国。

（四）民贵君轻

无论是将民与天并列，还是主张民为神主，都说明西周以后开明的思想家们已经有了重民的思想。当时普遍的观念还是天与神有崇高的地位，风俗是畏天敬神的。天、神的地位都在最高统治者天子之上，如果民与天、神并列，那么很显然，民的地位应该在天子之上。这是很容易推导出来的。但是，这种思想到战国时代才由儒学大师、儒家亚圣孟子概括出来。他说：“民为贵，社稷次之，君为轻。”人民最尊贵，国家其次，国君排在最后。这就是著名的民贵君轻思想。为什么民比君还高贵呢？孟子作了这样的比较：一个人得到天子的赏识，可以当诸侯；得到诸侯的赏识，可以当大夫；只有得到人民的拥护，才能够当天子。用后来的史事作注解，就更容易理解。例如，李斯本事很大，受到秦始皇的赏识，当了丞相，本事再大，也当不了天子。刘邦没有得到秦始皇的赏识，当不了丞相，却由于受到人民的拥护，当上了天子。由此可见，民是最高贵的。因此，得到人民，也就得到天下；失去人民，也就失去天下。

春秋战国是中国历史上群雄并争的时代，各个诸侯国都试图用武力消灭他国、统一天下，此时的统治集团和思想家们对于民众力量的认识也最深刻。当时诸侯国的执政者还有意识地利用民众的力量来取得战争的胜利。

公元前 647 年，晋国发生饥荒向秦国求救，当时秦国内部有两派意见：一派反对支援，一派主张支援。主张支援的子桑说："重施而报，君将何求？重施而不报，其民必携。携而讨焉，无众必败。"（《左传·僖公十三年》）子桑的意思是，利用救灾的机会拉拢晋国民众的心，以后在与晋国的战争中就容易取胜。第二年，秦国发生饥荒向晋国求救，但是晋国却拒绝支援。又过了一年，秦国与晋国发生战争，结果，秦国由于得到民心，理直气壮，大败晋国的军队，并且俘虏了晋惠公。

所谓"得民心者得天下"，民心的向背是关键，它决定天下大势。现实生活中，一些领导干部心中没有群众，对群众安危冷暖漠不关心，说话办事惹人争议。近年来，以"替党说话还是替老百姓说话"为代表的"雷人雷语"不断曝光，引起民众的强烈反响。比如，2010 年 5 月，某市环保局一位局长的目标责任制奖与职工相差 3 倍，有的同志认为不公平，向纪检部门反映，该局长在全局大会上发泄说："领导就得骑马坐轿，老百姓想要公平？臭不要脸！"2010 年 12 月，某市交警中队一位副中队长到体育场执勤，与现场的一名司机理论时说："我是为领导服务的，是领导重要还是你们这些人重要?！"这些话虽然可能是个别干部情急之下脱口而出，但也的确与我们有些领导干部"官本位"思想严重、群众观念淡薄不无关系。

当前，利益关系错综复杂，矛盾冲突易发多发。比如，征地拆迁，在一些地方已酿成暴力事件；国企改制，出现了一些损害职工群众利益的情况；食品安全，出现了防腐剂、甜味剂、着色剂、明胶、甲醛、三聚氰胺等超标的情况，严重威胁着人民的生命安全。特别是前些年贵州瓮安、云南孟连、甘肃陇南等地发生的一系列群体性事件，折射出一些领导干部不仅心里没有装着群众，而且直接侵犯群众利益，损害了政府公信力，因而群众不高兴、不满意、不答应。孟连县委书记在接受央视记者采访时说："说到底，还是我们的群众工作出了严重问题，群众最关注的利益诉求，没有及时帮助群众解决好。出了这么多问题，从感情上讲，应该是我们欠下群众的。"对此，各级领导干部一定要引以为戒，牢牢记取。

（五）立君为民

《荀子·大略》："天之生民，非为君也；天之立君，以为民也。"上天确立君即统治者，是为了人民，并不是为了君本身。如果君不为人民做事，就是违背天命，就要被废除掉。"君者，舟也；庶人者，水也。水则载舟，水则覆舟。"（《荀子·王制》）都说民是社会的真正主人。民可以拥戴君主，也可以推翻君主。君主的上台下台，是人民决定的。

在与齐宣王讨论这个问题时，孟子直逼得齐宣王顾左右而言他。孟子对齐宣王说：您有一个臣子，把妻子儿女托付给朋友照顾，自己游历楚国去了。等他回来的时候，他的妻子儿女却在挨饿受冻。对这样的朋友，应该怎么办呢？齐宣王说：和他绝交。孟子说：如果管刑罚的长官不能管理他的下级，那应该怎么办呢？齐宣王说：把他撤职。孟子说：如果君王不能治理好国家，那应该怎么办呢？齐宣王顾左右而言他。

齐宣王问：商汤放逐夏桀，周武王讨伐纣王，有这些事吗？孟子说：在传记中有这些事。齐宣王说：臣子杀害他的国君，可以吗？孟子说："贼仁者谓之'贼'，贼义者谓之'残'，残贼之人，谓之'一夫'。闻诛一夫纣矣，未闻弑君也。"（《孟子·梁惠王下》）伤害仁的人叫贼，败坏义的人叫残。残害仁和义的人叫作独夫。我听说周武王诛灭了独夫纣，没有听说他们以臣杀君。

孟子把治理好国家看成是君主的职责，不能称职的，民众就有权推翻他。孟子肯定了历史上商汤、周武革桀、纣命的合理性，而不局限于僵化的君臣大义。在与齐宣王的另外一次谈话中，孟子则谈到了可以推翻有过君主的问题。

齐宣王问有关卿大夫的事情。孟子说：大王问哪一类公卿？

齐宣王说：卿大夫还有不同吗？

孟子说：有不同，有王室同宗族的，还有异姓的卿大夫。

齐宣王说：请问王室同宗族的公卿该如何？

孟子说：君王有过失就劝谏，反复劝谏还不听从，他们便改立他王。

齐宣王听了勃然变色。

孟子说：大王不要怪罪。您问我，我不敢不说真话。

稍许，齐宣王的脸色正常了，又问非王族的异姓卿大夫。

孟子说：君王有过错，他们便加以劝谏，反复劝谏还不听，他们便辞职离开。（《孟子·万章下》）

孟子在这里的思想实际上是一种有限的贵族民主制。此外，孟子在和鲁穆公的谈话中，还论述了官吏与民众的关系，他同样肯定了民众有权反对残害他们的官吏。

邹国与鲁国交战。邹穆公问孟子：我的官员死了 33 人，而百姓没有一个肯为长官效死的。杀了他们吧，无法杀尽；不杀吧，又恨他们看着自己的长官死难而不去救，怎么办才好呢？孟子回答道：饥荒年头，您的百姓，年迈体弱的辗转饿死在荒山沟里，壮年人逃往四方，都快上千人了。然而您的粮仓里粮食满满的，库房里财物足足的，官员们没有一个向您报告这些情况的。这就是对上怠慢国君，对下残害百姓啊。曾子说：这些事值得警惕！你做出的事，后果会反加到你身上。百姓从今以后可以反过来这样对待他们的长官了，您不要责怪他们。如果您能施行仁政，百姓自然就会亲近他们的长官，愿为长官效死了。（《孟子·梁惠王下》）

君的产生都是人民选择的结果。这个选择的过程虽不是票数的简单多数决定的，但是，从历史上看，兴衰成败岂无凭？就凭民心所向。在历史的早期，民心表现在知识分子的倾向上。在春秋战国时代，并不是普通群众主宰世局，而是由众多的士即知识分子的走向决定世局的变化。这时的知识分子（贤士）则是民意的代表。从根源上看，仍然是民众决定历史。秦国重用客卿，发展很快，从小邦升为大国，最后统一天下。从秦汉建立中央集权制度以后，皇帝就成为政权的代表。人民的意愿通过各级官员反映到朝廷，皇帝进行选择。选择正确，反映了人民的愿望，社会就安定，所谓长治久安；选择不当，不能反映人民的愿望，就会乱了天下，人民起来造反，导致改朝换代。秦始皇统一天下，表明秦的强大。但是，由于秦二世选择错误，诛李斯、冯去疾，任用赵高；贵为天子，富有天下，不肯“徇百姓”，要以天下奉一人，皇帝“肆意极欲”，秦二世“欲造千乘之驾，万乘之属，充吾号名”（《史记·秦始皇本纪》）。秦二世即位两年，天下开始大乱。勉强支撑三年，苟延残喘，终归灭亡。如此强大的国家在与民为敌的路线下，迅速灭亡，有力地证明了人民的强大力量。历史的真正主人就是人民。现在说干部是人民的公仆，在一千多年前的唐代，柳宗元提出的“吏为民役”就表达了这种思想。

（六）吏为民役

唐代柳宗元总结了历史与现实的经验教训，提出“吏为民役”，更加明确各级官吏都是人民的仆役，人民是主人，人民缴纳税收来雇用官吏当仆役。如果仆役拿了薪水不干活，还偷东西，那对于这样的仆役，主人一定不会给薪水，还要将其赶走。因此，对于不称职的官员，人民“则必甚怒而黜罚之矣”[①]。

到了明末清初，黄宗羲在《明夷待访录·原君》中说：“古者以天下为

① 《送薛存义之任序》，载《柳宗元集》，中华书局 1979 年版，第 616 页。

主，君为客”。天下为主，就是天下人民为主。君为客，就是皇帝要一辈子为天下人民服务。他还在《原臣》中说，天下就是人民的天下，以天下为事，就是为人民做事。如果当官是为人民做事，那么，与皇帝的关系就是像老师、朋友的关系。如果当官不为天下人民做事，那就是皇帝的奴才。柳宗元讲“吏为民役”，还没有涉及皇帝。黄宗羲认为皇帝也在民役之列，皇帝与百官一起为天下人民做事，都当人民的仆役。这就表达了彻底的“民为主”的思想。有思想不等于有制度，思想有指导作用，制度才有保证。而中国“民为主”只是一种思想，却没有制度的保证。特别是在中央集权制度建立以后，君臣关系逐渐拉开，君臣与民的距离就更远了。“民为主”成为历代思想家所期盼的非常渺茫的理想。许多七品芝麻官还自以为是人民的“父母官”，却忘记了人民是自己的“衣食父母”。他们肆无忌惮，欺压主人，忘乎所以，严重颠倒了主仆关系。

作为领导干部，就是要以“为民、务实、清廉”为己任，为官一任，造福一方，发展一方，真正把“以民为本”的思想落到实处。在党的光辉历程中，有一大批为民请命、鞠躬尽瘁的优秀儿女。党的好干部焦裕禄带领群众治风沙、斗盐碱，为使老百姓过上好日子，长期带病工作，终因身体不支而殉职，是勤政为民的典型。人民公仆郑培民一身汗、两脚泥，实践党的宗旨，“万事民为先”，是勤政为民的楷模。人民的好儿子孔繁森两次进藏，为阿里的脱贫事业鞠躬尽瘁，死而后已，留下精神后人赞，是勤政为民的典范。我们每一名干部都应该学习他们视人民群众如亲人的精神，在各自的岗位上尽职尽责，为民官，想民事，知民意，解民忧。领导干部做到了“以民为本”，就能赢得党和国家的信任和褒奖，就能赢得人民群众的拥护和爱戴。

（七）强国利民

群众的意见也是变化的。经过一段时间，实践证明它是好的，最后会得到群众的理解和拥护，会成为多数人支持的意见。我们从子产行政、商鞅变法、吴起改革中都可以看到这种情况。强国利民的改革，开始也会遭到许多人的反对。

子产刚开始任郑国相时，实行一系列改革，群众编出顺口溜，表示强烈反对。当时子产认真审查了自己的主张，还是认为自己的做法是对的，是对国家和人民有利的，坚持不渝，并且说只要对国家有利，自己宁肯牺牲一切。他说："何害？苟利社稷，死生以之。且吾闻为善者不改其度，故能有济也。民不可逞，度不可改。《诗》曰：'礼义不愆，何恤于人言。'吾不迁矣。"（《左传·昭公四年》）意思是说，如果对社稷（即国家）有利，自己的生死都可以置之度外。听说做好事，要坚持才能有效果。不能什么都按大家的议论去做，制度不能随便改动。正如《诗》上说的："不违背礼义，何必害怕别人议论。"子产坚持改革的方针。行政三年，群众热烈拥护子产的政策。林则徐的"苟利国家生死以"就是从这里来的。

商鞅变法时，也有许多人反对，变法成功，民富国强，群众看到好处，也表示拥护。这些事实都表达一个意思：善为众之主。正确的意见更能代表群众的长远的、根本的利益，真正代表群众的愿望。法家人物在政治改革实践中总结出一个道理："民不可与虑始，而可与乐成。论至德者不和于俗，成大功者不谋于众。是以圣人苟可以强国，不法其故；苟可以利民，不循其礼。"（《史记·商君列传》）意即，人民不可与他们商量开始如何改革，可以与他们共享成功的果实。讨论最高的道德不必顺从世俗，成大功的不必与群众商量，所以，圣人如果能够强国，可不仿效传统的做法；如果有利于人民，可不遵循传统的礼义。这就是说，法家人物认为要实行改革，开始不一定就要跟群众商量。只要改革方向正确，坚持改革，有了成效，人民就会理解和拥护。古今中外的先进性改革都要受到来自各个方面的抵制和反对，道理很简单，任何先进性改革，都会改变一些群众的生活习惯、传统观念，因此一些群众首先反对；其次，任何改革都是利益的重新分配，那些掌权的利益既得者必须拿出一些利益分给别人，他们不甘心付出，自然就会利用权力，也借口群众意见来反对，有时还非常激烈。

《史记·孙子吴起列传》中也有关于吴起改革的记载：楚悼王听说吴起是贤人，吴起一到楚国，就被任命为相。吴起明确法令，实行改革，取消一些不需要的官职，用节省下来的经费支持战斗人员。于是，楚国南平百越；北面吞并陈、蔡等小国，打退三晋（赵、韩、魏）；西面讨伐秦国。由于吴起的作为，楚国很快强大起来，但也损害了楚国大贵族的既得利益，所以楚国的贵族都想陷害吴起。楚悼王刚死，贵族大臣起来作乱，进攻吴起。吴起跑到陈王尸的地方，趴在楚悼王尸体上。追杀吴起的人用乱箭射杀吴起，有的箭也射中了楚悼王的尸体。埋葬楚悼王以后，太子登基当了楚王，就让令尹全部诛杀射吴起并射中悼王尸体的人，犯射吴起遭罪灭族的有 70 多家。

吴起在楚国的改革得罪了贵族，楚悼王刚死，吴起就遭到贵族们的射杀，可见积怨之深，仇恨之大。利国利民的改革，还要有极大的勇气。孔子讲的智仁勇，是改革成功的重要条件。有智慧，才能真正往好的先进的方向改革；有仁爱之心，才知道如何站在弱势群体方面进行改革。如果改革导致贫富差距扩大，以至两极分化，那么改革的方向可能就是错的。没有勇气，在群众的反对下，在权势的围攻下，就不能坚持改革，乃至于半途而废。许多改革家都是为了人民、为了国家，敢于牺牲。他们是民族的精英，历史前进的动力，人民利益的维护者，国家的忠诚卫士，还是与祸国殃民的奸臣作殊死搏斗的忠臣。

政治家如果心中没有人民，就听不进别人的意见，随心所欲，独断专行，就会自取败亡。王莽恃才拒谏，不听别人的批评建议，导致失败。隋炀帝也是这样，“隋炀帝暴虐，臣下钳口，卒令不闻其过，遂至灭亡”。“隋炀帝好自矜夸，护短拒谏”，“身不闻过，恶积祸盈，灭亡斯及”（《贞观政要·求谏》）。在中国历史上，政治家与哲学家，合则两利，离则俱伤，只有在为了人民这个共同的目标，为了长治久安的原则基础上，才能合得起来。这就是在民本思想上的联合。中国历史上所有安定繁荣的局面，总是统治者为人民做了好事才可能出现的。一个政权的垮台，一般都是因为这个政权不能为人民做好事，还做了很多损害人民利益的事。一些权势人物横行霸道，为非作歹，得不到惩治，说明执政能力衰弱，不可能长久统治下去，就等着亡国，因为这个政权保护不了人民。民心稳则天下稳，民心安则天下安。

孙中山提出“天下为公”“三民主义”，毛泽东倡导“为人民服务”①，邓小平说：“我是中国人民的儿子，我深情地爱着我的祖国和人民。”②江泽民提出，“我们党要始终代表中国最广大人民的根本利益”③。胡锦涛强调“执政为民”④，“权为民所用、情为民所系、利为民所谋”⑤。习近平总书记在党的第十八届中央委员会第一次全体会议上说：“人民对美好生活的向往，就是我们的奋斗目标。”⑥都离不开“民”，应该说是一脉相承的。

二、民本三大特点

中国古代有民本传统，却没有产生现代的民主制度。民本与民主相比，有什么异同？相同之处在于执政者重视人民的愿望，不同之处在于如何实现人民的愿望。

① 《毛泽东选集》第 3 卷，人民出版社 1991 年版，第 1004 页。
② 《邓小平年谱（1975—1997）》（下），中央文献出版社 2004 年版，第 714 页。
③ 江泽民：《论“三个代表”》，中央文献出版社 2001 年版，第 160 页。
④ 《胡锦涛文选》第 2 卷，人民出版社 2016 年版，第 9 页。
⑤ 《胡锦涛文选》第 2 卷，人民出版社 2016 年版，第 9 页。
⑥ 《习近平关于实现中华民族伟大复兴的中国梦论述摘编》，中央文献出版社 2013 年版，第 13 页。

中国民本传统有三大特点。

（一）倾听群众意见

古代传说，尧时设立“进善之旌，非（诽）谤之木，敢谏之鼓”，舜时“询于四岳，辟四门，明四目，达四聪”（《尚书·舜典》），这就是听取并采纳来自四面八方的各种意见。后来，喜欢仿古的王莽当了新朝皇帝以后，“令王路设进善之旌，非（诽）谤之木，敢谏之鼓。谏大夫四人常坐王路门受言事者”（《汉书·王莽传》）。王宫四面有四条王路，每一条都设立让民众提建议的旗子、提批评意见的立木、进谏的鼓。让四名谏大夫常坐在王路门口听取各种意见，并“王莽命令高官推举小吏平民有德行的、通政事、能说会道的、知道文学的，各推荐一人到王路四门去提意见”（《汉书·王莽传》）。愿意倾听群众的形式，王莽都采纳了。但他个人自视过高，听不进普通百姓的意见，那这些也不过是形式主义罢了。

从西周开始，执政者都很重视民的作用。周公提出“敬德保民”的口号。尊重民的意愿，就要采取各种不同的方式听取人民群众的意见，然后根据这些意见来实施政治，尽可能实现群众的愿望。商朝就有召集群众议论大事的习惯。如《尚书·盘庚上》载：“王命众悉至于庭。”讨论关于迁都的事，最后按多数人的意见定了新都。西周时代，在大事决定之前，要进行商量。一方面，国王与各大臣在朝廷上商议；另一方面，派小司寇到外朝向万民征询意见。国家大事有三件：一是国家危险的时候，即战盟问题。外国入侵，国家安全受到威胁，或者要与别国结盟，这也与战争有关，都要与民众商议。二是国迁，即迁都。首都要迁移，也要与民众商量。三是立君，即确立新君。决定国君接班人，这也是与民众关系极大的事情。

在西周时代，邵穆公就提出：人民心里想的意见说出来，按归纳形成的正确意见来实行统治，才能稳定社会，怎么可以堵塞言路呢？（《国语·周语》）让群众说话，就不会垮台。“郑人游于乡校，以论执政。”然明对子产说："毁乡校何如？"子产说：为什么呀？人们早晚到乡校休息的时候，议论实行的政策好坏。他们认为好的，我们就实行；他们所讨厌的，我们就改掉。他们是我们的老师啊。为什么要毁掉呢？我听说真诚做好事才可以减少别人的怨恨，没听说用作威作福来防止怨恨。还不赶快停止？就像防止水灾那样，堤坝大决口，伤人必定很多，我们就会救不过来。不如开个小决口引导水流出去。政治也是这样，不如我们听到意见，及时纠正。子产"不毁乡校"的消息传到孔子那里，孔子说："以是观之，人谓子产不仁，吾不信也。"（《左传·襄公三十一年》）子产保留乡校，就是为了倾听群众意见。直到清朝初年，黄宗羲提出学校应该是议政的地方，也还是提倡倾听群众的意见。真心征求群众意见，表明执政者想要了解并代表人民群众的愿望。因此，儒家称子产为仁人、惠人。

作为领导干部，应当始终把人民群众放在心中最高位置，充分尊重群众意愿、虚心听取群众意见，虚怀兼听，察纳雅言，融会众人智慧，坚持民主集中制，将大家的真知灼见融会在民主决策和工作进程中，才能上情下通，政治清明。对部下对群众，应多一些耐心细致，少一些简单粗暴；多一些宽容理解，少一些冷漠无情；多一些说服疏导，少一些强制措施。只有善于倾听群众的意见，群众才会把你当自己人，对你讲真话，紧随你为目标而奋斗。如果偏听偏信，只爱听赞成的话，不听反对的话，就会阻塞言路，造成政治昏暗，必然万马齐喑。

（二）以善为主，不轻信多数

不听群众的意见是不对的，听了群众意见，不加分析就照办，也不对。《吕氏春秋·不二》说："听群众人议以治国，国危无日矣。"意思是，听了群众的意见，要加以分析研究，进行选择。否则，什么事也办不成，只能等着亡国。《左传·哀公元年》记载：吴国进攻楚国，吴国派使者到陈国召陈怀公。陈国是小国，夹在吴、楚两大国之间。吴楚相争，陈国怎么办？

陈怀公感到很为难，就向国人征询意见。国人意见分歧很大，讨论很长时间，莫衷一是。陈怀公说：支持楚国的站在右边，支持吴国的站在左边。陈怀公数一下人数，就知道支持哪一边的人数多。这大概就是两千多年前的“站队”问题，也是最早划分“左”派和右派。当时通过站队点人数，后来演变成放豆子，举手表决，无记名投票，再到电脑计票。民主形式可以不断发展，民主精神则是贯通的。陈国那次站队的结果，支持楚国的占多数，不支持发动侵略战争的吴国。

有时候，单纯根据人数（即票数）的多少来决定大事，不尽合理。中国古代比较明智的思想家不是根据简单多数来决定大事，而是理智地审察群众的意见，经过分析研究，做出抉择。例如，《左传·成公六年》载：楚军进犯郑国，晋栾书带兵去救援郑国。郑国得救了。这时，晋军要不要跟在蔡国的楚军交战呢？栾书拿不定主意。赵同、赵括等人主张向楚军开战，一决雌雄。知庄子、范文子和韩献子不同意，认为救郑的任务已经完成，应该班师。如果到蔡国与楚军开战，胜了没有多少意义，如果失败，那就是大耻辱。栾书决定撤兵回国。这时主战者对栾书说：多数派说，圣人与群众思想同一，所以能办成事。你何不服从多数呢？你掌握大权，应该考虑民众的意见。你的辅助者十一人，其中不愿意战的，只有三人而已。愿意战的人可以说很多。《商书》上说：三人占卜，随二人的。就因为二人是多数。（例如三占卜，一人说凶，二人说吉，那就是吉。）栾书提出：两种都是善的意见，可以从众。善是群众所依附的中心。三位贤卿的意见，虽属少数，也不是个别的意见。听从他们的意见，不也是可以的吗？在这里，贤士的意见应当较有分量。不能简单地看多数。在战争中，许多军人打红了眼，只图痛快、解气，主张战是很自然的。有战略眼光的贤士就比较冷静，理智地分析形势，做出战与和的选择。《水浒传》中的李逵什么时候都想打仗，由他带兵打仗，只图杀个痛快，必将误事。第二次国共合作时，也有很多军人想不通，做了很多工作，才解决的。而当时明白国共合作必要性的人只是很少的一部分人，由于他们的主张是正确的、是善的，终于得到多数人的认可和支持，这就是“善，众之主”的意思。

总之，先秦时代，统治者重视听取人民的意见，群众有各种不同的意见，即使有比较一致的意见，也未必正确，也不一定就完全按群众的意见决策。统治者听取各种意见以后，再进行思考、分析，选择最佳方案。这是当时最合理的民主方式。正确的意见真正代表群众利益，最后会得到群众的拥护。

群众的意见也是变化的。开始的时候，多数群众可能代表传统势力，还没有认识到这种“善”的意见是好的，可能反对的人占了多数。经过一段时间，实践证明它是好的，最后会得到群众的理解和拥护，会成为多数人支持的意见。我们从子产行政、商鞅变法中，都可以看到这种情况。

在现在经营中也会遇到这样的问题。在日本号称“经营之圣”的稻盛和夫（在40年中缔造了两家世界500强企业，京瓷公司的创始人）讲到对员工劳务评议时说：“创建京瓷时，对员工的劳务评议我也有过很多烦恼。我曾采用员工相互评价的方法，然而员工在相互评议时，在一个一个过堂的情况下，大家评议的结果可能都是好的，这样产生的结果只能促成一个和事佬的团队，但不可能成为一个精悍统一的集体。到底是用一番公平的民主评议来决定？还是由领导对员工的评议来决定？该用什么方法来评价？我思考了很久，最后我决定不采用员工相互评价的方法。据我所知，当时有很多日本企业都采用了员工互评的方法，但结果都没有成功。过了几年，各企业也都改变了这一做法。”[①] 东西方习惯不同，管理方法也不一样，成功的就是正确的。理论很好，并不实用，在实践中不能成功。以前我们实行群众路线，号召进行党内批评与自我批评，但在实践中有些走样，很多人批评上级怕被“穿小鞋”，批评同级怕伤感情，批评下级怕丢选票，批评自己怕丢面子，“你好我好大家好”，甚至相互吹捧，互不得罪，形成

---

① 徐源:《我向日本“经营之圣”稻盛和夫请教》,《中外管理》2004年第2期, 第43—44页。

“互相关照，一团和气”的气氛。

治国与管理公司一样，一切都要从实际出发，不能脱离实际。

（三）通过协商，照顾少数人利益

民主最重要的是尊重人民的意愿，维护绝大多数人民的长远的根本的利益。民主有形式与内容的问题。中国古人讲的“民本”，就是着重于民主内容或实质民主，由于没有一定的形式，受到当政者个人的素质影响极大。个人素质好，就能得到很好的体现；个人素质差，“民本”就成为一句空话。而形式就是指规范、制度。徒有形式也不行，因为任何形式都可能会被主体意识所歪曲。阴谋家可能在表面形式的掩盖下弄虚作假，欺世盗名，进行各种阴谋活动。例如，齐田成子、越王勾践都是以虚恩收买民心的人，田成子想掌握齐国的政权，用大斗借出、小斗收进而使百姓喜欢。勾践想洗去在会稽山的耻辱，就安抚他的百姓，慰问死者的亲属和病人使老百姓高兴。这两个人都各自另有想要达到的目的，而虚伪地引诱他们的老百姓，并没有给老百姓以诚心，但老百姓也很高兴。（王充《论衡·定贤篇》）可见，历史上的阴谋家往往用虚恩伪善来引诱人民拥护他们。大德才是人民利益的根本，小惠收买人心则是别有用心的。大德一亏，多数人民就会受灾遭难。小惠虽行，只能使一小部分人得到一点暂时的好处。虽然会产生作用，甚至一时得逞，但终究不能长久。古代有这种情况，现代也有贿选现象存在，即使在最民主的国家，不能真正体现民意的选举也经常发生。民主制度是形式，民主是手段，真正体现民意的是能够实实在在提高人民的物质生活、丰富人民的精神生活的领导者与社会制度。民主究竟应该是什么形式，投票是一种形式，也许不是最好的形式，却是当今可以采纳的行之有效的较好的形式。

投票需要先协商。这是中国共产党在革命实践中摸索创造出来的。在14亿多人口的中国，汉族占绝大多数，中共党员有9000多万名，如果按选举的简单多数，就可能没有广泛的代表性，代表不了少数民族和其他民主党派以及特殊群体。经过协商，规定少数民族和其他民主党派的代表人数，文化界的代表，工商界的代表，军队的代表，使代表大会能够代表全体人民的意愿，照顾到各种少数利益群体。我以为这种以协商为基础的选举制度，更具有代表性，更合理。协商民主是一种制度，以投票的形式，加上协商的过程，可以减少徒有形式的弊端，使这种形式更趋完善。协商民主也是一种观念，随着民主风气逐渐形成，制度也会逐渐完善。理论与制度好坏，都是要在实践中检验的，不是说起来好听就是好的。选举制度和任期制度是有合理性的，从许多国家实行的结果来看是有优越性的。但这是相对的，西方过去的选举，只有少数人参加，多数人没有选举权，仍然是少数人对多数人的专政，这与中国古代也差不多。任何有执政能力的政府，只有关注人民的愿望，才会得到人民的拥护。一旦失去执政能力，不能为人民做好事，人民自然就会抛弃它。得民心者得天下，就是民主观念。中国历史上有过盛世，体现了民心的决定作用。有人说古希腊就有民主思想，那么，为什么西方政治一直动乱，也一直改革？那时绝大多数人是做不了主的！就是现代，美国人民能够做主吗？美国发动伊拉克战争是人民做主吗？民主不是说了好听，要真正使人民得到好处，生活幸福。王充说："夫太平以治定为效，百姓以安乐为符。"（《论衡·宣汉》）什么是太平？社会治理安定，百姓安居乐业，就是太平。能够制定这样的制度就是好的，统治者就是有功于人民的。这是客观标准。过去谩骂历代统治者，是不正常的观念。现在有些人的观念仍然没有改变过来。

三、民本观念与民主制度

民本观念是内容，民主制度是形式。人民是社会的主人，也是历史的主人。民本思想，民为贵，很多人觉得太抽象了，不好理解。我举一个例子，春秋时代，齐襄公暴政滥杀，公子纠投奔鲁国，管仲与召忽辅佐他。公子小白奔莒，鲍叔辅佐他。齐襄公十二年（公元前686年），行宫惊变，齐襄公被杀，齐国无主。小白先赶到齐国，当上了齐桓公。鲁国迫于齐国的压力，杀了公子纠。辅佐公子纠的召忽自杀殉难，管仲没有自杀，鲁国将他送回齐国。齐桓公对管仲“厚礼以为大夫，任政”（《史记·齐太公世家》）。春秋时代有这样的规矩：辅佐谁，就要“忠”，当君主遇难时，就要殉难。如果不殉难，就是不义。孔子的弟子也曾多次提到这件事，孔子都作了肯定的回答。《论语·宪问篇》载，子路说：齐桓公杀公子纠，召忽殉难，管仲没有，是不是不仁？孔子说：齐桓公多次召集诸侯国的盟会，没有使用武力，这都是管仲出的力。这应该是大仁大德了。这里，孔子肯定了管仲为齐国的社稷所作出的贡献，这也符合孟子“民为贵，社稷次之，君为轻”的观念。管仲没有死难于公子纠这个“君”，却为齐国的“社稷”和天下人民作出巨大贡献，有什么可指责的呢？这就是“民贵君轻”的民本观念的体现。

最后，我要说的是，民主制度是一个历史概念，过去不存在，后来产生了，有它的优越性、合理性。以后，也必将有更加合理的社会政治形式来代替它。在古代，东西方都没有民主制度的时候，中国的民本思想曾经起过积极的作用，推动社会的前进和发展。黄宗羲的民本思想是先进的，灭亡的明朝和新兴的清朝都不能接受这种革命性的改革，中国只能在历经磨难后，才会逐渐认识民主的优越性，用专制无法统治下去的当政者，才会被迫逐渐接受改革，向民主靠拢。民主在艰难中缓慢升起，放射光芒。

第三讲
为政以德

为政之道，德不可废。自古以来，政德隆，民德昌；政德毁，民德降。政德建设始终与国家兴衰、政权安危紧密相连，与民风淳正、社会和谐休戚相关。注重从政道德建设或者注重以从政道德为主要内容的行政伦理建设，发挥道德在治国理政、整风治吏中的重要作用，以官员或者公职人员道德素质的提升促进整个社会思想道德建设，是推动人类政治文明进步的重要经验，是世界上许多国家加强公务人员职业素质建设的通行做法。

中国古人认为，治理国家就必须制定规章制度和法规政策，其制定依据就是人的情性，所以研究人的情性就成为治理国家非常重要的理论依据。他们认为，人性中最大的区别就是善与恶这两种极端的性质。因此，善恶就成了中国传统政治哲学中的重要范畴，成为一切社会现象和个人行为的价值标准。关于人性善恶问题，几乎所有哲学家都参与过讨论，但是，有代表性的、对后代影响大的、至今还有重要意义的，主要有以下几种：孟子的性善论、荀子的性恶论、性善恶混、性三品说、性二元论。

一、人性本善

（一）孟子的性善论

孟子在与告子的辩论中，阐述了他的性善论观点。他认为，无论圣人还是平民百姓，他们的本性都是善的。好听的音乐，大家都喜欢听；美味佳肴，大家都爱吃；艳色丽质，大家都喜欢；芝兰之香，大家都乐闻。耳目舌鼻，大家都有相同的感觉，人心怎么会没有相同的本性呢？孟子据此认为人性是相同的，而且都是善良的。

人的善性表现在仁、义、礼、智这四个方面。这四个方面天生就存在于人的本性中，开始只是萌芽，经过培育不断发展，就可以形成完全的善性。孟子还举例说，一个小孩爬到井口边，就要掉下井去，危急时刻，一个人看见了，就赶紧过去把小孩拉住，抱起来。为什么？他不是这个小孩父亲的朋友，也不是他的什么亲戚；他不是为了让别人知道他做了好事，也不是为了向乡亲讨个赞扬。那么，他究竟为了什么？因为他的心中天生就有“恻隐之心”。这个“恻隐之心”，就是仁的萌芽，其他义、礼、智，也都有萌芽存在。这四个善端“非由外铄我也，我固有之也”（《孟子·告子上》），不是外加的，而是自己所固有的。

人有相同的本性，这个本性又是善的，因此自然可以推出，每个人天生都是善人。只要都注意修身养性，那么，“人皆可以为尧舜”（《孟子·告子下》）。

那么，人都有善性，为什么世上还有那么多的恶人呢？孟子认为：“为不善，非才之罪也。”（《孟子·告子上》）成为不善，不是天生资质的罪过。问题出在哪儿呢？一是没有把善性的萌芽培养出来，善性得不到充分发展；二是受到外物引诱，善性被物欲影响坏了。这一点可能受到他母亲的影响。孟母为了寻找培养小孟子的良好环境，曾经三次迁移居住地。这反映了孟母对生活环境的重视。这种思想对后代影响是很大的。现在世界各国都很重视把自己的孩子送到比较好的学校去上学，也是为了让子女能在较好的环境中成长。

孟子性善论在政治方面的影响主要表现在人治上。孟子虽然也讲“徒善不足以为政，徒法不能以自行”（《孟子·离娄上》），政治不能唯贤，也不能唯法。这种说法包含辩证法思想。但是，孟子比较倾向于选择贤人来治国，不太注重法制的建设。以后的中国特别推崇孟子的思想，也就比较倾向于重视人才的选拔，科举制度就说明了这个问题。人性都是善的，这就反对贵族血统高贵的观念。在这种人性平等的基础上产生了科举制度。中国的封建社会虽然存在了两千多年，但一直没有形成铁板一块的封建等级。秦汉以后，改朝换代不断，任何阶层的人，甚至异族酋长都有机会进入统治集团，乃至爬上权力的顶峰。相反，贵族豪门也会因为“君子之泽五世而斩”（《孟子·离娄下》），破落成为平民乃至奴隶。这种可上可下、自由流动的社会结构，使人才得以有比较充分发挥的机会，也是导致中国封建社会超稳定结构的一个重要原因。如果说孟子的性善论与中国后代的人治传统有一定的联系，我想并不是毫无根据的。

（二）荀子的性恶论

与孟子相反，战国时代的另一位大儒荀子却提出人性是恶的。他是如何论证的呢？在人性具有普遍性方面，荀子与孟子观点相同。只是孟子认为人性统一于善，荀子认为人性统一于恶。荀子认为人生来就是好味、好利、好声、好色的，这是圣人与平民百姓所一致的。例如人肚子饿了，想吃东西，吃了还想吃饱。但是吃饱了，是否就满足了呢？不一定的。吃饱了还想吃好的，追求美味佳肴。好的吃腻了，又想吃新鲜的、稀罕的。稀罕的东西很少，自然不能满足大家的需求。所谓“欲壑难填”，就是指人的欲望是无止境的。如果一个人为所欲为，那么全国人都为他服务也不能满足他的欲望。他的欲望得不到满足，就不高兴。而且，不只他一个人有这些欲望，所有人都有这些欲望，那么竞争就是不可避免的了。竞争会导致两败俱伤，削弱人类的整体实力，削弱人类与大自然的抗争能力，甚至危及人类的存在。荀子认为，如果任其发展，人类的自然本性自然发展的结果必然损害人类的整体利益。因此，人类的自然本性天生是恶的。为了避免这种严重后果，有先见之明的圣人制定了一套生活规范，来制约天生的自然本性，使人有了向善的思想和行为。荀子认为这种善不是天生就有的，而是后天教育的结果，因此称它为“伪”，即人为加工的结果。

荀子认为圣人根据人的情性是恶的，所以制定了一套伦理规则，人如果能够按这些规则行事，那就是善的；如果违背这些规则，按自己的自然本性，即无休止的按欲望去做事，去处理人际关系，也就是说，随心所欲，为所欲为，那么，就会成为坏人，就是性恶的人。因此，他认为每个人都有希望成为善人，只要认真学习并遵守圣人制定的伦理规则，就可以成为好人、善人，甚至圣人。因此他有一句名言：“涂之人可以为禹。”其结果，他的论断与孟子的“人皆可以为尧舜”完全一致，正所谓“同归而殊途，一致而百虑”（《周易·系辞下》）。殊途同归，走不同的道路，达到共同的目标。

教育不是万能的。有些人在有阶级存在的社会里是教育不好的，正如韩非在《五蠹》中所说的，一个青年人，不成才，不做好事尽做坏事。父母训斥，他不改；乡亲劝告，他也不听；师长教导，他也无动于衷。三方配合教育，仍然无效。官府出兵追捕邻村犯罪的青年，这个青年害怕了，不敢犯法，改变了自己的恶习。韩非从此得出结论：“民固骄于爱，听于威矣。”（《韩非子·五蠹》）用现代话说，就是老百姓不听好心劝告，害怕法律惩罚。

韩非是荀子的学生，他的法家思想是沿着荀子性恶论阐发的，这是很自然的。因此我们有理由认为，荀子性恶论自然可以导致法治观念，为法治传统奠定了理论基础。

荀子的性恶论是不够彻底的，他认为人性是恶的，并且认为圣人与凡人的本性是一样的，那么圣人怎么会制定向善的伦理制度呢？另外，如果人性都是恶的，由于害怕法律的制裁，那只能做到不犯法，并不能产生善的行为。如果想劝善，人性中必须有能够接受善的因素，否则，所有的善都不能进入他的心中，更不能化为善的行动。当然，如果全面深入研究荀子的思想，其中还是有一些人性本善的思想，也有法制之外的道德伦理的内容，还有关于自我修养之类的说法。应该说，韩非的法家思想过分强调了法的正面作用这一面，才使理论更加绝对化了。西方法治思想比较浓厚，有人认为这可以推出西方人是主性恶论的，与荀子的观点接近。君主与官员，都与老百姓一样，在法律面前人人平等。

（三）性论的融合与批判

战国时代，有的说人性没有善恶之分，就像水那样，往东引导，水就流向东方；往西引导，水就流向西方。这是告子的观点，是他与孟子辩论时谈到的，记载在《孟子·告子》中。有的说人性是有善恶之分的，像人的身高与脸色那样，身材有高低，脸色有黑白。这是世硕、公孙尼子等人的观点，记载在王充《论衡·本性》中。再加上孟子与荀子的观点，每一种观点都有一定的合理性，难以统一。于是，扬雄通过对前人的说法进行综合，提出人性善恶混。

东汉末的思想家、荀子的后代荀悦对前贤的人性论进行系统批判后，提出自己的看法。他认为人性是有善有恶的，性与情相应，性善情也善，性恶情也恶。人性中善的因素需要教育才能成长，恶的因素需要法律才能逐渐消除。除了特别好的人和特别坏的人，一般人的本性都是善恶交争的，政治的任务就是“教扶其善，法抑其恶”。荀悦还认为，人性向善是上升的，人性变坏是下降的，“升难而降易”，“善难而恶易”，人学好比较困难，学坏就比较容易。如果政府不管，那么人性变坏的可能性就会很大。（《申鉴·杂言下》）荀悦主张性有差别与情性相应说。性的差别就是性善、性恶与性善恶混。他认为，性虽然善，也需要教育才能实现；性虽然恶，靠法律也可防止。上智者就是性善的人，下愚者就是性恶的人，其次善恶交争，就是善恶混的一般人。（《申鉴·杂言下》）这样，他就把孟子、荀子、扬雄等人的人性思想都综合在一起了。但是，他说得还不够具体全面，于是就有了韩愈的性三品说。

（四）性三品说

性三品说对后代影响很大，它的产生却有一个较长时间的发展过程。孔子讲上智下愚不移，似乎已经开了先河。董仲舒则明确提出有“圣人之性”、“中民之性”与“斗筲之性”，共三个等级。“圣人之性”是全善的，不必教化就是善的。“中民之性”又叫“万民之性”，这是普通百姓的性，是可以变好，也可以变坏的。“斗筲之性”，这种性天生就是恶的，是教化不了的性。董仲舒要讨论的人性只是“中民之性”，他认为讨论最有代表性的“中民之性”才有意义。因此他虽然说性有三个品级，其实讨论的只有最具普遍意义的“中民之性”一个品级的性。王充讲中人以上为性善者，中人以下为性恶者，中人是性善恶混者，其实也已经明确了人性可以分三个等级。“三品”这个概念却是荀悦最早提出来的。《申鉴·杂言下》载：人性与命运一样都分为“三品”，上等与下等的都不会改变，中等就要靠人事来决定，努力学好向善，就会有善性与好运；不学好，不积阴德，那么性就不善，就会成为性恶的人，最终必定倒霉。

韩愈从政治角度来讨论人的性情问题。他在《原性》一文中提出性与情的问题，认为性包括仁、义、礼、智、信五种成分，简称“五性”，是人生来就有的。情包括喜、怒、哀、惧、爱、恶、欲这七种情绪，简称“七情”。这是人接触外界才产生的。韩愈认为五性在具体个人的性中不是一样的，因此可以分为三品。上品者纯善而已；中品者可以引导向上，也可以引导向下；下品者纯恶而已。情与性是相应的，也分上中下三品。上品者，七情都是合理的、适当的；中品者，有的过头，有的不够，但力求合理；下品者，不是过头就是不够，任凭感情发泄而不加控制。对于这三品，他认为，上品者经过学习会更加聪明，下品者慑于法制的威力而少犯罪。这就叫“上者可教而下者可制”（《原性》）。教化与法制的社会作用都是不可或缺的。中品者在教化的引导和法制的威慑两者结合的作用下，更多的走上正路，社会风气也因此变得好一些。

（五）性二元论

汉代有性情二元论，后来被性情相应论所代替。到了北宋时代，张载提出“天地之性”与“气质之性”，实际上是以新的方式再次提出二元论。他认为，天地以及万物都是由气所聚合而成的，人性也都是由气决定的，所有人都一样，没有不善的，这就叫“天地之性”。但是，每一个人所禀受的气有清浊厚薄的不同，因此形成了不同的“气质之性”。“天地之性”决定人性的普遍性、共同性；“气质之性”决定人性的差异性、个别性。善恶的区别只能从个别中寻找原因。气质之性有好有坏，好的自然就是善的，坏的自然就是恶的。但是，这也不是天生就定了的，在后天还是可以改变的。如何改变？张载提出一个“反”的概念。“反”是回到原来位置的意思，善恶的关键在于“善反不善反”（《张子正蒙·诚明篇》）。善反，人就可以成为善人，不善反就可能变成坏人。善反，就是要改变自己的气质。改变气质的办法，就是学习。“为学大益，在自（能）变化气质”（《经学理窟·义理》）。学习的最大好处就在于能够改变自己的气质。有些人气质不好又不能改变，原因就在于“不知学”。学习的重要性，由此可见一斑。

与张载同时代的二程（程颢、程颐）提出“存天理，灭人欲”的新口号。南宋理学大师朱熹继承二程的思想，提出“人之所以生，理与气合而已”（《朱子语类》卷四）。理是善的，而气有清浊，禀受清明之气的人就是圣人，禀受清明之气又掺杂一些浊气的人就是贤人。贤人能够克服自己的物欲。禀受昏浊之气的人不能克服自己的物欲，于是就成了愚蠢的人或坏恶之人。朱熹说：“圣贤千言万语，只是教人明天理，灭人欲。”（《朱子语类》卷十二）这是朱熹对从董仲舒以来讨论人的性情问题的高度概括，也是他的伦理思想的集中体现。对于中国古代后期社会有很广泛、很深刻的影响。

总之，中国古人讨论人性问题，最主要的问题是讨论善恶的问题。后来传入马克思主义，主要讲阶级矛盾、阶级斗争，认为没有抽象的人性，只有这个阶级或那个阶级的人性。20 世纪 90 年代，人性又一次受到人们的重视。人有区别于禽兽的人性，这应该是可以肯定的。实际上，人与人在刚出生时是有差别的，只是差别很小，一般人看不出来。在成长过程中，差别逐渐显现出来。当然，社会环境（社会地位、阶级地位等）会对人产生一定的影响。其中，阶级的影响是不可否定的。因此，在阶级社会中，一个人的经历、社会地位都会给人留下深刻的影响。如果忽视这一点，也会产生严重的错误。什么都归结为阶级性，显然也有说不通的时候，因为并不是到处都有阶级斗争的。

二、以德为政

（一）“大德”与“小惠”

过去，常有人说儒家用小恩小惠来拉拢百姓。实际上，儒家虽然讲过对人民要施以恩惠，但并不是讲小恩小惠。例如，《论语·雍也》记载，子贡说：假若有一个人能给老百姓很多好处又能周济大众，怎么样？可以算是仁人了吗？孔子说：岂止是仁人，简直是圣人了！就连尧、舜尚且难以做到呢。对于民众能够博施，就是大德，不是小惠。孔子讲的“德治”，孟子讲的“仁政”，都是属于大德的范围。

《孟子·离娄下》载：子产任郑国相，主持郑国政务。溱、洧是两条河，由于没有桥梁，人们不能过河。子产用自己的马车放在河中，让人们过河，可谓方便群众。孟子认为这种做法只能叫作“惠”，即给一些人带来好处，还不能说真正知道“为政”即执政。周朝规定每岁十一月修筑小桥，十二月修大桥（周历比夏历早两个月，周历十二月即夏历十月。这是农忙以后的时间），发动并组织农民修筑桥梁，解决群众的过河问题。这件事做好了，人民就没有发愁过河的。所有群众过河的问题都解决了，就不必用自己的马车放在河里当桥用。如果这件事情没有做好，全国有许多河流，国相有那么多马车吗？可见国相的马车所能解决的问题非常有限。马车是当政者的工作需要，是为了减少在路上耽搁的时间。如果马车放在河里当桥用，影响了国相的用车，会影响政务。当政者只要做好政治，出门时，让路上行人回避，也是可以的。这样虽然给一般行人带来一些不便，却可以减少国相在路上耽搁的时间。孟子认为这也是需要的。哪能让每一个人都感到方便呢？那样的话，你的时间就不够用了。国相做不好政务，将会使百姓遭到更大的损失。

《贞观政要》卷一《政体》第十章载唐太宗与群臣的对话，是很有意义的政治对话。内容如下：贞观八年（公元634年），唐太宗李世民对侍臣们说：隋朝的时候，老百姓即使拥有财物，但怎能保得住呢？自从我平定天下以来，一心一意体恤百姓，没有什么差役摊派，每个人都能维持生计，守住自己的钱财，这些都是我赐予他们的。如果我不停地加收各种赋税，也要多次赏赐资助他们，还不如不这样做。

政治不好，社会不安定，百姓即使有一些财物，也保不住；政治清明，社会安定，人人都能安心生活。做好政治工作，是对人民的大德。只给少数人赏赐，而做不好政治工作，那就是小惠。虽得小惠的人也保不住财物。魏徵以晋文公为例佐证唐太宗的看法。晋文公出去打猎，追逐野兽，进入沼泽地，在里面迷了路，怎么也走不出来。后来发现有一个渔民，晋文公问他：我是你的国君，沿哪一条路可以走出沼泽地？我将会重赏你。渔民说：我想献给您一个意见。晋文公说：走出沼泽地后再听取你的意见。渔民送晋文公走出沼泽地，晋文公说：现在你想告诉我的意见是什么？我愿意接受。渔民说：鸿鹄在大海生活，时间长了，感到厌烦，想迁徙到小泽去生活，就有被捕杀的危险。龟鳖在深渊生活，时间长了，感到厌烦，要到浅滩上活动，必定有被钓杀的危险。现在，您作为国君离开猎场，深入此地，为什么走得这么远呢？晋文公说：说得好！就对随从说，把渔民的名字记下来。渔民说：您何必记我的名字？“君尊天事地，敬社稷，保四国，慈爱万民，薄赋敛，轻租税，臣亦与焉。君不尊天，不事地，不敬社稷，不固四海，外失礼于诸侯，内逆民心，一国流亡，渔者虽有厚赐，不得保也。”（《贞观政要·论政体》）渔民认为国君治理好国家，自己也会享受到安居乐业的生活；如果治理不好，全国混乱，人民流亡，渔民也要流亡，国君即使给渔民厚赏，也保不住。因此，渔民不肯接受赏赐。渔民的一番话，深刻地反映了国君与人民的利害相连，国君治理的好坏对人民生活有深刻的影响。

这里提到的“尊天事地，敬社稷，保四国，慈爱万民，薄赋敛，轻租税”就是当时人们认为做好政治工作的具体内容。政治做好了，渔者也能享受太平；政治做不好，天下大乱，一国流亡，渔者虽然得到厚赐，也保不住。做好政治是大德，厚赐渔者是小惠。这个渔者很有政治眼光，深明大义。史学家记载此事，也是深明大义的。

诸葛亮说过，“治世以大德，不以小惠”（《答惜赦》，《三国志·蜀书·后主传》注引《华阳国志》文）。意思是，要用大德治理社会，不能用小惠治理社会。子产用自己的马车给行人渡河，晋文公厚赐渔者，都属于“小惠”，偶尔做一下，未尝不可。但是，如果以为这就是政治的全部，或者以为这就是最好政治的主要内容，那就错了。实行儒家所说的“大德”，就是首先要解决全体人民的温饱问题，其次要重视教育工作，全面提高人民的文化素质，知道如何正确处理人际关系，维护社会伦理，稳定社会秩序。与此同时，要健全法制，严格执法，惩治罪犯，清除腐败，保护人民的根本利益。这就是儒家的“先富后教”理论。有一次，孔子到卫国去，他的学生冉求驾车。到了卫国，孔子说：人真多呀！冉求问：人已经很多了，该怎么办？孔子说：使他们富起来。冉求问：富裕了又该怎么办？孔子说：对他们进行教化。（《论语·子路》）

当然，有的官员借口行大德，不行小惠，实际上是为自己捞好处，不关心群众生活。在他们看来，群众的利益都是小事，只有他的私利才是大事。经常用“人民”的名义，谋自己的私利，或者将自己的私利说成是公益。制定政策时，首先考虑如何有利于自己和亲属、亲信。领导者如果容易被这些下属所欺骗，提拔这样的下属，不是官僚主义，就是贪污受贿者。

（二）以德治国

德是国家之基，任何社会的发展和稳定都需要道德来维系。孔子说：“道之以政，齐之以刑，民免而无耻；道之以德，齐之以礼，有耻且格。”（《论语·为政》）意思是，以政令来教导，以刑罚来管束，百姓会因求免于刑罚而服从，但不知羞耻；以德行来教化，以礼制来约束，百姓会知道羞耻并且可以走上正善之途。

以德治国，与孔子所说的“为政以德”，虽然语言顺序略有差别，主要内容却是基本一致的。为政就是治国。孔子的话完整地引下来是这样的：“为政以德，譬如北辰，居其所而众星共之。”（《论语·为政》）意思是，以道德来实施政治的话，就像北极星那样，停留在那个地方，其他星都环绕着它。也就是说，以德治国，就会吸引人民，得到群众的拥护。而国君不施德政，则会失掉民心。

《史记·孙子吴起列传》记载：吴起曾与魏武侯一起乘船顺西河而下，船到中流，魏武侯说：山河险固，真好啊，这就是魏国之宝！吴起对他说：国家最宝贵的是君主的德行，而不在于地形的险要。从前三苗氏左边有洞庭湖，右边有彭蠡湖（今鄱阳湖），但不讲求德义，大禹把它消灭了。夏桀所处的地方，左边有黄河和济水，右边有泰华山，伊阙（又名龙门山，在今河南洛阳南）在南，羊肠（羊肠坂，太行山古道名，在今山西晋城市南）在北，施政不讲仁爱，商汤将他流放了。殷纣王的国家左面有孟门（古隘道名，在今河南辉县市西），右面有太行山，常山（即恒山，在今山西浑源县南）在北面，黄河在南面流过，地势也无比险要，但施政不讲道德，周武王把他杀了。由此看来，治理国家在于君主的德行，而不在于地形的险要。如果君主不讲德行，就是一条船上的人也都会成为敌国的人。

秦始皇也是只相信实力的人，他认为有可能威胁中央集权家天下的统治的，就是北边匈奴，因此筑万里长城以备胡，以为这样就可以使江山永固，传之万世。历史事实与秦始皇的愿望完全相反，才传到二世，天下就大乱了，勉强拖到三世，就彻底灭亡。更出人意料的是，首先揭竿而起的是名不见经传的没有什么社会地位的平民！他带领的队伍只是手无寸铁的没有经过组织训练的900名戍卒！就是这样一伙不起眼的“乌合之众”，居然推翻了削平六国统一天下建立中央集权的大帝国！原因何在？陈胜说：“天下苦秦久矣！”陆贾说，“秦二世尚刑而亡”“虐行则怨积”。贾谊说：“仁义不施而攻守之势异也。”秦亡的原因就是“不施仁义”，是缺乏“德治”。

有些人以为有地理上的优势，再加上强大的军事实力和健全的法制，就可以称霸天下。他们以自己的利益为最高标准，不讲仁义，不施德政，目空一切，为所欲为。多行不义，积怨甚多，别人敢怒不敢言。这样，它也必然像秦王朝那样在绝大多数人的强烈反对下垮台。由此可见，防外不防内，是片面的。防的办法，只讲军事实力与法律制度，不讲道德，是更严重的片面。因此，治国最根本最需要的在于道德。

从儒家的传统说法中，可以清楚地看到，他们讲“为政以德”，讲“德治”，讲“仁政”，实际上都是强调当政者首先要提高自身的道德，以自己的模范行为做示范，来进行领导。治国不能没有法，圣人“不能废法而治国”（《管子·法法》）。但是，执法的人必须守法，要公正执法，这也是道德。如果执法者自己不守法，还以权谋私，贪赃枉法，那么，法再好也不能正确实行。孟子说得好：“徒善不足以为政，徒法不能以自行。”（《孟子·离娄上》）只有善良的愿望，还不能做好政治，只有法也不能离开人而自己去实行。所有讲法治的地方都特别重视道德问题，法律如果没有道德的支持，社会也会陷入一片混乱。韩非提倡法治，认为什么仁义道德、什么文学修养，都没有必要。秦始皇按他的理论来治理国家，很快也就亡国了。这个教训在中国历史上是唯一的，没有人重蹈这个覆辙。

总之，历史上的经验教训，都可以作为我们现在的借鉴。王充说：治理国家需要两个东西：一曰德，二曰力。缺一不可。一千多年以前的王充总结的这个理论，到现在也没有过时。

（三）以德服人

德治应该有内外之分：对内，当政者应该提高道德水平，以身作则，引导人民求真、向善、爱美，移风易俗，向文明进步方向发展，给人民带来幸福安康。对外，应该主持公道，与大小各国和平共处，友好往来。这两方面都不可忽视。

首先，儒家德治论的一个重要特点，是强调统治阶层尤其是最高统治者在道德教化中的重要性，重视统治阶层、最高统治者的道德培养问题。《论语·颜渊》载：季康子向孔子问如何从政，说：如果杀掉无道的人以成全有道的人，怎么样？孔子回答说：您治理政事，哪里用得着杀戮的手段呢？您只要想行善，老百姓也会跟着行善。在位者的品德好比风，在下位的人的品德好比草，风吹到草上，草就必定跟着倒。由此，“君子之德风，小人之德草”，成了后来儒家信奉的普遍原理。

《论语》上另有很多记载，都说明儒家极端重视当政者的个人素质。孔子说：“其身正，不令而行；其身不正，虽令不从。”“苟正其身矣，于从政乎何有？不能正其身，如正人何？”（《论语·子路》）意思是，当政者自身正，政治就不难了。如果自身不正，怎么能正别人呢？那么政治就非常难了。当政者应该做百姓的榜样，“子欲善而民善矣”（《论语·颜渊》）。自身做好了，“近者说，远者来”，要做什么，都会很容易成功的。如果远方的人不愿意来，怎么办呢？财富吸引，高薪聘请，都是当下许多人所采取的办法。有的领导在招商引资时，用盛宴招待客人，却把客人吓跑了，因为客人不敢在有这种风气的地方投资，害怕自己投下的资本被这些官员吃掉了。其实所谓的投资环境，是多方面的，当地官员是否廉洁是非常重要的，甚至是最重要的方面。领导干部思想问题解决了，觉悟提高了，道德高尚了，就能吸引远方的人们来投资。

《新序·杂事》载：商汤看见有人四面设网，并祷告说："从天上坠落的，从地上生出的，从四方来的，让它们都坠落到我的网上。"汤说："真这样的话，禽兽就被杀光了。除了桀那样的暴君，谁还会做这种事呢？"商汤撤掉三面的网，只在一面设网，重新教那人祷告说："从前蜘蛛织网，现在的人也学着织。禽兽想向左去的就向左去，想向右去的就向右去，想向高处去的就向高处去，想向低处去的就向低处去，我只捕取那些触犯天命的。"汉水的南边有个国家听到这件事，说："商汤的恩德都惠及禽兽了。"于是，40 个国家归顺商汤。人设四面网，未必能网到鸟，而商汤撤去三面，只设一面网，却网到 40 个国家，并不只有鸟。

"祝网者"置网四面，就是想把鸟一网打尽，其实未必都能网到鸟。这是亡国之君夏桀的错误做法。汤网开三面，只留一面，专门捕那些"犯命"的鸟，让多数鸟都可以逃走，这是有爱心的表现。连对禽兽都有这种爱心，那么对人当然会更好了。于是，汉江以南的 40 个小国都归顺汤，充分说明了当政者的道德有强大的感召力。

其次，国君强调对人民进行道德感化。因此，中国过去比较重视道德，而不注重法律，正如孔子所说："子为政，焉用杀？"（《论语·颜渊》）同样对于官员，只要是枝节问题，就施以宽容，这也是得人心的。楚庄王赐酒给群臣，晚上天黑，大家都饮得很醉。这时突然灯火都被风吹灭，一片漆黑。有人拉一下王后的衣服，王后就把这个将军帽子上的缨摘下来，并且小声对楚庄王说了这一情况。希望赶快点火，以便寻找帽上没有缨的将军。楚庄王马上制止，不让点火，下令大家都把自己帽上的缨摘下，丢到地上，这样才快乐。大家都这样做了，然后才点火，这样大家都没有帽缨，于是，是谁拉了王后的衣服，就认不出来了。大家都欢欢喜喜，痛饮尽欢而散。拉王后衣服的那位将军自己也明白楚庄王保护了他的面子。后来，吴国来攻打楚国，那位将军非常勇敢，杀入吴军阵营，砍了首领的头，提来献给楚庄王。楚庄王感到很奇怪：我对你没有特别照顾，你参战为什么特别卖力？他回答：我就是以前在殿上被摘掉帽缨的人，当时就想应该用肝胆涂地来报答。等了很长时间，一直没有机会。现在有这个机会，可以替大王打败吴国，增强楚国。（《韩诗外传》卷七第十四章及《说苑·复恩》也有类似内容）这就是道德感化的效果。

相反地，过去，周厉王暴虐，人民都批评他，当时叫作“谤”。周厉王依仗自己的权力，不许别人说“不”，更不许别人批评自己，他还派人监视，发现诽谤者，就抓来杀了。“国人莫敢言，道路以目”。人民都不敢说话，但是，不是没有意见，只是把怒气暂时压在心中。忍耐是有限度的，在忍无可忍的情况下，就会强烈地爆发出来，产生严重的后果，甚至达到不可收拾的地步。周厉王不知道不让说话的严重后果，认为别人再也不敢说他的坏话了，就很高兴。他以为这样就可以“弭谤”，即止谤。召公认为这只是一时不说话，并不是解决了人民的怨气。他说：“防民之口，甚于防川。”人民有想法不让说，就会将怨气憋在心中，积怨太深，一旦爆发就会很强烈。正如召公所预言的那样，周厉王在国人的反叛中逃到彘地，以后就死在那里。这也是中国历史上不行德政的教训。

孟子的“穷则独善其身，达则兼善天下”（《孟子·尽心上》）至今仍广为传颂，作为君子，就应该一辈子注意修身，不断提高自己的道德修养。不当官时，自己做好了；当官的时候，要为天下人做一些好事。

总之，“人无德不立，官无德不为”。德是立身从政最根本的东西，是领导者不可或缺的。领导干部一定要深刻认识到从政道德的极端重要性，明确为官从政的道德责任和道德要求，以高尚的道德品行约束自己，以良好的道德形象取信于民，以崇高的道德力量引领社会风尚，努力做爱国主义、集体主义、社会主义思想道德的自觉遵守者、示范引领者和坚定维护者。

（四）敢讲真话

孔子说："有德者必有言，有言者不必有德。"（《论语·宪问》）有道德的人，一定会说出表明高尚道德的话，能说出漂亮话的人未必就是有高尚道德的人。一些人很会说漂亮话，唱高调，但是，自己却不那么做，或者根本做不到。他们想教育人民，实际上是在欺骗人民。人民不相信他们，社会风气因此变坏。孔子又说"巧言乱德"（《论语·卫灵公》）。说漂亮的假话，就会搅乱道德。

邹忌是个美男子，他问妻子，与城北徐公相比，谁更美。妻子说他美，徐公比不上。再问妾和朋友，他们也都说邹忌比徐公美。三人成众，都说美，就是群众的意见了。但是，第二天，徐公来，邹忌没有因为有三人说自己比徐公美而产生精神胜利法藐视徐公，而是认真地考察一下，认为还是徐公比自己美。然后再思考这些人为什么不说真话的原因，妻子是"情人眼里出徐公"，妾是畏惧，朋友是有求于自己而说的奉承话，这些情况都在一般人的情理之中，无可厚非。此类假话可听而不可信。邹忌对此颇有感触，以此来劝齐威王纳谏。于是齐威王下令，鼓励群众给自己提批评意见。开始提意见的人很多，门庭若市。说明存在的问题很多，后来提意见的人渐渐少了，说明许多问题得到了解决。

但是，并不是每个讲真话的人都会如此好运。《史记·佞幸列传》中有这样一个故事：邓通受到汉文帝的宠信，对文帝竭尽忠心，从来没有违背过他的意愿，甚至叫他"吮痈"（用口吸痈疮的脓血），也不为难。文帝因病，心情不愉快，就问邓通："天下谁是最爱我的人？"邓通想称赞太子的孝顺，就回答说："没有比太子更爱您的了。"当太子来看病时，文帝叫太子“吮痈”，太子有点为难，文帝不高兴就叫太子走了。后来太子听说邓通经常给文帝“吮痈”，就感到惭愧，同时怨恨邓通，当他即位当皇帝后，就治邓通的罪，使邓通最后饿死。王符对此发议论说：邓通的行为是尽心尽力为皇帝，并没有损害别人。敢于讲真话实话的人能够不受嫉妒，不受刑罚的，那是侥幸，还要看君主的素质。

魏徵经常直言敢谏，得罪一大批人。于是，也有人告魏徵“阿党亲戚”。唐太宗派御史大夫温彦博案验，查无实据。温彦博向皇帝汇报时说：别人对魏徵有意见，虽然他无私，也有可以责备之处。为什么可以责备呢？大概就是锋芒毕露。于是，唐太宗就让温彦博去批评魏徵，要他以后不要那么锋芒毕露，要收敛一些，含蓄一点。魏徵听后，认为“此言大不是”，如果不存公道，只在形迹上下功夫，那么，国家兴衰，难以预料。注重形式，言行不一，如果成为风气，必然失去真诚、公道，其害无穷。不得罪人，或者少得罪人，凡事与人为善，保持一团和气，这也是中国的一个老传统。孔子就曾经反对过这种作风，称它为“乡愿”。他说：“乡愿，德之贼也。”（《论语·阳货》）持乡愿这种作风的人，自己不敢跟坏人坏事作斗争，对于敢与坏人坏事作斗争的人却很妒忌、很反感，经常泼点冷水，或者制造点什么别的麻烦。魏徵也遇到过这种人，温彦博大概就是其中的一个。

魏徵推荐凌敬，凌敬犯了错误，唐太宗就批评魏徵“滥进人”，随便推荐人。魏徵说：你征求意见时，我们对凌敬的优点、缺点都全面介绍了。有学识，敢提意见，是他的长处；爱生活，好经营，是他的短处。现在凌敬为人写碑文，教人读《汉书》，要求报酬，这与我们的推荐没有关系。你不用他的长处，只看到他的短处，以为我欺骗你，我心里不服。唐太宗没话可说了。（《贞观政要·纳谏》）

当然，现在看来，这些都不算什么错误。写个碑文，韩愈也曾经要过润笔，即稿酬。教读《汉书》，也是一种劳动，得报酬是完全应该的。但是，中国古代有所谓“天子不言多少，诸侯不言利害，大夫不言得丧，士不言通财货，不贾于道”（《韩诗外传》卷四第十四章）的说法，还有“从士以上皆羞利而不与民争业”（《荀子·大略》）的说法。在古代那种羞于言利的风气下，大家都不敢提报酬。现在有两个极端，有的人不敢提报酬，有的人一举手一投足都要报酬。这两种极端都是不对的。

贞观六年（公元 632 年），君臣会聚九成宫时，唐太宗说魏徵过去是他的仇人，现在“征每犯颜切谏，不许我为非，我所以重之也”。魏徵说：“陛下导臣使言，臣所以敢言。若陛下不受臣言，臣亦何敢犯龙鳞、触忌讳也！”谏，需要君臣互相信任，特别是君必须有远见卓识，宽容大度。君需臣而立百代之功，臣需君而显贤良之名。

当官的要爱护自己手下的人，君仁，手下的人才敢讲真话。底下敢不敢讲真话，就要看君仁不仁。如果你的身边常有敢于提出不同意见的人，敢于与你据理力争，恰恰说明你是一个虚怀若谷的人、兼容并包的人，而且可以拓展思路，修正过错，提高成功概率。“良药苦口利于病，忠言逆耳利于行。”高明的领导者要提倡、鼓励下级讲真话，这是对自己最有好处的。

《法治通识课》

作者：卓泽渊
书号：978-7-5035-7073-5
定价：58.00 元

- 本书作者为中共中央党校（国家行政学院）副教育长、教授。
- 本书系统梳理了法治一般原理、中国法治实践、世界法治发展，从理论到实践，从历史到现实，从中国到世界，助力领导干部熟悉和掌握基本的法律知识，提升法治素养，运用法治思维开展工作。

《写作通识课》

作者：胡森林
书号：978-7-5035-7283-8
定价：48.00 元

- 本书作者著有多部写作领域畅销书，本书是专为满足领导干部提升写作能力的需要而著，从如何认识写作、写作的哲理思考、写作的学习方法、写好文章的标准、写作的基本要求、写作中的核心要素、写作的基本步骤、写作中要处理的若干关系、写作中常见的困惑、写作中的逻辑运用、常见问题与修改要旨、写作通则的运用和写作中的实用方法等方面，系统总结了其长期实践的写作经验和技巧，通过精准剖析难点与给出技巧，解决了怎样培养写作意识，提高写作能力，成为写作高手。

《音乐修养通识课》

作者：江柏安
书号：待出版
定价：78.00 元

- 本书作者为武汉大学艺术学院教授，硕士研究生导师，武汉大学大学生艺术团交响乐团艺术指导教师，主要从事音乐教育、电影音乐、音乐学的教学与研究。
- 该书秉承通识、博雅教育理念，追求文化品位与审美灵光兼具，以多维视角观照音乐，既讲析音乐审美基础知识，又考察中外音乐文化演进历程。全书内容通俗易懂、涉猎广泛，总计 627 次片段地引用了不同时期不同风格的音乐作品，便于读者更好的应用与体会，适用于广大读者提升艺术修养。

《逻辑学通识课》

作者：杜国平
书号：978-7-5035-7349-1
定价：68.00 元

- 本书作者现为中国社会科学院哲学研究所研究员，智能与逻辑实验室主任，二级教授，博士生导师，主要从事逻辑学和人工智能基础理论研究，研究方向为人工智能逻辑、符号逻辑、逻辑思想史和逻辑应用等。
- 本书结合大量生动有趣的案例，系统地阐述了逻辑学的基本知识和基本方法，从逻辑学的概念到判断，从逻辑规律到推理论证，层层深入，并罗列各种逻辑谬误和诡辩，通过本书的学习，将有助于读者做到，概念清晰、判断准确、推理有效、论证合理，并能提高读者识别和破斥各位谬误和诡辩的能力，可以帮助读者提高逻辑思维能力，使其思维更加符合逻辑，使其思维“更讲逻辑”。

《心理学通识课》

作者：莫雷等
书号：
定价：68.00 元

- 本书作者为华南师范大学文科资深教授、博士生导师、学术委员会主任，中国心理学会终身成就奖获得者。
- 本书是一本帮助普通大众，尤其是党政机关和企事业单位的领导干部，学懂弄通心理学“是什么”以及如何运用心理学的相关知识解决学习、实际工作中的难题的通识读物。
- 该书从澄清心理学的种种误解、伪心理学知识入手，以心理学体系为基本框架，介绍了基础心理学、社会心理学、健康心理学、发展与教育心理学、管理心理学等主要分支的核心内容，深入阐释心理学研究理论和实践经验在日常生活、管理与领导中的重大指引作用。

《西方美学通识课》

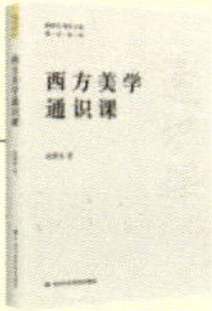

作者：凌继尧
书号：978-7-5035-7126-8
定价：59.80 元

- 本书作者系美学大师朱光潜的关门弟子，曾于 20 世纪 80 年代初追随朱先生读书三年。
- 本书从早期希腊美学和苏格拉底、柏拉图、亚里士多德到叔本华、黑格尔和尼采。根据西方美学历史发展脉络，选取其中具有代表性、影响深远的各美学流派及其代表性人物和观点，系统论述了早期希腊美学、罗马早期的哲学美学、罗马文艺美学、中世纪美学、文艺复兴美学、法国新古典主义、英国经验主义、法国启蒙运动、德国启蒙运动、意大利美学等内容，该书内容系统全面，论述清晰完整，对数千年西方美学史进行了概括而不失深入的介绍，是一本有新意的美学史文本。

新时代领导干部通识读物

《中华文化通识课》

作者：王蒙
书号：978-7-5035-7013-1
定价：56.00 元

- 本书作者王蒙，当过文化部部长、写过著名小说《青春万岁》、获得过“人民艺术家”国家荣誉称号，称得上当代中华文化的一个标志性文化名人。
- 本书基于作者近 40 年来关于文化问题的文章、演讲、对谈，进行理路编纂、辑录、校正而成，是对中华文化深入思考后的智慧结晶，是读懂中华文化的通俗佳作。

《中国哲学通识课》

作者：周桂钿
书号：978-7-5035-7011-7
定价：58.00 元

- 本书作者周桂钿，是北京师范大学教授、博导，现任董仲舒国际儒学研究院名誉院长、中国政法大学国际儒学院副院长，对中国哲学研究精深。
- 哲学是人们认识世界、改造世界的重要工具。本书从以民为本、为政以德、仁义之道、义利之辨、尊贤使能、和而不同、知行合一、盛世治理、大同理想等方面，深入分析中国古代先哲的哲学思想，系统论述了中国哲学中的政治智慧，探讨中国哲学对我国政治经济文化发展所产生的重要影响。

《国学通识课》

作者：杨朝明
书号：待出版
定价：56.00 元

- 本书作者杨朝明，山东大学特聘教授、国际儒学联合会副理事长、中华孔子学会副会长。
- 本书围绕作为国学主流的儒学、作为国学核心的经学展开讲述。尤其针对社会对国学价值认识的现状，说源头、重源流、讲通识、抓重点，正本清源、解疑释惑，讲清楚中华国学铺染了中国人的生命底色，影响了历代中国的理想信念、价值理念、道德观念，启导读者理解国学精神，把握国学要义。

《中国古代军事通识课》

作者：钟少异
书号：978-7-5035-7222-7
定价：59.80 元

- 本书作者现为军事科学院战争研究院研究员、博士生导师。
- 本书讲述主要历史时期内的国防军事大事，如秦汉时期重要国防大事：分封制和汉代削藩，抗击匈奴等，史料翔实，立意深远、论据充分，又讲述军事技术、地理环境、古代国家对军事的影响及中西对比，横纵向多维度比较，剖析了中国古代军事文化的历史局限，深入探讨中国古代军事的成败得失、经验教训，为领导干部思考国防军事问题提供有益镜鉴。

《马克思恩格斯经典著作通识课》

作者：阮青
书号：978-7-5035-7225-8
定价：68.00 元

- 作者阮青，中共中央党校（国家行政学院）教授、博士生导师，长期从事马克思主义经典著作、中国特色社会主义理论体系、党的建设重大理论问题的教学与研究工作。
- 本书精选了包括《共产党宣言》《1844 年经济学哲学手稿》等在内的 8 部著作和 5 封书信进行解读，剖析了这些著作和书信的写作背景、主要内容以及当代启示，意在通过重温经典，提高领导干部运用马克思主义基本原理解决当代中国实际问题的能力和水平。

《马克思主义哲学通识课》

作者：韩庆祥
书号：978-7-5035-7125-1
定价：59.80 元

- 本书作者韩庆祥是中央党校原校委委员、一级教授，中央党校专家工作室领衔专家，主要从事马克思主义哲学、马克思主义理论、习近平新时代中国特色社会主义思想研究。
- 本书从辩证唯物论、唯物辩证法、实践认识论、历史唯物主义、马克思主义人学、西方马克思主义的基本观点及其方法论等方面，系统论述了马克思主义哲学的本质、价值、产生、发展与创新，说理透彻，行文流畅，既具有学术厚度又具有可读性。

第四讲
仁义之道

政治就是管理众人的事，就是管理人民的事。人民是根本，就要对人民好，为人民服务，施德政，让人民享受幸福。德政的核心内容就是仁义之道，这是以孔子为代表的儒家政治智慧。

一、孔子论仁

春秋时代，人们把仁作为美德，如：“为仁者，爱亲之谓仁；为国者，利国之谓仁。”（《国语·晋语一》）爱亲是一种美德，利国也是一种美德。中国儒家创始人孔子对“仁”的解说是“爱人”。爱亲是爱自己的亲属；利国，说到底是利天下人民，是爱人民的表现，是爱别人。两者结合，就是爱所有的人。孔子有时也讲“泛爱众”，孔子的学生子贡说：“博施于民而能济众。”（《论语·雍也》）都含有博爱的思想。

孔子的另一个学生有子说：“孝弟也者，其为仁之本与！”（《论语·学而》）这说明儒家仁的思想是从孝亲引申出来的，也就是从孝亲推出来的，孝是仁的根本。儒家重视孝，有一重要典籍就叫《孝经》，是专门论述孝的。

《孝经》以孔子与曾子对话的方式，阐述儒家孝的思想，理论相当系统深刻。开宗明义：

孔子在家里闲坐，他的学生曾子侍坐在旁边。

孔子说：先代的帝王有其至高无上的品行和最重要的道德，可以使天下人心归顺，人民和睦相处，人民无论是尊贵还是卑贱，上上下下都没有怨恨不满。你知道这是为什么吗？

曾子站起身来，离开自己的座位回答说：学生我不够聪敏，哪里会知道呢！

孔子说：这就是孝。它是一切德行的根本，也是教化产生的根源。你回原来位置坐下，我告诉你。人的身体四肢、毛发皮肤，都是父母赋予的，不敢予以损毁伤残，这是孝的开始。人在世上遵循仁义道德，有所建树，显扬名声于后世，从而使父母显赫荣耀，这是孝的终极目标。所谓孝，最初是从侍奉父母开始，然后效力于国君，最终建功立业，功成名就。

从这段可以看出以下几点：

第一，所有道德都是从孝推导引申出来的，所以说孝是道德的根本。教化也是通过孝的教育产生的，或者说教育也是从孝的教育开始的。

第二，按礼尚往来的原则，父母给予自己的是最宝贵的生命。父母也将自己视为最宝贵的宝贝。因此爱护自己的身体，就是对父母所赠予宝贝的珍惜。不珍惜，受损伤，就是不孝的表现。为一些小事，与他人争斗，有危险不躲避也都是不孝的表现。自杀更是大不孝。《礼记·祭义》记载了这样一个故事：乐正子春下堂时伤了脚，脚好了但几个月都不出门，脸上仍然有忧愁的颜色。学生们问他：这是什么缘故？乐正子春说：你们这个问题问得好啊，我从曾子那里听说，曾子又从孔子那里听说这样的话："天所生育的，地所养育的，没有比人更大的了。父母完好地把儿子生下来，儿子要完好地把身体归还父母，可称为孝。不亏损自己的身体，不辱及自身，可称为完全了。因此，君子一举一动都不敢忘记孝。"如今我忘记了孝道，因此面有忧色。每一举步都不敢忘怀父母，每一出言都不敢忘怀父母。所以行走时走大道而不走小路，乘舟而不游泳，不敢去做危险的事；所以恶言不出于口，愤恨之言不会反及自身。不辱及自身，不羞辱到亲人，可以称为孝了。对自己身体生命要珍惜，就是对父母负责。这是孝的起点，是"孝之始"。

第三，一辈子做好事，为人民做出功业，名声传于后世，为父母争得荣誉，还能光宗耀祖。这是孝的终点。

这三点从理论上阐述了孝的重大意义，是全面深刻的，体现了孝与道德、教育以及珍惜生命的紧密联系，是道德的根本，教育的根据，生命的意义。

过去有人说，儒家讲孝太绝对了，典型的话是“父叫子死，子不死，则为不孝”，但是，这是后代儒家的陋见，孔子是不同意的。《韩诗外传》有这么一个故事：孔子的学生曾参是著名的孝子。一天，曾参有了过失，锄草时误伤了苗，他的父亲曾皙就拿着棍子打他。曾参没有逃走，站着挨打，结果被打休克了，过了一会儿才渐渐苏醒过来。曾参刚醒过来，就问父亲：您受伤了没有？鲁国人都赞扬曾参是个孝子。孔子知道了这件事以后告诉守门的弟子：曾参来，不要让他进门！曾参自以为没有做错什么事，就让别人问孔子是什么原因。孔子说：你难道没有听说过舜的事吗？舜做儿子时，父亲用小棒打他，他就站着不动；父亲用大棒打他，他就逃走。父亲要找他干活时，他总在父亲身边；父亲想杀他时，无论如何也找不到他。现在曾参在父亲盛怒的时候，也不逃走，任父亲用大棒打，这就不是王者的人民。使王者的人民被杀害，难道还不是罪过吗？

父亲失去理智，拿着大棒乱打，如果将孩子打死、打伤或者打成残废，父亲冷静后会感到十分懊悔。这会给父亲的心灵上留下沉重的阴影，永远无法摆脱。这是“不逃”给父亲造成的精神创伤。真正的孝子要逃避父亲的盛怒，避免给父亲造成精神伤害。不管当时鲁国人怎么夸奖曾参，孔子还是严肃地对待此事，以便给后人留下正确的意见。很显然，上述父叫子死的说法，孔子是不同意的。

孔子讲孝，也讲推己及人，每个人都将对父母的孝推广出去，直至推到最广大的人民，这个思想就是仁。

“仁”，不能只看表面，要看实质。如何爱人？孔子提出两条原则：一是“己欲立而立人，己欲达而达人”，即自己想要成功，也要支持别人成功；自己想要发展，也要帮助别人发展。二是“己所不欲，勿施于人”，即自己不想要的东西，不要强加给别人。凡事都要设身处地替别人着想，这是爱别人的重要思路。不为别人考虑的人，就不会产生“仁”的观念。“仁”的思想是儒家思想的核心，儒家思想又是中国传统思想的主干，历代儒家不断丰富、发展仁的思想。同时也有人对于儒家思想有所歪曲，或有不合时宜的观点，我们应该予以剔除。对于发展儒家思想具有现代意义的观点，我们还要加以弘扬。孟子和董仲舒等思想家在仁的思想上就有所发展，我们应该给予肯定。

二、孟子论仁政

战国时代，儒家亚圣孟子认为尊敬别人的老人要像尊敬自己的父母，爱护别人的小孩要像爱护自己的子女，“老吾老，以及人之老；幼吾幼，以及人之幼”（《孟子·梁惠王上》）。这就是推己及人。再继续往下推，推到天下人民，用仁爱精神对待自己所管辖的人民。这就是仁政。为什么可以而且应该实行仁政？孟子认为人的本性都是善的，如果有的人变坏了，是受到外界物质的诱惑导致的。因此，创造良好的社会环境，保护人的良好本性，社会才会成为美好的人间。怎样才能创造出良好的社会环境呢？他认为，人们应该认识到，民是最高贵的，国君与人民相比，分量要轻得多。这就是他“民贵君轻”的思想。孟子下结论说，有天下者，失民，则失天下；无天下者，得民，则得天下，这叫“保民而王”。如何才能得到人民的拥护呢？孟子认为关键在于得民心。他说：“得其民有道：得其心，斯得民矣。”（《孟子·离娄上》）所以后人说“得民心者得天下”。怎样才能得民心呢？要做两方面的工作：一是人民想要的，替他们办到；二是人民反对的，不要强加给他们。这实际上就是孔子所讲的仁的两个原则。孟子反对用武力征服别人，“以力服人”，心里不服。只有“以德服人”，才能使人心服。孟子认为“仁者无敌”。靠武力征服，即使暂时取得胜利，也不会长久。后来秦始皇靠武力统一天下很快就灭亡了，证明了孟子的看法。孟子的仁政两原则，就是兴利除害。如何兴利除害？孟子提到一些最重要的措施：首先要给人民有一定的“恒产”，恒产就是土地。有了土地，生活就有了保证。这就是所谓“有恒产者有恒心，无恒产者无恒心”（《孟子·滕文公上》）。有了生活保证以后，就要进行教育。“饱食、暖衣，逸居而无教，则近于禽兽。”（《孟子·滕文公上》）富裕以后，如果不进行教育，人就会变得像禽兽一样，不懂礼义，缺乏道德。因此，孟子十分重视对人民进行伦理教育。另外，孟子还非常强调任人唯贤，如果坏人掌权，什么好事都会被搞乱了。他提的“尊贤使能，俊杰在位”（《孟子·公孙丑上》）是需要认真体会的。他说：“徒善不足以为政，徒法不能以自行。”（《孟子·离娄上》）有的人是好人，是贤者，但未必适合为官当政，为官与做人是不一样的。使能，是任用能力强的人来办事。能，是指能人。道德与能力，是当官的两个必要条件。愿意为人民办事，能够为人民办事，这是实行仁政所需要的官员。孟子的仁政学说是系统的儒家政治学。孟子认为，要实行这一套理论，最高统治者——天子要“尽心”，就是要全心全意为人民做事。否则，天子只想自己享受，不顾人民死活，那是什么也办不成的，再好的政治方案，也只不过是一纸空文。

孟子对于个人修养问题，也有他的见解。这主要有两条：一是在顺境中怎么做人，一是在逆境中怎么做人。他说：“穷不失义，达不离道。”在困难的时候，不要失去理智胡来；在春风得意的时候，也不要忘乎所以，随心所欲，偏离正道，做出越轨的事来。他又说：“得志，泽加于民；不得志，修身见于世。穷则独善其身，达则兼善天下。”穷，就是穷困、不得志；达，就是得志、顺利。而在这两种境遇中，很多人失去理智，忘乎所以，做了错事，犯了罪行，一失足成千古恨。孟子只讲这两种境遇下应该如何做人，实际上可以说是抓住了根本，指出了难点。

三、董仲舒论泛爱

汉代哲学家董仲舒提出仁的法则是："在爱人，不在爱我。"他说，爱周围的人，也要爱远方的人，要爱人民，也要爱鸟兽昆虫，爱一切生物。董仲舒讲了营荡的故事：西周初年，营荡任齐国司寇，姜太公封到齐国，就问营荡治理齐国的主要原则是什么，营荡说是仁义。姜太公又问如何实行仁义，营荡回答："仁者爱人，义者尊老。"姜太公又问如何爱人尊老，营荡说，爱人，就是要爱自己的孩子，不要他出力，让他吃好的；尊老，就是要尊重自己家的老人，妻子岁数大，丈夫要跪拜。姜太公一听气坏了，说：我要用仁义治国，你却用仁义来搅乱齐国，把你杀了，才能稳定齐国。营荡爱的只是自己的子女，尊重的只是自己家的老人、妻子。这种人虽然也在口头上说仁义，实际上不能真正实行仁义。营荡不能算仁者，也不是道德高尚的人。姜太公杀了他，革除了那种乱国的方针，使齐国逐渐走上富强的道路，后来成了春秋第一个霸主。

董仲舒认为爱的人越多越好，越远越伟大，越广越高尚。相反，只爱自己，是最狭隘的爱，必将毁灭自己；只爱自己身边最亲近的人，那就会遇到严重困难或危机；只爱自己管辖范围内的人民，有本位主义思想，能维持安定团结的局面，也能保存自己，但不可能有大作为。能够爱到其他诸侯，就会在诸侯中树立权威，成为霸主；能把爱推广到四海之外，施及天下，那他就是最伟大的王者。这种爱及远方的思想在中国人的心中有很深的影响。因此，中国历代统治者都重视"怀远""绥远"，对边远地区的人民，对国外远方友人都表现出特别友好的态度，都给予深切的关怀。明代前期的郑和下西洋则是很好的例子。

明代永乐三年（公元 1405 年），郑和奉命出使西洋。带领将士 27800

多人，驾航海船队出航。大船长44丈4尺、宽18丈，这样的大船有62艘。其他船共200余艘。从苏州刘家河先到福建，然后从福建闽江口五虎门起航，经过南亚、阿拉伯的30多个国家，到达非洲东海岸。当时中国的造船业和航海业都是世界上第一流的。郑和航海也曾经遇到海盗的拦劫，但很快击败武装的海盗，并活捉了海盗的首领。凭当时的国家实力，中国可以把沿途的任何国家变为自己的殖民地，但是中国人以仁义为本，与所经各国都进行了文化交流和友好贸易。礼尚往来，中国与沿途各国都互赠礼品，一般都是中国送出去礼品的价值高于回赠礼品的价值。此后，郑和又6次下西洋，一如既往地与沿途各国保持友好关系，增进了解，发展贸易，交流文化。郑和为中国与世界的交流做出了突出贡献。郑和航海87年后，欧洲人哥伦布才率领87人乘三艘小船航海探险，到了美洲。以后又两次到达美洲。欧洲人到达美洲以后，发现那里有许多财富，就蜂拥而至。残酷地追杀当地居民，开辟了一大批殖民地。200多年前，美国还是英国人的殖民地。两相比较，中国以仁爱为本，与各国友好相处。西方人主张优胜劣汰，以强凌弱。这就是中西方的文化差异。

中国的仁爱传统也影响到现代。在红军长征时期，毛泽东给军队规定的三大纪律中有一条是“不拿群众一针一线”，这是爱人民的突出表现。他在抗日战争中又提出“优待战俘”的政策，也是仁爱精神的体现。日本军队入侵我国，到处烧杀抢掠，无恶不作；经过激战，我军俘虏了一些日本官兵，不但不杀他们，反而给予“优待”。这种做法，深刻体现了中国传统的仁爱精神。白求恩大夫是加拿大人，不远万里，来到中国，帮助中国人民抵抗日本军队的侵略。他毫不利己，专门利人，爱到万里之外的中国人民，这是最崇高、最伟大的爱。因此，白求恩大夫成为中国人民最崇敬的外国人之一。中华人民共和国成立以后，中国政府提出了中国处理国际关系的和平共处五项基本原则，又提出中国永远不称霸，并保证不首先使用核武器，都体现了仁爱精神。

对领导干部来说，要始终怀有一颗仁爱之心，“老吾老，以及人之老；幼吾幼，以及人之幼”。一段时间以来，一大批具有仁爱精神的领导干部荡涤着我们的心灵：因公殉职年仅 33 岁的藏乡干部菊美多吉、“森林卫士”樊渭等，他们用一颗为民的赤诚之心，用奉献诠释忠诚，用平凡演绎最美。他们身上所具有的信念的能量、大爱的胸怀、忘我的精神，是仁爱精神的最好写照，他们都是我们民族的脊梁。

第五讲
孝道教育

任何好理论，都不能生搬硬套，都要领会其精神实质，与时俱进，因人而异，具体问题具体分析，做出理性选择。这是基本原则，在实践中运用，则是复杂的问题，需要反复推敲。我想对几个问题，谈谈自己的看法，供大家参考、批评。

有人说“百善孝为首”或“百善孝为先”，也有人认为孝道是封建糟粕，不应该继承，必须剔除。这些说法，必须从理论上加以分析。

一、如何理解儒家孝道的基本精神

儒家提倡礼尚往来，受别人恩惠，要知恩图报。报恩不是等价交换，受人滴水之恩，当思以涌泉相报。每个人的生命都是父母给的，孝道就是报答父母的养育之大恩。《孝经》上说：“身体发肤，受之父母，不敢毁伤，孝之始也。”青少年时代，要保护身体，减少父母的担忧，就是孝道的开始。“教”字左边就是“孝”，说明教育是从孝道开始，对少儿教育首先从孝道开始。在这个意义上说“百善孝为首”“百善孝为先”是对的。教育以孝为首先。

如果将孝理解为是压倒一切善的最高道德，那就可能偏离儒家的基本精神，其精神在儒家经典《论语》和《孝经》等典籍中。有人认为孝是最高道德，又将孝道理解为一切都听父母的，都要顺从父母。这都是后代文人将孝理解为单向的绝对化的结果。五四时期，一些学者批判儒家孝道，主要都是批这类被歪曲了的孝。

《论语》《孝经》中都提到“几谏”，当父亲做了不义的事，子女要对父亲进行委婉的劝谏。《论语》还有“子为父隐”的说法。“几”与“隐”都有隐私的意思，相当于家丑不可外扬。荀子说“从道不从君，从义不从父”，是说道义高于君父，也就是高于忠孝。儒家还有“大义灭亲”的说法，也是大义高于孝的意思。义有小、中、大，与孝的关系，小义则隐，中义则几谏，大义则灭亲。

今天我们如何尽孝道，可以根据《孝经》的精神来讨论。青少年时要保护自己的身体，珍惜生命，尽可能地帮父母做一些家务，努力读书学习，为未来的发展准备。这是“始于事亲”。成年以后，不能只守在家，要出去做事。要做事，总要跟别人打交道，有上级有同事，都要搞好关系，对上级也要像对父母那样尊敬。这是“中于事君”。最后是“终于立身”，“立身行道，扬名于后世，以显父母，孝之终也”。这说明，孝是一辈子的事，一辈子做好事，不做坏事，最好留下好名声，为父母争光。真正的孝子，应该立身行道，为社会、为人民作贡献。

二、《孝经》对不同社会角色有不同的尽孝道要求

在春秋时期，社会成员分许多等级。最高层的是天子，其次是诸侯，接下去就是卿大夫、士，普通民众就是最底层的庶人。从天子到卿大夫都是统治集团中的成员，士是没掌权的统治后备成员。当天子的不能只是伺候好自己的父母，更重要的是要给自己管辖的百姓带来幸福，“德教加于百姓，刑于四海”。身为诸侯，相当于高层干部，已有富贵，如何保持。《孝经》提出：“在上不骄，高而不危；制节谨度，满而不溢。高而不危，所以长守贵也。满而不溢，所以长守富也。富贵不离其身，然后能保其社稷，而和其民人。”这就是当诸侯的尽孝道。一些干部富贵以后，就骄横违法乱纪，最后入了监狱，自己受罪，父母蒙耻，就不能算孝子了。

卿大夫相当于中层、下层干部，言谈举止要谨慎，要守规矩，不能胡说八道、胡作非为，这样才能保持自己的地位，保护宗庙，这就是孝。如果做不好，那么自己受惩罚，宗庙也被废除，使祖先、父母受到侮辱，就会落下不孝的骂名。

作为士，要学会将对待父母的敬顺用于对待国君和上级，这样可以保存自己的地位，继续对祖先的祭祀。这就是孝。庶人只要勤俭，保证赡养父母，心中又有敬意，也就行了，没有其他社会责任，比较简单。

三、分析几个典型事例

从理论上了解儒家孝道，并不难。难在对儒家孝道融会贯通，并用于分析历史上具体的人和事，得出正确的结论，对后代有正面的教育意义。

例一：春秋时期，齐国国君逝世，两个儿子争当国君，一是公子小白，有鲍叔支持，一是公子纠，有管仲支持。争斗结果，公子纠失败被诛，小白争得君位，就是齐桓公。当时的风俗，主子失败被诛，支持者就要殉难、自杀，以表示忠信。支持公子纠的人都殉难了，只有管仲没有自杀，后来还帮助齐桓公九合诸侯。《论语》中记载孔子的弟子多次提出疑问，孔子都做出肯定的回答，认为齐桓公不以兵车，九合诸侯，是管仲出的力，可以称为仁者。按孟子的说法，这是以德服人，不以力服人的王道。孔子又说，像管仲这样难得的人才，是很少有的，怎么能跟一般人那样，死在臭水沟中没人知道。要不是他的改革，我们还享受不到现在的文明。这说明管仲治国理政，使齐国称霸诸侯，功在当代，又使后代受惠，利在千秋。孔子对管仲的肯定，是直接明确的。孟子讲：“民为贵，社稷次之，君为轻。”管仲为民、为社稷作出巨大贡献，而没有为尚未当上国君的公子纠殉难，只是一个小节。一些宋儒称管仲背主事仇，罪大恶极，实在是严重违背孔孟儒家的基本精神。

例二：对于魏徵与唐太宗的评价，后儒也有类似错误。魏徵原是李建成的支持者，李建成被李世民杀死后，他帮助李世民即唐太宗治理天下，创造了唐代盛世。魏徵的背主事仇，对人民有利，对国家有功，何罪之有？

李世民根据当时形势，采取果断措施，杀了兄弟，稳定社会，巩固政权，创立了盛世，实现了“德教加于百姓，刑于四海”，践行了自己“为君之道，必先存百姓”的理论，真正尽了儒家所提倡的“天子之孝”。后儒缺乏民本观念，常以庶人之孝，评议天子之孝，实在不可取！

四、再探讨有争议的问题

还有一些理论问题需要讨论。如，儒家讲孝子“三年无改于父之道”，有人问：如果父子之道是坏的，也不能改吗？父亲活着时，不合义的行为，还要几谏，死后怎么会不能改？《论语》上说，“父母在，不远游”。那么我们要出国留学，还要等父母没了吗？不远游，还有“游必有方”，远游可以，要告诉父母，到哪儿游，以便有事时可以找到。

还有人认为孝道不应该提倡跪拜。古代经常要跪拜，现在很少了，但没有人提倡天天向父母跪拜，也没有人禁止跪拜。现在许多人结婚时，还会一拜天地，二拜高堂。有的地方给老人祝寿，场面热烈隆重，晚辈给老人跪拜，也很自然，没有人会觉得不合适。这些是各民族的风俗，会与时俱进，不断更新，各民族会选择自己认为合适的方式。西方没有孝的观念，孙中山说，孝道是中华民族的特点，也是优点。有人说，子女没有赡养父母的义务，因为没有订过协议。中华民族认为不是什么事情都要订协议的。以一个民族的传统批评另一个民族的传统，是不可取的。特别不应该用武力强迫其他民族接受强者的意志。儒家讲“三军可夺帅也，匹夫不可夺志也”，就是强调自由自主的原则。再好的东西也不能强迫接受，即使是爱，也不能强加。

第六讲
义利之辨

义，是指合理性。合理性这个概念是变动的，在每个时代都有不同的解释。每一个时代做什么、怎么做才是合理的，这些都需要研究。所以，义利的关系并不是可以生搬硬套的。“君子喻于义”，领导者应该了解“义”，应该了解每个时代的“义”。

一、义利的本义

“利”字是“禾”与“刀”的结合，可以理解为农业生产的收获。收获的生产品就是物质的利。后来推而广之，把所有对人有好处的物质的与精神的东西都称作利。“义”字就比较复杂，繁体字作“義”，上“羊”下“我”。中国古代把许多美好的东西都与羊联系起来，如美、善、养、羡等都带着“羊”。据考证，“我”，最初是一种兵器，作为第一人称是后来的事。有人猜想，是人拿着兵器守卫着羊群，就是义。这种猜想有一定道理，但没有旁证材料。儒家讲：“义者，宜也。”据考证，“宜”是切肉的意思。义与切肉有什么关系呢？《庄子·大宗师》：“齑万物而不为义，泽及万世而不为仁，长于上古而不为老，覆载天地、刻雕众形而不为巧。”意思是，将万物粉碎了也不算义，恩泽到万世也不算仁，出生于上古也不算老。比天地还大创造万物也不算巧。庄子讲的这些是反话，由此可见，在当时人看来，“齑万物”是义。齑是细切、粉碎的意思。《周礼·天官》郑玄注：“细切为齑”，细切羊肉，是为了更合理地分配。合理分配，就是义。这种说法，还可以举孔子、孟子的话作为旁证。孔子说，“见利思义”“义然后取”。见到利益，首先要想是否合理，如果合理，就可以取。孟子说：“非其有而取之非义也。”（《孟子·尽心上》）不是你的，你拿走，就是不义。贪污受贿得来的钱财，就是不义之财。推而广之，所有利益，一切好处，都应该得到合理的分配，这是义的原则。如果多吃多占，或者贪天之功，据为己有，那都是不义。利是生产品，义是合理分配，二者是统一的两个方面。在先秦时代，就有义利统一的思想。如晋国大夫里克说：“夫义者，利之足也。”“废义则利不立。”（《国语·晋语二》）利由义支撑着，没有义，利就立不起来。晋国另一个大夫丕郑说：“义以生利，利以丰民。”（《国语·晋语一》）义不但支撑利，而且还会生出利来。利是为了丰富人民的生活，满足人民的生活需要。孔子认为义非常重要，是政治的重要内容。他说：“礼以行义，义以生利，利以平民，政之大节也。”（《左传·成公二年》）义者，宜也。宜就是合理、合适的意思。这样，孔子的话就可理解为：礼制就是为了处理事情能够合理，处理合理，能调动积极性、创造性，就会创造更多的利。有充足的利，可以使人民安定生活。这是政治的大节。可见，义利之辨是政治哲学的重要内容，特别是义，应该是所有政治家都要认真研究的重要问题，也是平民百姓的生活准则。后来，有权的人在分配生产品时，自己多占，出现不公平现象。义与利出现脱节，合理分配的为义，不合理的分配就是当权者的不义，平民百姓合理地待人接物，顾全大局，也是义；损人利己，损公肥私，就是不义。头脑中想别人多是义，考虑自己多就是不义。后世讲义利对立也就是很自然的事了。

二、君子喻于义，小人喻于利

君子指统治者、社会管理者，负责各种利益的分配。坚持公平公道，实行合理分配，就是行义。做官就是为了行义，对待人民也要注意义，所有不义的事都不能干。在利益面前是否严格按照义去做，是区分君子与小人的界限。君子应该知道如何分配才是合理的，百姓只要知道自己可以得多少。孔子的话原来就是这个意思。后来，君子向小人宣传义，许多小人也了解了一些义的基本原则，也能顾全大局，也知道义了。还有一些人只知道自己的利，于是在百姓中也有义利之分。这样，对待义利的不同态度，也就表现出道德的高低。因此，义利之辨成为后代判别君子和小人的重要标准。两千多年来，义利之辨一直是许多思想家经常讨论的重大问题。近20年来，重新讨论这个问题，还有一些需要研究的理论。西汉刘向《说苑》卷四记载的一些具体的事例，可以帮助我们理解义利之辨。

例如，孔子拜见齐景公，齐景公表示要发给他俸禄作为生活费用，孔子推辞，不肯接受。他出来对弟子说："我听说君子立功受禄，现在，我给齐景公提了一些建议，他并不想实行，又要给我俸禄，太不了解我了！"他就率领弟子们离开了齐国。

又如，曾参穿着破衣服在耕地，鲁国国君派使者把一个封邑（一块土地和这块土地上生活的人民）送给曾参，说是以此来给他做衣服用的，曾参不接受。使者再次登门献邑，曾参仍然不接受。使者说：先生不是向别人求的，而是别人奉献的，为什么不接受呢？曾参说：我听说，"受人者畏人，予人者骄人"，即使你能做到给人东西不骄傲，我能不畏惧吗？始终不肯接受。孔子听了这件事后说：曾参的话可以保持自己的气节。再如，孔子的孙子子思住在卫国，穿的是破袍子，20天才吃9顿饭。田子方听说后，就派人把珍贵的白狐皮裘送给他，怕他不肯接受，特别交代说：我借给别人的东西就忘了，我送给别人的东西就算扔掉了。子思不收，田子方又说：我有你没有，我送给你，你为什么不收呢？子思说：我听说，随便给人东西，犹如把东西抛弃在沟里。我虽然贫困，但不忍心把自己当作臭水沟，所以不敢收。贫穷的子思不肯把自己当作臭水沟，藏污纳垢。现在有一些领导干部位高权重，拿着厚禄，却不自爱，还把自己当作臭水沟，这是为什么呢？值得深思。他们不是傻子，只不过利令智昏，存有侥幸心理。《红楼梦》中的《好了歌》及其注，值得仔细读一读。

在利益面前应持什么态度？对于别人主动送上门的好处应持什么态度？这都是要“见利思义”的。合义的可以取，不合义的，就要明确表态：辞。有一个富人告诫他的儿子说：“把朋友处得淡淡的，即使是朋友，也决不白拿他的任何东西，哪怕是微不足道的物质。如果出于无奈拿了朋友的或任何人的，就一定要等价回报。只有这样，你和朋友的关系才是平等的。记住，你和朋友的每一次不平等来往，都会招致你们的关系走向失衡，以致水火不容。鉴于这样一个原则，建议你千万不要乱施与不需要你帮助的人，包括亲人和朋友，那样，你会使他们产生欠债感。使人产生欠债感，是不道德的。有一句话很有意味：人对人的要求，就像银行存款，要求一次，存款就少一些。不要求人，不动存款，你永远是个富人。”孟子也主张不随便拿人家的任何东西，也不随便给别人任何东西。在一切经济来往中，都坚持义的原则。见利思义，义然后取。如果见利忘义，经不起利的考验，就会陷于不义，被动，失节，悔之不及。为了一点小利，污了一身清白，是不值得的。

对于收取别人的礼物，古今都有各种不同的说法，也都有一些流行的俗语。孔子说“立功受禄”，现在叫作“无功不受禄”；曾参说“受人者畏人，予人者骄人”，现在也有类似的说法，叫作“吃人者嘴软，拿人者手短”。为什么嘴软手短呢？就是“畏”人家嘛！吃人家的请客，嘴油了，就不敢提意见，就不敢批评。收了别人的礼物，该处理的事情，就下不了决心。“打铁必须自身硬”，一个“自身硬”的领导干部、领导班子就像一面高扬的旗帜，让人民群众从中看到希望与方向，充满信心和力量，从而激发斗志、凝心聚力，朝着共同的目标前进。反之，就无法凝心聚力，无法赢得人民群众的拥护和爱戴。

三、功贤于耕织

复杂的社会有复杂的人事关系。人事关系如果处理不当，就会出现矛盾。矛盾一旦激化，就会引起社会动荡，使大家都过不好日子。为了大家的利益，就要确立社会原则来处理人际关系。而这些原则就是义。有的人知道了，有的人不知道，因此，知道的人有责任去宣传义，好让更多的人知道义，这样就有了一批宣传义的人。有的人说，你不去生产，讲义有什么用？甚至有人把宣传义的人说成是“不劳而获”。

墨子在宣传义时，鲁国有一个叫吴虑的人，说自己冬天制造陶器，夏天种植庄稼，自给自足，道德跟舜差不多，还要义干什么？墨子告诉他：我一个人拼命种地，只顶一个农民，生产的粮食分给天下，一个人还吃不了一顿。我拼命织布，也只相当一个妇女，织了一年，分给天下人，每个人得不到一尺，能解决什么问题呢？但是我去宣传义，一个国君听了我的话，把国家治理好了，这不是对一个国家的人民都有好处吗？普通的人听了我的宣传，提高了觉悟，做了好人。我虽然不参加劳动，贡献比直接参加劳动还大。这就是所谓的宣传义“功贤于耕织”（《墨子·鲁问》）。孔子也说，只要你实行仁义，四方人民都会背着小孩来投奔你，你还要自己种庄稼才能有饭吃吗？有的人认为，不劳动就不应该有收获，并且说这是马克思主义的观点。他们把宣传仁义、实行仁义，都看成是不劳而获的行为。恩格斯曾经明确说过，“不耕耘者就不应有收获”，“不是我们的主张”。[①]

唐代大文学家、思想家柳宗元写了一篇散文《梓人传》，讲的是建筑业上的一个“梓人”，相当于现在的工程师。梓人对于建筑材料了如指掌，木材长短粗细圆方，用在什么地方合适，所有工人的分工，他都非常清楚。在施工过程中，他负责指挥，一大批工人都听他的指挥干活。没有哪一个

① 恩格斯：《政治经济学批判大纲》，《马克思恩格斯全集》第1卷，人民出版社1956年版，第609页。

工人都可以，但没有他什么工程也建不成。在官府施工，他的工资是别人的 3 倍。如果给私人施工，他个人要拿施工费的一大半。有一天，柳宗元到梓人的宿舍，发现他的床腿坏了，他不会修，要等别的工人来给修。这时候，柳宗元认为，这个梓人没有什么本事，拿的钱可不少。按现在的说法，这个梓人剥削了其他工人。后来，柳宗元在施工现场又看到梓人与工人的工作情况。只见那个梓人站在中央，许多工人拿着工具，围绕着他，听他指挥。梓人拿着指挥棒，指着一根木料，说："砍了！"拿斧头的工人就奔到右边，动手砍开了；又指一根木料，说："锯了！"拿锯的工人赶紧奔到左边。大家都看他的脸色，听他说话，没有人敢自作主张。不胜任的工人，被他辞退，也不敢有怨言。他指定的哪一根木料用在什么地方，没有不合适的。工程竣工时，在大柱上要写上某年某月某日某某建。写的名字，就是这个梓人的名字。了解这些情况以后，柳宗元内心受到很大震动，很感慨了一番。这时，他体会到，梓人的作用跟宰相很相似。梓人不亲手做那些具体的事，他善于用材，善于用人，善于指挥，完成了别人无法替代的工作。宰相在管理国家行政的时候，也不能亲自动手做多少具体的事情，主要在于出主意，想办法，在于决策，在于用人。梓人与宰相是不同等级的劳心者，孔子说的"君子喻于义"，意思是劳心者要合理用人用物。孟子说的"劳心者治人"，意即这些有丰富知识的人是管理别人的人，只能由这些人担任社会管理者。董仲舒所说的"正谊""明道"的人也正是这些人。

四、义者宜也

孟子非常重视义，他说，如果让他去杀一个无辜的人，就可以给他天下，他也不会去干。他的做人原则是，若不符合义，不会要别人的哪怕是一分钱，也不给别人一分钱。少了不要，再多也不要，哪怕给他亿万财富。

如果自己作出了贡献，自己应得的报酬，多少都要，问心无愧，可以“安富尊荣”。从这里可以看出，儒家所讲的“义”不排斥物质利益，只是要求得到合理的物质利益。取得自己应得的报酬，再多也是义，而不是利。这是常被后代许多人误解了的说法。又如朱熹曾经说过，吃饭是天理，是义，而想吃好的，超过自己的经济条件，那是贪欲，是利，是需要克服的。有人以为不要钱，不要工资，不要享受，不要经济效益，才是义。这不仅是误解，而且简直就是故意歪曲。子贡是孔子的学生中唯一下海的。他很会预测市场，赚了很多钱。鲁国规定，谁能花钱把在他国当奴婢的鲁国人赎回来，可以到政府那里领取一些钱，作为赔偿金。子贡赎了一些人回来，因为他自己钱多，就不去政府那里领取赔偿金。受到孔子的批评，孔子说，不能因为你有钱，就不去领取赔偿金。做事情，要考虑如何合适，才能作为别人的榜样。你这么做，今后鲁国人在外国当奴隶，再没有人去赎了。在这里，不拿钱是不义，拿钱才是义，这叫“让而止善”。孔子的另一个学生子路救了一个落水的人，那人用一头牛来表示感谢，子路接受了。孔子高兴地说：鲁国人今后一定很热心于拯救落水的人。当时，一头牛是价值十分昂贵的酬谢品。后人说这是“受而劝德”（《论衡·定贤》）。

《三国演义》中，诸葛亮劝刘备取荆州。朱熹的学生陈淳在《北溪字义》中说，刘备不取荆州，是利，是不顾天下大局，只讲刘表情面。而诸葛亮主张取荆州，是出于大义。同样的道理，在利益面前，嫌多嫌少都是不义。应该得多少，就得多少。合理是个原则。但是，很多人不知道多少才是合理的。这当然没有固定的标准，提高了觉悟以后，就知道多少是合理的。

过去许多人以为平均才是最合理的，结果，干活多少好坏都一样，使许多人都变成懒汉。孟子说：“夫物之不齐，物之情也。”（《孟子·滕文公上》）不齐是事物的普遍现象。价值可以相差几倍、几十倍，乃至千倍万倍。人也不例外，价值也有若干倍之差。勉强把差别拉平，必然要乱天下，因为违背了客观规律。

汉代董仲舒认为人天生就有好义与欲利两种心理。因为义与利都是人所需要的。义可以养心，利可以养身。身与心比较，心更重要，因此养心的义也比养身的利重要。例如，历史上如孔子的学生原宪、曾参等人都是很穷的人，生活不富裕，但他们都有高尚的道德，别人都羡慕他们。他们自己也都很乐观，精神很充实。另一些人，身居高位，享受荣华富贵，却不肯行义，甚至做伤天害理的亏心事。他们虽然物质丰富，心里却不踏实，精神空虚。他们或者死于犯罪，或者死于忧愁。总之，他们都不能安乐地生活一辈子。董仲舒经过论证以后，得出结论说："义之养生人，大于利而厚于财也。"（《春秋繁露·身之养重于义》）义，对于养身比财利都更重要。实际上是说，人的精神需要超过物质需要。极端地说，人没有饭吃，就要饿死；没有衣穿，就要冻死。在这种特殊的情况下，物质对于生命来说比什么都重要。但在一般情况下，人的精神状态对于健康却是非常重要的。《光明日报》1996 年 11 月 18 日刊登过一则消息：在 1968 年冬的一天夜里，孙世贵在洛阳火车站拉脚。忽然，火车站广场有一个妇女喊："抓贼啊！他把我的钱包偷跑了！"一个家伙慌慌张张从孙世贵面前跑过去。后面一个解放军战士一边追一边喊："抓住他！"战士跑到孙老汉跟前时，把一个包丢给他，说一声给他看着，就追小偷去了。老孙在那里等了个把小时，不见战士回来，他就打开提包，里面有 90 斤粮票和 124 元钱，这在当时是很大的数字，贪心突然冒出，于是孙老汉带着包拉着车跑 100 多里回家了，连吓带累就病了。从那往后，孙老汉天天做噩梦，身子一天比一天瘦，吃药打针都不顶用，一直拖了半年多。这患的是心病，药是没法治的。过了 28 年，孙世贵一家生活越来越好，大儿子买了汽车，要带他逛街，他坚决不去，怕见到解放军战士。在电视里看到解放军战士抢险救灾，就会难受好几天。有一天，解放军战士尚光远把孙老汉迷失三天的孙子送回来，还给他买吃的、穿的。这对孙老汉有巨大震动，他再也睡不着了，感觉自己做了一件连老天爷也不可饶恕的亏心事。孙世贵拿了自己不该拿的钱，伤天害理，做了不义的事，精神上一直不能安宁。这一事例充分证明了董仲舒关于义可以养心的说法。后来孙老汉在济南军区的操场包了一场电影给战士们看，电影放映之前，老汉把这些话说出来，请战士们看电影算是赔罪，也摆脱了自己心里多年抹不去的阴影。

有一个少校军官叫张林，出身贫寒，是个非常廉洁的很有前途的好干部。改革开放初期，他的内弟向他借钱，从他管理的钱库中借走 5 万元。其他内弟也来借钱，共借去 20 万元。后来上级来查账，发现少了钱，他先说被人借走，后因没有借据，就承认是自己挪用。如果马上全部还清，还可以不判死刑。妻子赶紧向家人祈求还钱，结果那些借了钱的都不肯还。最后，张林伏法，妻子也用包裹骨灰盒的绸布自缢身亡。只顾亲情，挪用公款，做了不义的事，最后，亲人没有留下情，自己落了个家破人亡。由此可见，做不义的事，不但损人，有时也会害己。

董仲舒曾提倡："正其谊不谋其利，明其道不计其功。"（《汉书·董仲舒传》）关于这句话，历代许多人都有误解，以为董仲舒只讲道义，不讲功利。其实，所有儒家没有不讲功利的，董仲舒也不例外。谊，就是义。"正其谊不谋其利"，就是说做事情，要考虑如何做才符合义的原则，不要谋自己的私利。或者说，做事情要考虑怎样才合理，不要考虑是否对自己有利。后来有些官员制定政策，不是从实际出发，而是从自己的个人利益出发，或者从自己所在的小团体的利益出发。那怎么能够做好工作呢？"明其道不计其功"，这个功，不是"立功不朽"的那个"功"，而是贪天之功，急功近利的那个功。做事情要按客观规律办，不要急于求成。现在有的领导干部，不是"为官一任，造福一方"，而是为官一任，造了一批纪念碑工程。为什么一些领导干部对教育不感兴趣，不想投资，也不去关心？因为抓教育不容易见效，是软工程。为什么有些人对建筑楼堂馆所特别感兴趣？因为那是看得见、摸得着的。"那座高楼，是我在任时建的"或者"是我批准建的”，以此夸耀于人前。至于当地人民生活水平提高了多少，对文化事业都做了些什么，全民的文化素质究竟提高了没有，没人提起。不重视教育的领导，不是有远见卓识的领导。不抓教育而在那里抓纪念碑工程的干部，就是急功近利的干部。他们天天在那里“计”自己的“功”，至于“道”在何方，他们是不明白的。

董仲舒一辈子没有置自己的产业，只是研究社会问题和哲学理论问题，教学著述，终其一生，可以说是言行一致的人，是实践自己信仰的人。他能从政治大局来考虑义与利的关系。他认为，现实是高贵的人贪得无厌，越富越贪利，越不肯为义，骄奢淫逸，违法害人；贫困的人越来越穷，没有“立锥之地”，“衣牛马之衣，而食犬彘之食”（《汉书·食货志上》），过着悲惨的生活。这种两极分化，必然造成社会混乱。富者无恶不作，穷人只好落草为寇，社会怎么能安定下来？富者利用自己所掌握的权力，与人民争利，人民怎么能争过他们呢？董仲舒反对当官的搞副业赚钱，反对与民争利，他提倡以公仪休为榜样。

公仪休任鲁国相，他办完公事回家，吃饭的时候，就问葵菜价钱，家里人说不要钱，是自己家种的。他听后很生气，说：“我们拿了俸禄，还要自己种菜，这不是夺了菜农的利益吗？”说完就到菜园里，把葵菜都拔掉。他有一次回家，看见夫人正在织布，他认为她夺了女工的利益，就把夫人休了。这就是有名的“拔葵去织”的故事。公仪休出妻的做法固然有待商榷，但其不与民争利的精神却给我们留下深刻启迪。

孔子讲，人要有智、仁、勇。后儒称这三项为“三达德”。有智，才知道如何处理是合理的；有仁，才有爱心去做利人的事；有勇，才有大无畏的精神，敢于同坏人作斗争，为保护弱者挺身而出，打抱不平。智、仁、勇，三者都是行义所不可缺少的。有智而无仁，知而不肯为；有智而无勇，知而不敢为；有勇而无智，只能胡为；有仁而无智，想做好事，却不知从何下手，即所谓“爱莫能助”，甚至“好心办了坏事”“欲利之，反害之”。

中国所讲的义，只是一种原则，并不是死的教条，而是强调在实践中了解如何是合理的，就如何处理。这就是宜，也就是义。义就是合理性，合理性是发展变化的，义也是发展变化的。

第七讲
尊贤使能

历史是发展的，前进的。推动历史发展的是谁？历史前进的动力是什么？古今中外都有不同的看法。有的说历史的发展变化都是偶然的，没有什么规律可循，往往有一个偶然事件改变了整个历史的进程。有的说历史发展是必然的，有规律性的。马克思主义认为，历史发展是由生产力这个因素决定的。西方还有英雄史观，认为是英雄决定历史的进程。中国对于历史的发展理论也有过许多研究，提出过各种理论。中国早期有天命史观、圣人史观，后来，人们从历史事实中探讨，认为贤人与任用贤人的当政者起着关键的作用，于是有了更加具体的讨论。

一、贤者之力

管仲支持公子纠，与公子小白对抗。公子小白胜利，公子纠被杀。公子小白就是后来的齐桓公。齐桓公听从鲍叔的建议，任用管仲为相，九合诸侯，一匡天下，终于成为春秋时代第一位霸主。齐桓公与管仲，究竟谁的作用更大些？历史上有不同的说法。晋平公问叔向：以前，齐桓公多次纠合诸侯（盟会），统一匡救了天下，这是君主的力量呢，还是臣子的力量呢？叔向的观点是：用裁缝作比喻，管仲善于剪裁，隰朋善于缝纫，宾胥无善于锁边。齐桓公就知道穿衣而已。裁缝当然都是臣的力量。师旷有不同看法，他认为：用饮食作比喻，管仲善于刀功，隰朋善于烹调，宾胥无善于调和，做好菜送进去，国君如果不吃，谁又能勉强他呢？看来国君起着关键的作用，是“君之力”（《新序·杂事》）。还有一种说法：“一定说齐桓公仁义吗？杀掉他哥哥公子纠自立为王，这就不是仁义。一定说齐桓公恭俭吗？他和妇女同乘一辆车子在城中奔跑，这就不是恭俭。一定说齐桓公纯洁吗？闺门里面没有可嫁之人，这也不能算是纯洁。这三样都是国君亡国失位的行为，然而齐桓公三样都有，但因为得到管仲、隰朋这些人，所以九次集合诸侯匡正天下，一同朝奉周王室，自己也做了霸主，因为他得到贤能的辅佐。失去管仲、隰朋，任用竖刁、易牙，自己死了没人埋葬，尸体里的虫子都爬到了屋外。在他一人身上光荣和耻辱都有，这是什么原因呢？由于他任用的人不同罢了。从这点来看，任用贤能的辅佐是最重要的事。”（《说苑·尊贤》）

齐桓公有亡国的表现，没有亡国，就是因为他用了贤人。同样是齐桓公，没有管仲以后，任用别人，国内大乱，死后不能及时安葬。这都说明贤佐的作用，也就是管仲对齐国的作用。因此，孔子说：“桓公九合诸侯，不以兵车，管仲之力也！如其仁！如其仁！”又说：“管仲相桓公，霸诸侯，一匡天下，民到于今受其赐。微管仲，吾其被发左衽矣。”（《论语·宪问篇》）这里讲的齐桓公九合诸侯，一匡天下，造福后代，没有使用兵车，即武力，都是管仲的力量。应当说，管仲确实出了很大的力气，起了很大的作用。按孔子的说法，管仲即贤人的作用，才使齐桓公能够称霸诸侯。

二、荐贤之力

同样是孔子，在另一处，却认为推荐管仲的鲍叔比管仲更加贤能。《韩诗外传》卷七载：子贡问什么样的人是国家的栋梁。孔子回答说：举两个例子，如齐国的鲍叔，郑国的子皮。子贡就又问：是不是说推荐人才的人比人才更牛、更重要呢？（鲍叔和子皮都是以推荐他人而闻名的，而不是以自己特别优秀而闻名）。孔子解释道：知道谁是人才，这是智慧；推举人才，这是仁爱；引荐人才，这是义气。智慧、仁爱、义气三者都有，不是栋梁是什么呢？孔子认为推荐贤人的人比贤人更加贤。鲍叔推荐管仲，而管仲没有推荐别人。推荐的力量更加伟大。理由是：知贤，是一种智慧；推荐贤人，是仁爱的表现；引进贤人，是一种大义。有这三种品德：仁、义，智。还有什么比这更伟大的？按这种说法，鲍叔比管仲更伟大，也更有力量。

刘子说："为国入宝，不如能献器。进贤受上赏，蔽贤蒙显戮。斯前识之良规，后代之明镜矣。"（刘昼撰《刘子·荐贤》）推荐贤人，比自己是贤人更为重要。贡献国宝，不如能够推荐贤人。能够推荐贤人，就是有远见卓识的良相，也是后代可以借鉴的明镜。魏文侯想安排一个丞相，找来李克，问他：我想任命一个丞相，让翟黄当，还是让魏成子当，拿不定主意，想征求你的意见。李克站起来推辞说：我听说"卑不谋尊，疏不间亲"，我居京外，官位又低，不敢参谋这种事。魏文侯说：先生对此事就不要推辞了。李克说：观察士人，可以从五个方面来观察，就可以分辨了。平时看他与什么人亲，发财了看他交了什么朋友，升官了看他推荐什么样的人，不得志的时候看他不做什么事，贫穷的时候看他不收取什么。魏文侯说：你回去吧，我的丞相已经定了。李克出来，遇见翟黄。翟黄问：今天听说君主召见先生去选丞相，结果是谁当丞相呢？李克回答：是魏成子。翟黄很不高兴：我哪一点比魏成子差？西河的守将是我推荐的。君主对内地最忧虑的是邺郡，我推荐了西门豹。君主计划要攻伐中山国，我推荐了乐羊。中山攻灭后，派不出人去镇守，我推荐了先生。君主的儿子没有师傅，我推荐了屈侯鲋。我哪一点不如魏成子？李克说：你推荐我给你的国君，难道是为了结党营私追求当大官吗？魏成子将自己的俸禄的十分之九用于招待天下士人。他推荐的卜子夏、田子方、段干木，都是国君的师友，而你推荐的人才都只是国君的臣，你怎么能与魏成子比呢？翟黄逡巡再拜说：我是浅薄的人，说话很不得当。（《韩诗外传》卷三第六章）李克与魏文侯认为所推荐贤人的水平越高，表明推荐者本身的水平越高。推荐水平最高的贤人最适合当丞相。

韩愈在《杂说》之四中开头就说：“世有伯乐，然后有千里马。千里马常有，而伯乐不常有，故虽有名马，只辱于奴隶人之手，骈死于槽枥之间，不以千里称也。”千里马比喻贤者，伯乐则是推荐贤者的人，即荐贤者。韩愈认为“伯乐不常有”比常有的千里马，自然更难得、更可贵。这还是荐贤者高于贤者的思想。有名马，没有伯乐的推荐，名马只能屈服于奴隶之手，成批地死于平常生活的环境中。

荐贤是一种品德，也是一门技术。推荐者的人生，往往也会因荐贤之举而改变。在历史上，由于推荐而受赏与受罚，是屡见不鲜的。因为魏成子推荐的人才，都是高水平的，魏文侯都当作自己的师友，魏成子就被魏文侯选为国相。这就是连带关系的一种表现。

刘邦用陈平的奇谋，获得很多成功，消去诸多灾难。特别是游云梦，缚韩信，刘邦深感陈平的功劳之大，表示要封陈平为户牖侯。陈平推辞说：这不是我的功劳。刘邦说：我用你的计谋，取得胜利，怎么不是你的功劳？陈平说：没有魏无知的推荐，我怎么能到这里来？刘邦说：你可以说是不忘本。于是也赏魏无知。这就是魏无知推荐陈平，因为陈平立功，魏无知也因此连带获赏。

推荐、选拔不成功，当然也要连带受罚。西汉富平侯张勃推荐陈汤，陈汤在等待派出做官的时候，父亲死了，他不奔丧，有人告他品行有问题，张勃因为推荐不实，“削户二百”，正好张勃死了，结果谥为“缪侯”，盖棺定论，给个不好的名称。何武也因为推荐事降级，“左迁楚内史”。御史大夫张谭推荐不实，被免职。东汉时代的司徒杨赐、太尉桓焉、太尉施延都因同样的问题而被免职。

推荐不实，受到牵连的很多。推荐“实”又谈何容易！推荐自己的亲属，可能会被别人误认为是“任人唯亲”，因此，古代晋国大夫祁奚“外举不弃仇，内举不失亲”成为美谈流传着。推荐自己当然就更加困难了。

即使认为自己是最合适的人选，也不敢出这个风头。因此，中国历史上能够自荐的非常罕见。有名的是“毛遂自荐”，似乎再无别人。实际上，西汉还有一人，在中央集权制度下还敢于自荐，那就是赵充国。赵充国是汉武帝时代的老将军。西边羌人入边，汉兵抵御，损失惨重。汉武帝觉得赵充国已经 70 多岁，不能出征，就派御史大夫丙吉向赵充国征求谁可以带兵去抵御，赵充国说：“亡逾于老臣者矣。”没有比我更合适的了。经过复杂的斗争，汉军获胜。赵充国凯旋，好友劝他要将功劳归于全体将士，二将配合出击。总之，不能说自己有什么功劳，只能说“非臣下所能及”。他却不理这种好心的劝告，“吾年老矣，爵位已极，岂嫌伐一时事以欺明主哉！兵势，国之大事，当为后法。老臣不以余命一为陛下明言兵之利害，卒死，谁当复言之者？”（《汉书·赵充国传》）我老了爵位也到头了，难道因为怕别人说自己伐功而欺骗明主吗？军事是国家的大事，应当为后代提供正确的法则。老臣如果还不给皇帝讲清军事的利害，突然死了，还有谁能再给皇帝讲呢？赵充国最后给汉武帝讲了真实的情况。此事在古代很稀罕，以至于宋代大哲学家陆九渊说：在这类问题上，敢讲真话的，“唯汉赵充国一人而已”（《陆九渊集·与致政兄》）。

连带责任也存在一些问题。人是复杂的，有多方面的才能。如果推荐的人才不在适当的位置上，就不能充分发挥他的特长，可能成为废物。如果放在适当的位置上就可以立功受赏。这里有用人不当的问题，不是推荐的错误。另外，社会是发展变化的，人也会随着产生变化，当初推荐时可能是适当的，过后，时过境迁，人物俱变。谁能保证一个人一辈子不变呢？唐代魏徵是名相，深得唐太宗的信任。魏徵死后，唐太宗要将衡山公主下嫁魏徵的儿子叔玉，还为魏徵立碑，对众臣说：“以铜为鉴，可正衣冠；以古为鉴，可知兴替；以人为鉴，可明得失。朕尝保此三鉴，内防己过。今魏徵逝，一鉴亡矣。”魏徵死后，唐太宗思念不已，引起众臣的嫉妒，说魏徵坏话的很多，主要就是推荐的人出了问题。《新唐书》卷九十七

《魏徵传》载：魏徵曾经推荐杜正伦和侯君集有宰相才，结果这两人一黜一诛，推荐者已经逝世的魏徵也受到牵连，小人说魏徵与杜正伦、侯君集勾结成死党，有私心。再加上别的问题，唐太宗取消了叔玉的婚事，又推倒自己为魏徵立的碑。这说明推荐的连带责任重大。王船山认为：圣王尧认识人都那么困难，怎么能要求郡太守推荐的一定是贤才呢？推荐失误就要负连带责任，这不是要造出许多冤案吗？像魏徵那样的忠臣，也会因为被推荐的人出问题而受到牵连，更何况其他人。因此，推荐要负连带责任是有合理性的，它可以防止任人唯亲、拉帮结派，同时也有它的弊端，不能一概而论，要认真分析，谨慎处置，避免失误。

三、倡贤之力

《韩诗外传》卷二第四章记载着这样一个故事。

楚庄王下朝很晚，樊姬下殿迎接他，问：为什么下朝这么晚？也许饥饿疲倦了吧？楚庄王说：跟贤人在一起，就不知道饥饿疲倦了。樊姬问：大王所说的贤人，是诸侯国的客人呢，还是楚国有知识的人呢？楚庄王说：就是沈令尹。樊姬听后捂着嘴笑了。楚庄王问：你为什么笑呢？樊姬回答说：我能在您身边，侍奉您漱洗，递给您擦洗的东西，给您铺床叠被，已经有 11 年了。可是我还是派人到梁国和郑国，寻找美人进献给您。和我一样待遇的有 10 个人，比我贤惠的有两个人，我难道不愿意独占大王宠爱吗？只是不愿意以自己的私愿掩盖了大家的美貌，想让您多看，了解更多的有才能的人罢了。现在沈令尹当楚国宰相已经多年了，也没有看见他推荐有才能的人而辞退那些没有才能的人，又怎么能称得上忠良贤臣呢？楚庄王第二天早上听朝，把樊姬的话告诉沈令尹。沈令尹离开跪着的席子，推荐了孙叔敖。孙叔敖治理楚国三年，楚庄王得以成为霸主。楚国史书这样记载：“庄王成为霸主，是樊姬的功劳。”

刘向《新序·杂事》所载略异，樊姬与楚庄王、孙叔敖是一样的，是谁推荐孙叔敖？二说不同。《韩诗外传》说是“沈令尹”，《新序》说是“虞丘子”。可能另有版本。转载如下。

樊姬说：如今虞丘子担任宰相已经数十年了，从未推荐过贤人。如果他知道有这样的人却不举荐，说明他不够忠诚；如果他根本不知道有这样的人，说明他不够智慧。怎么能算是贤人呢？第二天，楚庄王把樊姬的话告诉虞丘子，虞丘子磕头说：我会像樊姬说的那样做的。于是虞丘子辞职，将孙叔敖介绍给楚庄王做楚国的丞相。在孙叔敖的治理下，楚国国富民强。楚庄王称霸于诸侯，有樊姬的功劳。（司马迁在《史记·楚世家》中，关于楚庄王的资料，有“三年不鸣，鸣将惊人”，有伐陈、攻郑、围宋的壮举，没有提到樊姬、孙叔敖、沈令尹的事。在《循吏列传》中第一名就是孙叔敖，“虞丘相进之于楚庄王，以自代也”。所用的资料与《新序》同，并对孙叔敖的政绩作了简略的介绍，又在《滑稽列传》中讲到优孟与孙叔敖之子的关系，都没有提到樊姬。）这也就是强调倡导推荐贤人的作用。

四、任贤之力

贤人没有人推荐不行，推荐不被采纳、任用也不行。任用者起着关键的作用。

公孙鞅即后来的商鞅。年轻时在魏国相公叔座手下任中庶子官（掌管公族事务）。公叔座知道公孙鞅确有本事，还没有推荐他就病了，魏惠王亲自来看望时，征求治国的意见：如果你的病不能好起来，那么，国家怎么办？公叔座说：我这里的中庶子公孙鞅，虽然年轻，但有奇才，希望国君将整个国家交给他去治理。他还告诉魏惠王：如果不想用公孙鞅，必须杀了，不要让他出境。魏惠王走后，公叔座叫来公孙鞅，对他说：今天国君问我谁可以为国相，我说你可以，他不赞成；我又告诉他，如果不用，就要杀了，他表示赞成。你赶紧逃吧，不然的话，将会被逮捕。公孙鞅说：国君不能听你的话来任用我，又怎么会听你的话来杀我呢？魏惠王告诉左右的人说：公叔座病得太厉害了，说糊涂话了，他想让我将全国的事都听公孙鞅治理。岂不荒唐！推荐者需要高水平，采纳者更需要高水平。公叔座虽然推荐了贤能，但魏惠王不能用，一切也都要落空。后来的事实说明，公孙鞅的水平很高，而魏惠王根本无法认清。公叔座死后，公孙鞅听说秦孝公求贤，就到秦国，通过景监求见秦孝公。第一次见面，公孙鞅讲述帝道，秦孝公不感兴趣，听得快睡着了。秦孝公批评景监，景监责备公孙鞅。过五天，第二次见面，公孙鞅阐明王道，秦孝公还是不满意，责备景监，景监再次埋怨公孙鞅。第三次见面，公孙鞅用霸道进谏，秦孝公很感兴趣，对景监说：你推荐的人不错，可以谈。公孙鞅所讲的霸道，符合秦孝公急于强国称霸，显名天下的思想。这次一拍即合，经过几天讨论，秦孝公决定让公孙鞅主持变法，改革政治。实施五年，秦国富强起来，“天子致胙于孝公，诸侯毕贺”（《史记·商君列传》）。周天子赐予秦孝公祭肉，表示奖励。各诸侯也都表示祝贺。秦孝公比魏惠王高明，能够任用公孙鞅，取得一定成功。

范仲淹《选任贤能论》说：“得贤杰而天下治，失贤杰而天下乱。”一个国家没有道德高尚、才智出众的贤臣，却能实现富强，危难之中求得安定，是从来没有的。

五、人民之力

在历史的长河中，从个别的典型事例来看，贤人、荐贤、任贤的作用都是很明显的。倡导任贤、荐贤，少数情况下也起了明显的作用。班固在《汉书·古今人表》中将古代人物分为九等：上上、上中、上下、中上、中中、中下、下上、下中、下下。上上是圣人，上中是仁人，上下是智人，下下是愚人。从中上到下中都是“可与为善，可与为恶”的中人。尧舜就是圣人，桀纣就是愚人。“齐桓公为中人，管仲相之则霸，竖貂辅之则乱，可与为善亦可与为恶。”这几个人如何排列呢？管仲排在上中，属于仁人。推荐管仲的鲍叔排在上下，属于智人。齐桓公排在中中，比管仲低三个等级。竖刁和易牙则排在齐桓公再下两等的下上。从历史上的作用与影响来看，班固的排法自有其道理。如果从长远的、全局的情况来看，问题可能更复杂一些。所谓复杂，就是真正起大作用的力量是隐藏在后面，不容易被发现的最为巨大的力量。那就是人民的力量。

对于这种力量的认识，有一个漫长的过程。起先，人们看不到人民的力量，认为社会的发展、历史的变迁以及统治者的更替，都是由少数杰出人物决定的，特别是帝王将相的诏书与征战。而帝王将相的兴衰成败又是由天命决定的，这又是一种人类无法把握的神秘力量。西周统治者发现了人民的作用，他们认为人民与天命是一致的，“天视自我民视，天听自我民听”，“民之所欲，天必从之”（《左传·昭公元年》引《太誓》语）。这样一来，由天命决定一切过渡到了由人民决定一切。尽管在周初已经提出这种非常进步、开明、深刻的政治见解，但在三千多年的中国历史中，仍然是少数人起决定作用的观点占主流。明君贤相就是这少数人物中的佼佼者。明君如商汤、周武、秦皇、汉武、唐宗、宋祖，以及康熙大帝，贤相有伊尹、吕望、管仲、陈平、诸葛亮、魏徵、王安石、张居正等，都是起决定作用的代表人物。

周初的统治者强调“德”。德者得也。什么叫德？人民得到就会高兴的那个东西就是德。“皇天无亲，惟德是辅”（《左传·僖公五年》引《周书》语），皇天只辅助能给人民办好事的人。给人民办好事，就会得到人民的支持和拥护，就会得民心。战国时代儒家代表孟子明确提出“得民心者得天下”的论断。汉初贾谊总结归纳出系统的民本思想。他在《新书·大政上》中说：听说国家的政事，百姓没有一个地方不被当作根本。国家把百姓当作根本，君王把百姓当作根本，官吏把百姓当作根本。所以，国家的安危取决于百姓；君王威严或受人轻视取决于百姓；官吏受人尊重或受人鄙视也取决于百姓……听说国家的政事，没有一个地方不把百姓当作最根本的力量的。国家把百姓当作根本力量；君王把百姓当作根本力量，官吏把百姓当作根本力量……所以对于百姓，即使是地位极低的人，也不可以简慢；即使是最愚笨的人，也不可以欺骗。从古至今，凡与人民为敌的，或快或慢，最终一定会败给人民。一句话，人民的力量是最大的，是不可战胜的。如果领导者能够采取一些争取民心的措施，为人民做一些好事，就会得到人民的拥护，就能胜利。同样的道理，杰出人物也是在这一基础上作出重大贡献而立功的。群众心理也是值得关注的。在春秋时代，周天子在当时人的心目中仍然有很高的威望，而齐桓公要率诸侯朝见周天子，这就比较得人心，再加上齐国的实力，讲诚信，救援小国，所以能够九合诸侯，一匡天下，成为五霸之首。管仲也是在这种意义上努力，作出贡献，成为历史名相的。齐桓公与管仲合作，以政治方式解决诸侯间的争端，为协调各诸侯的关系，也为当时的社会稳定秩序，作出了突出的贡献。他们促进了社会文明发展，为后代造福，乃至孔子也感受到管仲对他生活的影响。这是应该充分肯定的。宋代以后的儒家脱离实际，不顾历史事实，无视儒家圣人孔子的评价，对管仲妄加批评，是不可取的。当然，他们可能也有自己时代的追求，虽然不符合历史实际，却符合他们所处时代的精神需要。

中国从古至今一直提倡尊贤使能，尊重有道德的贤人，任用有本事的能人，这一切都是为了人民群众的利益，而不是为了结党营私。孟子说："尊贤使能，俊杰在位，则天下之士皆悦，而愿立于其朝矣。"就是说，领导干部如果尊重人才，重视人才的使用，让有才能的人治理国家，那么，天下的人才就会高兴地听从国家的召唤，愿意为国家服务。

第八讲

德才兼备

中国古代讲人才问题的内容很多，现在研究起来，对我们今天的事业、企业的用人方面都会有启示作用。例如，中国古人一方面讲选人才要“德才兼备”，一方面又讲“无求备于一人”。在“备”与“不备”的问题上，似乎有矛盾。应该如何解决这个矛盾呢？

所谓“任人唯贤”，这个“贤”就是指贤人。什么样的人才是贤人呢？一般人都认为德才兼备的人就是贤人。这样一说，似乎很简单，因为这是理论。实际生活却是非常丰富、十分复杂的。例如，什么叫德才兼备？有德的人会不会犯错误？会不会犯道德方面的错误？犯了道德方面的错误的人还能不能任用？有德无才和无德有才，这两种人用不用？优先用哪一种人？这些问题极端复杂，无法全面讨论，只能就其中几个命题，谈谈自己的体会，希望对读者有一点启发。

德才兼备是理想的人才。但实际生活中的人没有无缺点无错误的人，所谓“人非圣贤，孰能无过”，“金无足赤，人无完人”，说的都是这个道理。既然没有“完人”，怎么能只用德才兼备的“完人”呢？即使有一个半个“完人”，天下那么多事，也不能只靠这一两个“完人”去做。因此，要做大事，要用人才，就不能要求人才没有缺点错误。这叫不要“求全责备”，要量才取用。根据人才的特点，用其长处，避其短处，或者采取某种措施制约其短处，保证其长处的充分发挥。这是用人的艺术，是当领导者的重要本事。用人不当，终究万事不成。求全责备，就是孤家寡人。我的结论都说了，不知是否正确，下面还要讨论一些需要讨论的问题。

一、重德轻才

大家都知道，中国古人大多数是重德轻才的，作为中国文化基础的儒学最有代表性。因此，我们就先从儒家讲起。

孔子讲："知者不惑，仁者不忧，勇者不惧。"（《论语·子罕》）智、仁、勇，后人称为三达德，是并列的，没有轻重之分。孟子说人性有四个善端：仁、义、礼、智，也是并列的。但在对德才进行比较时，孔、孟却都是重德轻才的。例如，孔子说："如有周公之才之美，使骄且吝，其余不足观也已。"（《论语·泰伯》）即使有周公那样的才华，如果既骄傲又吝啬，那也不足观。季氏已经很富裕了，冉求还帮他聚敛财富，孔子很气愤地说："非吾徒也，小子鸣鼓而攻之，可也！"（《论语·先进》）冉求是孔子的学生，很有能力，由于帮助季氏搜刮民脂，聚敛财富，孔子不承认他做学生，并鼓动其他学生声讨冉求。这也说明孔子是重德的。孟子认为如果不能引导国君走正道，只是用自己的本事为国君效力，那就是"富桀""辅桀"，或者叫"为虎作伥""助纣为虐"。这种有能力的官员，不是"良臣"，而是"民贼"（《孟子·告子下》）。后人所谓"从道不从君"，要服从治国之道即原则，不能只服从国君个人的欲望或意愿。鲁国要让乐正子管理政务，孟子高兴得睡不着觉，不是因为他能力强、学问多，而是由于他"好善"（《孟子·告子下》）。因为有了"好善"这个特长，就会大量引进善人，有很多善人当政，什么事情都可以办好。因此，"好善"这个道德，在当权者那里就是非常重要的，影响全局的品德。这也是重德的突出表现。

法家不讲求仁义道德，只要民众服从命令，遵守法令，一切是非都以法令为标准，"一断于法"。秦政府按军功来封爵，显然是重才轻德的。汉代以后，认为秦朝很快灭亡是由于不施仁义，不讲道德。因此，汉代思想家都是重德轻才的。董仲舒虽说"必仁且智"，因为"仁而不智，则爱而不别也；智而不仁，则知而不为也”（《春秋繁露·必仁且智》）。只有爱心，缺乏智慧，不知道应该爱哪些人，也不知道如何去爱。有智慧却没有爱心的人，虽然知道哪些人是好人，应该爱，也知道应该如何去爱，却不肯去实行，因为他认为这么做虽然是对的，对自己却没有什么好处，也许还有危险。没有爱心和智慧，只有才能的人，那只会强化他的恶性，增加他对社会的危害。从这里可以知道董仲舒是重德的。他还用天人感应说来给汉武帝讲应该效法天道，德治为主，刑罚为辅。刑罚最好设而不用。其他人如翼奉说：“人诚鄉正，虽愚为用；若乃怀邪，知益为害。”（《汉书·翼奉传》）诚实正派的人，智力差一点，还可以用；心术不正的人，虽然有智力，也只能增加他的罪恶。“巧伪不如拙诚”，成为当时人的普遍观念。翟方进也说：“不仁之人，亡所施用；不仁而多材，国之患也。”（《汉书·翟方进传》）

北宋司马光认为德与才的关系，就像掌舵与划桨的关系，也像射箭的方向（准）与力量（远）的关系。他按德才的有无多少，将人才分为四类：才德兼备，谓之圣人；才德俱无，谓之愚人；德胜才，谓之君子；才胜德，谓之小人。这四类人，最理想的是才德兼备的圣人。其次自然是“德胜才”的君子。如果没有圣人和君子，那么，选小人还是选愚人呢？司马光主张，宁选愚人，不用小人。为什么呢？他认为君子用才能做好事，小人用才能干坏事。愚人想干坏事，还没有这种能力，刚一动手，就被人发现；小人有能力干坏事，还不容易被发现。司马光的说法借助于《资治通鉴》，得以广泛流传，影响久远。重德轻才的说法，逐渐演变成贬才的观念，似乎谁有才能，谁就是无德的，于是有“女子无才便是德”的说法。后来，这种说法扩大为“男子无才便是德”。

到了20世纪50年代，发展到这样的程度：谁学习好、业务精，就是走“白专”道路。到了60年代，谁学习好，得到老师表扬，谁就是资产阶级培养的修正主义的“黑苗子”。关于“红”“专”关系，当时的说法，

“红”是政治，“专”是业务。政治应该挂帅，要统率业务。举例是：一个飞行员会开飞机，是业务，是专。开飞机的方向，是政治，是红。如果他把飞机开到敌占区去，那么他的飞行技术再好，又有什么用呢？如果技术不好，虽然方向正确，飞机掉了下来，那也不好。但是，由于红，有强烈的政治责任感，有深厚的阶级感情，会认真钻研技术，提高水平，使业务精益求精。这就叫政治挂帅，也叫以红带专。因此，当时的说法，只要有红就行，就是可用之人。专可以在以后继续提高。这是当时的普遍观念，没有人认为不对。而在实际中，业务好的、学习好的，何曾是政治上不好，甚至反动？他们普遍受到打击。按这种方针培养出来的，不仅是政治与业务都不好，而且还可能出现一批政治野心家、阴谋家。许多事与愿违的事情，这恐怕也是很有代表性的一件。海外有些学者针对这种现象，认为中国有“反智”倾向。这是把本来有合理性的思想引向极端以后所产生的偏颇。

从中国历史上看，无论是理论还是实践，“反智”都不是主流。除了《老子》，没有人提倡愚蠢。在特殊时代，有个别人的说法，可以被理解为“反智”。聪明一直是中国人普遍追求的、长期崇尚的。像《红楼梦》中的王熙凤“聪明反被聪明误”的人毕竟只是极少数。而《三国演义》中作为聪明化身的诸葛亮则是许多人所崇拜的形象，因此，在中国人文景观中与诸葛亮有关的特别多。诸葛亮到过的地方都有古迹，甚至有华丽的庙宇。所谓“反智”，只是海外一些人抓住个别言论，大做文章，并非真正对中国传统文化的概括和总结。“反智”现象，不是普遍的，没有代表性。

二、唯才是举

历代思想家虽然都主张重德轻才，而许多立功创业的政治家却实行唯才是举的用人方针，不论道德如何，一概量才取用。

例如，春秋时代，管仲辅助齐桓公治理齐国，称霸诸侯。按一般儒生的说法，管仲“背主事仇”，是有才无德的典型小人，应该受到道义上的谴责。但是，儒家的创始者孔子虽然认为管仲“器小”，不知俭，“不知礼”（《论语·八佾》），道德上有一些不算小的毛病，但对于他的历史功绩却是充分肯定的。他说：“桓公九合诸侯，不以兵车，管仲之力也。如其仁！如其仁！”又说：“管仲相桓公，霸诸侯，一匡天下，民到于今受其赐。微管仲，吾其被发左衽矣！岂若匹夫匹妇之为谅也，自经于沟渎而莫之知也。”（《论语·宪问》）大意是，齐桓公多次召集各诸侯国的盟会，不用武力，这都是管仲的力量啊！这就算是他的仁德吧！这就算是他的仁德吧！又说，管仲辅佐齐桓公，使齐国在诸侯中称霸，并使天下走上正道，老百姓到了今天还享受着他留下的好处。如果没有管仲，恐怕我们现在也还要披着头发，衣襟向左开了（意思是落后、愚昧）。难道他也要像一般老百姓那样守小信，在小山沟里自杀也没有人知道吗。管仲帮助齐桓公不用武力而是用信义来纠合诸侯，匡正天下，表现出仁德。虽然他没有一般人那样守信殉主，却为社会做出重大历史贡献，后代都还能享受他所创造的某些社会文明的好处。造福后代，造福万民，当然就是历史伟人。后儒无视孔子的评价，当与中央集权制的不断加强有关。

又如，刘邦在楚汉战争中，主要依靠萧何、张良、韩信、陈平。陈平“盗嫂受金”，是个小偷加流氓的人物，名声很不好。投到刘邦门下不久，又有人反映，他贪污受贿。刘邦找他当面质问，他也供认不讳。该怎么办？一般说要撤职查办，更谈不上任用。但是，历史事实是，刘邦经过了解，事出有因，并不责怪，还给予赏赐。后来又拨给四万金，作为他的活动经费，用于离间楚霸王的君臣关系。后来，陈平用奇谋帮助刘邦取得天下。刘邦死后，陈平又平息了诸吕之乱，巩固了汉室江山。司马迁称陈平是少有的“善始善终”的“贤相”（《史记·陈丞相世家》）。按一些儒家重德轻才的标准，陈平是小偷加流氓，又是贪污受贿的犯人，无论有多大才能，也不能任用，怎么能是“贤相”？

有一个颇有争议的人物，那就是曾子的学生吴起。他是正统的儒门弟子。他在鲁国为将，齐国进攻鲁国，鲁君想让吴起为将军。吴起的妻子是齐国人，有人因此怀疑吴起担任与齐国打仗的将军是否合适。吴起为了解除鲁人的疑虑，就回家杀了妻子，表明与齐国没有瓜葛。鲁君任他为将，打败齐军。吴起虽然打了胜仗，鲁人对于他的杀妻还是不满意，认为他太残忍了。吴起少年时杀了诽谤自己的30多人，然后向母亲告别，说如果不当卿相，决不回来。后来，母亲死了，他还没当什么卿相，所以，真的没有回家送葬。鲁国人因此对他更加反感，鲁君尊重民意辞了吴起。杀妻求将，母死不归，吴起有了这种不仁不孝的坏名声，就无法在儒学盛行的鲁国待下去。吴起就从鲁国出来，投奔魏国。魏文侯用他为将。吴起与士兵中地位最低的人同吃同住，行军时不骑马，亲自背着粮食，与士兵一起跋涉。士兵有病疮，他用口吸吮脓血。还有前一章曾提到，魏文侯死后，魏武侯继位。魏武侯乘舟漂于西河，到中游，他对吴起说：“这么险峻的山河，是魏国的宝贝呀！”吴起说：“（国宝）在德不在险。”过去君王都有许多险峻的山河，到头来，也都亡国灭身。如果国君不修德政，“舟中之人尽为敌国也”。言外之意，无德，众叛亲离，山河再险又有什么用呢？吴起有杀妻求将、母死不归的经历，也有与士卒同甘共苦的表现，还有劝魏武侯重德治的言行。可以说吴起是一个集不仁不孝与大仁大忠于一身的特殊人物。按司马光的说法，仍然是有才无德的小人，不可用。但他在鲁国破齐军；在魏守西河，秦兵不敢东向；楚国用吴起为相，实行政治改革，精减官员，富国强兵，“南平百越，北并陈蔡，却三晋；西伐秦”（《史记·孙子吴起列传》）。事实证明，他是著名的军事家、政治家和改革家，是难得的人才。因小节弃大才，不是良匠。吴起是有德之人，还是无德之人？开始不清楚，终其一生，全面考察，盖棺论定，应该属于可用的贤人。

另有一个人也是有争议的。东汉时代的胡广，字伯始。他平时和蔼可亲，对任何人都客客气气，不敢讲真话，从来不对任何人提批评意见。当时流行两句顺口溜："万事不理问伯始，天下中庸有胡公。"（《后汉书·胡广传》）他不理政事，不提意见，不主持公道。这两句话就是批评他"无忠直之风"。这种表现，现在叫"自由主义"，古代称为"乡原"。孔子说："乡原，德之贼也。"（《论语·阳货》）不主持公道的乡原是破坏道德的行为，当然属于缺德的范围。胡广活了82岁，在三十余年的仕宦生涯中，历事六帝，"一履司空，再作司徒，三登太尉，又为太傅"。位在三公，是当时最高级的官。他推荐的人多是天下名士。他熟悉人情世故，了解朝廷制度，"虽无謇直之风，屡有补阙之益"。他作为一位老臣，虽然不能锋芒毕露地斗争，却经常能在协调关系方面起平衡的作用，这是专制制度下所需要的人物角色。这种人任职时间较长，一般被称为"不倒翁"。所谓"容容多后福"，也是指这种人。胡广逝世，确实也是帝业的一大损失。大小官员参加葬礼的有数百人。范晔称："汉兴以来，人臣之盛，未尝有也。"（《后汉书·胡广传》）相当于"善始善终"的"贤相"。后来，汉灵帝还想念胡广的"旧德"，叫人绘画胡广的像，并令蔡邕作颂来赞扬胡广的功德。盖棺论定，胡广也是有德的贤才。

东汉末年，曹操为了广收人才，多次提出"唯才是举"的口号。有德有才的人要，无德有才的人也要，甚至不仁不孝而有治国用兵之术的人都要。司马光说他"知人善察，难眩以伪，识拔奇才，不拘微贱，随能任使，皆获其用"（《资治通鉴》卷六九）。在这里，司马光也肯定曹操知人善任，大胆任用无德有才的各类人才。

曹操"唯才是举"，除了他个人素质之外，还有客观形势的需要。英雄人物要创业，要改革，要开拓新局面，都需要一大批能人。曹操广揽人才，是为了在当时混乱局势中扫平群雄，开辟太平天下。他后来称雄四方，有雄兵百万，战将千员，谋士成群，挟天子以令诸侯，终至于以魏代汉，结束了四百多年的汉朝统治，曹操的儿子曹丕建立了魏朝。事实证明，曹操“唯才是举”的用人方针是正确的。

重德轻才和唯才是举，正相反，哪一个对呢？或者两个都对？

三、“无求备于一人”

“无求备于一人”，这是《论语·微子》上记载的周公对鲁公说的一句话，意思是不能要求一个人具备一切优点，没有任何缺点。上面讲“德才兼备”，这里又讲“无求备”，不是矛盾了吗？

《汉书》中有：“水至清则无鱼，人至察则无徒。”对人观察太仔细，优缺点了解太详细，大家都怕他，都想离开他，他的朋友、弟子就很少了。要做大事业的人，没有人不行，人少了也不行。因此，无求备于一人，是一切领导者都应该掌握的传统人才观。

齐桓公能用仇人管仲，才能成为春秋时代第一位霸主。刘邦能用小偷加流氓的陈平，方可战胜项羽，建立汉朝。

社会有治与乱不同的时期，自然要选用不同的人才。在治世，天下安定，政府有很高的威望，各级官员就需要树立良好的形象，给百姓展示好的榜样，这时就比较重视德。没有才能，只要能按上级指示办事，就不会有大错，社会秩序就能维持下去。治世重德轻才是很自然的。在乱世，德不能解决问题，只有能力，才能解决社会动乱，开辟太平世界。因此，刘邦可以而且应该用陈平、韩信这些人。商山四皓（东园公、甪里先生、绮里季、夏黄公）虽然道德高尚，却无法使战争取得胜利。汉武帝为了抵御匈奴，选用卫青、霍去病为将。经费不足，就用善于理财的桑弘羊为大夫。曹操为了逐鹿中原，急需各种人才，因此三下求贤诏，连不仁不孝的，只要有治国用兵之术的，都要录用。唐太宗兵入玄武门，杀兄弟，逼父亲，做了当时伦理上不允许的事，如果当不好皇帝，那就成了罪大恶极的罪人，遭千古骂名。为了治理好国家，他也用了一批贤能之士。魏徵与管仲相似，他先事建成，建成被杀后，他又尽忠于唐太宗。唐太宗与齐桓公一样，任用仇人，为成功立业服务。一些道学家批评魏徵“不死建成之难，而从太宗，可谓害于义矣。后虽有功，何足赎哉”（朱熹《四书章句集注·论语·宪问》注引程子言）。但是，唐太宗是英主，魏徵是贤相，这是中国历史上没有争议的定论。

如果求全责备，那么，管仲、吴起、陈平、魏徵这些人就不能被录用，而胡广也会被免职。这些人就没有用武之地，汉唐盛世也就难以出现。无视才能，只注重道德，必然会吹毛求疵，否定了许多人才。魏源认为：“专以德取人，必致取乡愿。”（《默觚·治篇十》）专门以德取人，不能得到有才能的人，也不能得到道德高尚的人，只能得到“乡愿”的人。没有一点错误的人，一般地说都是没有本事的人，也是没有道德的人。特别是在乱世用人之际，太讲究生活小节，必定会失掉贤人。求全责备，一方面失去贤人奇才，另一方面招来两面派、阴谋家，其严重性不言自明。

这里有一个典型的比较：周勃和灌婴等人向刘邦告状，说陈平不能任用。刘邦责问推荐陈平的魏无知，魏无知说：“我推荐的是能力，您责问的是品行。现在有守信的尾生，孝顺的孝己，对战争的胜负没有作用，您能用他们吗？现在楚汉对抗，我推荐有奇谋的人才，只要看他的计谋是否有利于国家，至于他是否盗嫂受金，又有什么关系呢？”（《史记·陈丞相世家》）刘邦正在用人之际，对于个人小节，就不计较，对陈平不但没有处分，还给予厚赏，并加重用。其结果，充分发挥了陈平的作用，在逐鹿中原的决战中，出奇谋，立大功。同样，周勃和灌婴等人在汉文帝时故伎重演，围攻“洛阳小子”贾谊，汉文帝虽然十分欣赏贾谊，仍然贬贾谊为长沙王太傅，终致贾谊英年早逝。周勃和灌婴代表朝廷中的一批庸俗之人，而陈平和贾谊都是奇才，他们的命运不同，与时代的治乱不同和国君个人素质的差异都有一定关系。汉景帝杀晁错，也说明晁错是奇才，而汉景帝是庸主听信了俗人的俗论，所以酿成悲剧。非常人才能创非常业绩，能立非常功劳。非常人才没有合适的环境，也会导致悲剧。

关于人才的问题，总原则是德才兼备，在不同时期，所需要的人才有所偏重。创业立功，改革创新，需要智能之士，对于个人的品德就没有苛求；在守成时期，则重德行，利于社会稳定，移风易俗，对于智能则没有过高要求。领导人用人、选人，要用其长处，避其短处，为实现自己的目标来选用适当人才，应无固定的标准。因此，重德轻才，唯才是举，不拘一格降人才，对于适当的条件，各自不同的需要，都是对的。有一个相同的基本原则，那就是“无求备于一人”。

四、德才须分析

从理论上探讨是必要的，但是，只有理论探讨，一旦联系实际，又可能出现麻烦，令人深感糊涂。所谓德才关系，德有高低之别，才有大小之异。一讲德，好像就是圣人。世界上哪有那么多圣人？应该说基本诚实，有爱心，就算有了起码的道德，有了做人的基本条件。不能以历史上的圣贤形象为标准来衡量现实中的人。关于智力问题，也不能绝对理解。缺才的人，只是才少一点，能力低一些，并不是白痴。孔子的学生高柴被认为是愚蠢的，但他也没有跳井自杀，实际上他也是一个贤人。孔子三千个弟子中有七十二个贤人，其中就包括高柴，如果不算他，那么贤才就只有七十一个了。也就是说，不论德还是才，都不是绝对的。德有许多不同的方面，有的人廉洁，有的人勇敢，有的人充满仁爱之心，有的人坚守信义，一诺千金。廉洁的人未必勇敢，勇敢的人未必有太多的爱心，也不一定会坚守信义。很少有人什么德都是完全具备的。才能也是这样，有的人善于运筹帷幄，有的人能够冲锋陷阵，有的善于土木建筑，有的专会鸡鸣狗盗。凡有一技之长的，都属于有才能的人。同样善于作战的，也还有水平高低的问题。例如，刘邦能够带领十万军队，韩信带兵则多多益善。有的人如吾丘寿王，在朝廷出谋划策，深得汉武帝的赞赏，而到地方上任地方官却对治安问题无能为力，不能建功立业。古代这种情况甚多，不足为奇。因此，在人才问题上非常重要的是知人善任。不知人才的特点，一件事办好了，就以为他可以做好一切事情；一件事办糟了，就以为他不行，什么事情也办不好。这是一种严重的偏见。良匠无弃材。从严格的意义上说，每个人都是一个人才，只要使用得当，他们都可以发挥特殊的作用。使用不当，多么杰出的人才也会浪费掉。韩信是大将之才，在西楚霸王项羽那里只不过是执戟小卒。历史上立大功的名臣、名将，多半是亡国之臣、败军之将。为什么在这里会立大功，在那里却不能立功呢？可能有很多原因，用人是否适当可能就是最主要的原因。对于上面提到的管仲，孔子说他不知俭，不懂礼，有僭越行为。似乎在德方面有大毛病。但是，孔子又说他为人民立下很大功劳，泽及后世。许他为“仁”。这应该是德高望重的仁人。又如陈平是小偷加流氓，似乎品德不行，但是，他又是德高之人。帮刘邦打天下，又为扫除吕氏之党做出突出贡献，司马迁说他是“善始善终”的贤相。吴起是不仁不孝的，他在魏国、楚国，都有善政，特别提到为政以德的思想，完全符合儒家的政治原则。总之，德与才都要在具体社会环境中加以具体分析，没有死的标准。有的人总喜欢别人提供现成的方法，希望自己不必动脑筋，就可以方便搬用。世界上没有任何现成的方法，如果有，也是不能用的。谁怕下功夫，谁就找不到真理。谁想图省力方便，谁就会滑到唯心主义那里去。这是前人的经验总结，我们应该认真记取。

五、亲近来远

如何看待人才，不是为了别的，主要就是为了引进真正的人才，来发展自己的事业。如何吸引人才和聘请人才？现在有所谓高薪聘请。但是，有的单位出了高薪，为什么却吸引不来人才？原因在哪里？中国古人怎么吸引人才呢？他们确实有一些做法是成功的，也是可以供今人借鉴的。

古书有这样的记载：

燕昭王问于郭隗曰："寡人地狭人寡，齐人取蓟八城，匈奴驱驰楼烦之下。以孤之不肖，得承宗庙，恐危社稷，存之有道乎？"郭隗曰："有。然恐王之不能用也。"昭王避席，愿请闻之。郭隗曰："帝者之臣，其名，臣也，其实，师也；王者之臣，其名，臣也，其实，友也；霸者之臣，其名，臣也，其实，宾也；危国之臣，其名，臣也，其实，虏也。今王将东面目指气使以求臣，则厮役之材至矣；南面听朝，不失揖让之礼以求臣，则人臣之材至矣；西面等礼相亢，下之以色，不乘势以求臣，则朋友之材至矣；北面拘指，逡巡而退以求臣，则师傅之材至矣。如此，则上可以王，下可以霸，唯王择焉。"燕王曰："寡人愿学而无师。"郭隗曰："王诚欲兴道，隗请为天下之士开路。"于是燕王常置郭隗上坐，南面，居三年。苏子闻之，从周归燕，邹衍闻之，从齐归燕：乐毅闻之，从赵归燕；屈景闻之，从楚归燕。四子毕至，果以弱燕并强齐。夫燕、齐非均权敌战之国也。所以然者，四子之力也。诗曰："济济多士，文王以宁。"此之谓也。(《说苑·君道》)

上面这一段话的重点在讲君臣关系，君对臣采取的不同态度，就会招来不同等级的臣。君对臣的态度越尊重，臣对君越尽心尽力。在另一地方记载，郭隗先讲千金买马骨的典故，说是有一个国君要买千里马，经过三年的调查才知道某地有匹千里马，立即带上千金赶去，到那地方时，千里马已经死了。这时就用五百金买千里马的骨头回去。不到一年，送上门的千里马就有三匹。燕昭王就把郭隗当作千里马骨供起来，像尊敬老师那样对待，后来，一些人才就从各地投奔燕国，燕国马上强大起来，先是收复被齐国强占的地盘，又进攻齐国，占了除即墨、莒县以外的所有地方。从实力看，燕国无法与齐国相比，为什么能打这么大的胜仗呢？就是因为燕国吸引了这么一些人才。古诗中说："济济多士，文王以宁。"文王吸引了很多人才，所以他很安宁。这说明人才对于政权的重要性。人才重要，吸引人才的办法很多，重要的有两种方针：一是亲近来远，一是舍近求远。以上例子就是亲近来远。燕昭王对于自己身边的郭隗特别尊重，特别"亲"，待遇特别优厚，起个示范作用。这种"礼贤"的精神，传播出去，就产生了很大的震动影响，对各种人才都产生了极大的吸引力。把远方的人才都吸引过来。这就使本来较弱的燕国一下子超过齐国，报了仇，还几乎灭了齐国。

亲近来远，是正确的吸引人才的方针。但是，有的人以为只要亲近就行了，不重视来远，甚至还采取搞小团体、小圈子的办法，为少数人谋利益，怕别人沾了他们小集团的利益，搞关门主义、排外主义。这种用人方针，虽然亲近，却不能来远。有时虽然也能办成几件小事，就沾沾自喜，绝对办不成大事。任何事业也不可能有大的发展。

另一种方针是舍近求远。这种领导看不起自己身边的人，认为他们都有这样那样的错误和缺点，水平都不如自己，不能重用。总是伸长脖子向外张望，希望从遥远的彼岸寻找到神通广大的人才。所谓"远来的和尚好念经"就是对这种心理的描绘。实际上，远处的和尚未必会念经，远处的人才未必都是有大本事的。不能"来了女婿，赶走儿子"。人才不分远近，任人唯贤，才是正确的。

总之，选择人才总要从德才两方面加以考察，达到基本要求，又符合本单位的需要，就可以录用，不能要求没有任何缺点。人非圣贤，岂能无过？另外如何引进人才，特别是如何吸引人才，则是非常重要的。有的人讲"筑巢引凤"，这个"巢"不一定都是硬件，有时软件更重要。即使有高楼大厦，如果没有轻松的、和谐的、朝气蓬勃的、充满希望的社会环境，人才可能也会望"楼"兴叹。"巢"虽然非常美丽，周围站着一些猛禽凶兽，凤也未必敢来。

六、有过之臣是否可以复用

有过之臣是否可以复用的问题，西汉时代的萧望之认为，有过之臣，免官以后，再加复用，将会受到诋毁。刘向上书皇帝，提出不同的看法：“尝有过之臣不宜复用，是大不然。”有过错误的官员不宜复用，这是很不对的。他列举过去许多名臣，都是有错误被处置过，后来重新任用，为国家，为人民，为社会立了大功。“季布有罪，至于夷灭，后赦以为将军，高后、孝文之间卒为名臣。孝武帝时，儿宽有重罪系，按道侯韩说谏曰：‘前吾丘寿王死，陛下至今恨之；今杀宽，后将复大恨矣！’上感其言，遂贳宽，复用之，位至御史大夫，御史大夫未有及宽者也。又董仲舒坐私为灾异书，主父偃取奏之，下吏，罪至不道，幸蒙不诛，复为太中大夫，胶西相，以老病免归。汉有所欲兴，常有诏问。仲舒为世儒宗，定议有益天下。孝宣皇帝时，夏侯胜坐诽谤系狱三年，免为庶人。宣帝复用胜，至长信少府，太子太傅，名敢直言，天下美之。若乃群臣，多此比类，难一二记。有过之臣，无负国家，有益天下，此四臣者，足以观矣。”（《汉书·楚元王传》）刘向在这里一口气列出一批名人，都曾经犯过错误或罪过，后来立功，为社会，为朝廷，做过好事，成为名臣。下面详细介绍这些人的情况。

季布，《汉书》卷三十七有传。曾是项羽的部将，多次逼刘邦于窘困。项羽灭亡后，刘邦悬赏通缉季布，谁藏匿季布，罪三族。后经人劝说，刘邦赦免了季布，并招来，拜郎中。季布在惠帝时为中郎将，在文帝时为河东守，对政治都有所贡献。在民间还有很高的信任度。所谓“一诺千金”，一旦答应的事，就一定兑现诺言。这就是出自他的典故。季布犯了夷三族的大罪，任用以后还能做出相当的贡献，成为当时的名臣。

儿宽，《汉书》卷五十八有传。从欧阳生学习《尚书》，又向孔安国学习。后得张汤赏识与推荐，任为中大夫，又迁左内史。儿宽处理政务，“卑体下士，务在于得人心”。他主张开渠灌溉，发展生产，收租宽假，后来因为收租少，不能完成上交任务，应该免职治罪。百姓听说后，大家牛车，小家挑担，连续不断将粮食运来，超额完成上交任务。当时，按道侯韩说出来保儿宽，向汉武帝进谏说："以前杀了吾丘寿王，陛下至今悔恨。现在如果再杀儿宽，以后会更加后悔呀！"汉武帝听了感动，赦免了儿宽。又任用他，直至任了御史大夫。"宽为御史大夫，以称意任职"（《汉书·儿宽传》），是汉武帝最满意的、最称职的，也就是最好的御史大夫。刘向认为所有当御史大夫的都没有儿宽那么好。

董仲舒，《汉书》卷五十六有传。董仲舒在家里研究灾异问题，写成草稿，还没有上奏，主父偃窃取上奏，汉武帝召集诸儒传阅，董仲舒的弟子吕步舒不知是老师的书，说是大愚。董仲舒下吏当死，幸蒙不诛。以后，复为太中大夫，又当了胶西相，以老病免归。朝廷议论大事，经常派人去向董仲舒请教。董仲舒为世儒宗，他议定的说法，对当时社会有很大贡献，有益天下。他所提倡的独尊儒术，大一统论，对于奠定中华民族的精神，对于增强民族凝聚力，都有重大贡献。司马迁说他唯一明于《春秋》的大经师，刘向说董仲舒"有王佐之材，虽伊吕亡以加，管晏之属，伯者之佐，殆不及也"。将董仲舒与商朝的伊尹、周朝的吕望并列，认为管仲、晏婴都比不上他。如果当时就诛杀，那将是多么大的损失！

夏侯胜，《汉书》卷七十五有传。汉宣帝上台，下诏书，要褒扬汉武帝的功绩，夏侯胜反对，认为汉武帝有很多错误，因此，被认为"非议诏书，毁先帝"，下狱。免为庶人三年。四年关东地震，宣帝大赦，又任夏侯胜为谏议大夫，当了太子太傅。成为敢于直言的名臣，天下人都赞美他的品德，90岁死于官位上。因为教过太后，太后为他素服五日，以报师之恩。

刘向的结论是："有过之臣，无负国家，有益天下，此四臣者，足以观矣。"犯过错误的臣子，经常是对国家无害处，对社会有好处的。这种人重新任用，是完全应该的。更何况有时并非臣子的过错，而是冤假错案！只要当政者真正执政为民，不图私利，不感情用事，就应该及时纠正错误，加以平反，重新任用。当然，靠跑官钻营上去的官员应该下台，特别应该有阻止这种人混上去的机制，也应该有公正的赏罚制度，有功的需要厚赏，犯罪的应当治罪，有死罪的也要格杀勿论。

汉代许多名臣名相都曾经有过倒霉的时候，刘向在这里只举四臣为例。还有更加突出的，例如萧何，是开国功臣，刘邦当汉王时就任丞相，刘邦得天下以后，认为“何功最盛，先封为酂侯，食邑八千户”（《汉书·萧何传》），任首任相国。鄂千秋认为萧何立了“万世之功”，刘邦“乃益封何二千户”，又增加二千户，还有特权：“令何第一，赐带剑履上殿，入朝不趋。”（《汉书·萧何传》）这样一位位极人臣的萧何也曾被免职为庶人，“下何廷尉，械系之”。后经人劝说，才赦免出狱。又如周勃，开国之时，随刘邦转战天下，立战功甚多。在诛诸吕保刘氏江山的行动中，又立大功。他曾任太尉、右丞相，邑万户，位极人臣。他也遇到过麻烦，先免相就国，后有人上书告他想造反，被逮捕下狱。出狱后，他深感狱吏的利害。只有曹参和曾经有过盗嫂受金的陈平却能善始善终，成为贤相。当然，萧何与周勃只是一时下狱，吃点苦头，很快就出狱，继续享受荣华富贵，终其一生。倒霉只是小插曲，增加了人生的特殊感受，多了一点麻辣味。而另一些人就没有那么幸运了，他们一失足成千古恨。越国的文种大夫和秦国的白起、蒙恬，汉朝的韩信、彭越，以及后代许多敢谏之臣，多冤而死。

班固在《汉书·公孙弘传》的最后说：“凡为丞相御史六岁，年八十，终丞相位。其后李蔡、严青翟、赵周、石庆、公孙贺、刘屈氂继踵为丞相。自蔡至庆，丞相府客馆丘虚而已，至贺、屈氂时坏以为马厩车库奴婢室矣。唯庆以惇谨，复终相位，其余尽伏诛云。”这里共有七位丞相，只有公孙弘和石庆两位终丞相位，其他五位都伏诛。一个读书人进入仕途，经过千辛万苦，历尽风云变幻，才有极少数人能达到丞相的位置上。这个居于一人之下万人之上的百官之首，伏诛者却占了七分之五的多数。这些人都是该伏诛吗？这里是否有许多教训应该加以总结?！古人得出“伴君如伴虎”的说法，不是一句空话！

中国历史上冤杀有思想的知识分子是很普遍的现象。只有宋朝政府比较尊重知识，尊重知识分子，各代皇帝没有杀过士大夫。因此，宋代出现了一大批思想名家，如宋初三先生（石介、孙复、胡瑗）、北宋五子（周敦颐、邵雍、张载、程颢、程颐）、三苏（苏洵、苏轼、苏辙）、王安石父子以及许多学派、许多人物。人头不像韭菜，割了还长。杀错了，想纠正也难，所以砍头的事要非常慎重。特别是对于各级官员与知识分子，放着不会乱天下，他们即使发表了当政者不愿意听的意见，但还是像刘向所说的那样“无负国家，有益天下”，过一段时间又可以任用。因为有了严重教训，往往会更加努力，将功补过。这通常是没有犯过大错误的人所不具备的优点。俗话说：“人非圣贤，孰能无过。”我认为即使是圣贤，也不是没有过错的，只是知错必改。我以为，在一般情况下，犯过错误的干部还是可以复用的。当然，靠跑官钻营上去的官员应该下台，特别应该有阻止这种人混上去的机制，那就是真正的民主制度。

第九讲

和而不同

一、“和”与“同”

《论语·子路》记载，孔子说：“君子和而不同，小人同而不和。”“和”与“同”有什么差异？包含什么意义？《国语·郑语》载：“和实生物，同则不继。”不同性质的东西在一起，才会产生新事物，相同的东西就不会产生新事物。《左传·昭公二十年》载齐国晏婴的说法十分详细明白。

公曰：“和与同异乎？”对曰：“异，和如羹焉，水、火、醯、醢、盐、梅，以烹鱼肉，燀之以薪，宰夫和之，齐之以味，济其不及，以泄其过，君子食之，以平其心。君臣亦然。君所谓可而有否焉，臣献其否以成其可；君所谓否而有可焉，臣献其可以去其否。是以政平而不干，民无争心。……若以水济水，谁能食之？若琴瑟之专一，谁能听之？同之不可也如是。”

“和”是指不同成分的合理配合，例如汤，油盐酱醋，鱼肉菜蔬，用水、火加工，做出可口的汤，大家都爱喝，这叫“和”。一种汤，如果只有一个味，或者只有水加水，或者只有咸味加咸味，这种汤就没法喝，因为它是“同”。音乐也是这样，有很多种乐器，音调有高低缓急，长短刚柔，清浊大小，相互配合，奏出美妙的音乐，大家都爱听，这叫“和”。如果只有一个乐器，只发出一个音调的声音，那是单调的声音，就很难听，不仅是不悦耳，而且是有害健康的、令人讨厌的噪声，这叫“同”。在政治生活中，国君说什么，大家也都说什么；国君反对什么，大家也都反对什么。君臣意见都是完全一致的，这就是“同”，也就像乏味的汤、单调的音，实在不好。国君提出一种想法，大家议论，有的从这方面提出反对意见，有的从另一方面提出质疑，使国君的想法更加完善周全，这就是“和”。这样制定出来的政策，就像可口的高汤、悦耳的雅乐那样，受到欢迎。

孔子讲话，常用“君子”和“小人”对举，讲君子如何如何，就是他赞成的、倡导的内容；讲小人如何如何，就是他反对的、批评的内容。上述孔子的话就表明孔子主张“和而不同”，反对“同而不和”。和，就是和谐相处；同，就是同流合污。不论在一个团体中的人际关系，还是在世界中的国际关系，都应该是和谐相处，而不应该同流合污。在人与自然的关系上，人们也开始认识到需要保持一种和谐的关系。过去，人类不断地对大自然开发；发展到了现代，人类开发能力有了惊人的发展，开发速度极快，造成了资源的浪费和生态的严重破坏，甚至威胁人类的生存。为了保存人类，当然有必要改变过去的观念，重新审视人类的行为，注意保护环境，使人类与所生活的自然环境也能维持一种相对的平衡，有可以持续发展的保证。

二、人际关系

人际关系包括家庭内部和社会的关系。家庭内部各成员之间的关系，如夫妻、父母子女、兄弟姐妹等。这些关系建立于仁义基础之上，夫仁妻义，父慈子孝，兄友弟恭。在家庭中，有尊卑差别，但发表不同的意见是允许的。这些关系也有矛盾的时候，是需要协调的。协调得好，成为一团和气，大家都能心情舒畅，同心协力，发展事业，发财致富，培养子女健康成长，这就是所谓的“家和万事兴”。家庭中每个成员都是一个角色，每一个角色都有自己的分工、责任、权利和义务。所有角色互相配合，组成团结协作的整体。就像一辆汽车，由车轮、方向盘、发动机等许多部件构成才能正常行驶。如果各部件关系不协调，就会出现毛病，就需要维修，调整关系，使之恢复正常。同时各部件缺一不可，只有车轮，没有方向盘不行；方向盘有一大堆，却没有车轮，也根本无法运行。总之，一个家庭就像一辆汽车，只有各部件分工协调，理顺关系，才能正常工作。

在社会上，人际关系就复杂得多了。如何处理好各种社会关系，是一辈子也学不完的学问。孔子提出“和而不同”，是一条重要原则。同，就是与别人完全相同，意见与上级完全相同，上级说什么，自己就说什么；别人做什么，自己就做什么，没有自己的特殊见解、特别性格，没有独立性。实际上，每个有思想的人都不可能与别人的意见完全相同，只是不说出自己的看法，表面上伪装成与别人相同，隐瞒自己的观点，企图讨好别人，为自己的立足或某种利益而采取妥协态度；有的则是懒于思考，随大流。因此，孔子说：“小人同而不和”。相反，君子是“和而不同”的。

坚持“和”的原则，需要认真做到以下三个方面。

首先，要独立思考，敢于说出自己的见解，有自己的特性、个性，不隐瞒自己的观点，胸怀坦荡。

其次，要允许别人有自己的个性和见解，尊重别人的意见，不搞“顺我者昌，逆我者亡”的霸道行为，与别人以人格平等的方式共存。

最后，人人都有不同的看法，平心静气地摆事实、讲道理，进行认真的讨论、辩论，取长补短，相互启发，逐渐取得共识。在一时不能取得共识的情况下，采取求同存异的办法处理矛盾，协调关系，这就是“和”。

和，是不同的意见，经过协调，达成一致。这种一致是采纳了各种意见中的合理成分，因此，它是更加全面、更加合理的，是一个人无法达到的。只要大家都有君子之风，都能坚持和而不同，那么，人们就可以在和谐的社会环境中生活，又能通过自强不息的努力，在公平竞争中得以发展，而社会也会由于不断地选择最佳方案，取得更大进步。

中国封建时代，有所谓“三纲五常”。“三纲”指君为臣纲、父为子纲、夫为妻纲，纲是为主的意思。“五常”指仁、义、礼、智、信五种经常实行的道德。仁者爱人，指对人有爱心、同情心，有博爱思想。义者宜也，即办事适宜，无可厚非。“礼”指礼仪、礼貌、礼节，至今也还都需要，只是各个时期都要对旧礼进行改革，不能取消。“智”指分辨是非的思维能力。“信”指讲信用、信誉，即西方所谓可信度。对于“五常”，现代人认为是可以批判继承的。对于“三纲”，现代许多人认为那是封建专制时代的产物，是过时了的货色，只能批判，不能继承，特别是君臣关系，应该彻底抛弃。现代的总统，投票选举，民主产生，不是继承的。有一句说明古代君臣关系的话：“君叫臣死，臣不死，臣为不忠。”这实际上是后来把“君为臣纲”绝对化了。最初，儒家所讲的君臣关系是对应的，孔子说：“君使臣以礼，臣事君以忠。”（《论语·八佾》）君对臣要有礼貌，要尊重；臣对君要尽心尽力，要忠诚。这种关系是对应的，是相互的，是双向的。孔子对此作了正面论述，至于反面，君对臣无礼、不尊重，臣应该怎么办？孔子没有说。战国时代的孟子说了，他说：“君之视臣如手足，则臣视君如腹心；君之视臣如犬马，则臣视君如国人；君之视臣如土芥，则臣视君如寇仇。”（《孟子·离娄下》）君对臣好，臣对君也好；君对臣不好，臣何必对君好呢？他还说：“说大人则藐之，勿视其巍巍然。”（《孟子·尽心下》）和大人物说话时，要藐视他，别看他那很威严的样子。他认为民为贵，君为轻，君不能为民服务，可以把他换掉；罪行严重的国君，可以杀掉，这不是“弑君”，而是“诛一夫”，即杀掉没有人拥护的国君。孟子这一系列论述，表达了这种思想：国君不是绝对的权威，君臣在人格上是平等的，都是为民服务的，只是社会分工不同。谁不为民服务，还要残害人民，就没有资格当国君。这虽然不是由人民投票选举的，人民在不同的时代用不同的方式（不是西方那种投票选举的制度）来选择自己的国君。人民是历史的真正主人，得民心者得天下。我们从几千年历史的变迁来看，“天子”像走马灯一样，“你方唱罢我登场”“皇帝轮流做，明年到我家”，只有人民才是永恒的。秦末农民起义，人民抛弃秦王朝，选择了陈胜，后来又选择了项羽，最后选择了刘邦。民心所向与人才流向是一致的。

总之，绝对君权，不是儒家所提倡的，除了个别朝代以外，君臣关系都是以互相尊重为基础，协调到和谐状态为理想。治国方针有路线问题，因而有派别斗争，情况十分复杂，而儒家提倡仁义，在人际关系中追求“和”，则是立身之本，也是处世态度。

三、国际关系

人际关系“和为贵”原则，也可以用于国与国之间的关系。

《左传·襄公四年》记载晋侯与魏绛的对话，魏绛认为与西方戎族和平相处有五大好处：第一，戎族游牧生活，不重视土地而重视货物，晋国可以用货物换他们的土地，各得所需，在经济上有互补作用，对双方都有好处；第二，两国和平，边境安定，人民可以安心生产，粮食能够丰收，边民可以安居乐业；第三，与戎族和好，晋国无后顾之忧，增加了在中原竞争的实力；第四，与戎族和平相处，减少兵力，少用武器，减轻军事方面的负担；第五，和平环境可以使本地人安心生活，还能吸引远方的人来这里定居。魏绛所讲的国与国之间的和平共处的五大好处，至今仍有意义。

现代，国际关系更为复杂，但是，“和而不同”仍然是一项重要原则。“和而不同”是尊重各国领土和主权，是平等互利的保证，其原则有三方面重要的内容：一是独立自主，凡事各国都有自己的价值观和分析研究，有自己的独到见解，为了本国的利益，也可以尽可能地考虑到各方面的利益，尊重对方的愿望，提出自己的见解，不随声附和，也不屈服于武力威胁，以独立的身份参加国际讨论，而不是作为大国的随从出席会议。二是尊重各国的自主权，不能要求任何国家服从自己的意志，承认所有国家，不论大国，还是小国，都有发言权，都允许坚持或保留自己的主张。三是在平等的基础上，讨论大家共同关心的问题，求同存异，协商解决各种冲突和争端、处理政治问题。反对用武力胁迫弱国服从强国，当强国用武力侵犯本国时，应当奋起反击，以战争消灭战争。本国强大的时候，不称霸，不欺负小国弱国。对于其他国家的争端，要主持公道。

中国政府提出和平共处五项基本原则，即：第一，互相尊重主权和领土完整；第二，互不侵犯；第三，互不干涉内政；第四，平等互惠；第五，和平共处。1953 年 12 月，中国政府在同印度就两国间存在的问题特别是印度与中国西藏地方关系的谈判中，首次提出和平共处五项原则，并于 1954 年在与印度、缅甸政府签订两国关系的原则时确定其为指导两国关系的准则。后来，中国政府把它作为处理各国关系的普遍原则。周恩来总理于 1955 年在印度尼西亚的万隆举行的亚非会议上提出“求同而存异”，对于处理国际争端，提供了非常有意义的方法。中国现代政府处理与周边邻国的关系，继承了我国古代“和而不同”的优秀传统。“和而不同”与“求同存异”两者都有一个“同”。这两个“同”有什么不同呢？前者指完全的同，后者指部分的同，因为还有异。和，只是强调独立性，并非与别人毫无共同之处。和，表明与别人相比，有同有异。在充分讨论以后，解决不了所有的问题，只能用“求同存异”的办法，把共同的内容统一起来，不同的意见暂时各自保留。“和而不同”的同，是指与别人完全相同，没有异，因此没有存异的问题。

四、人与自然

儒家讲“和而不同”，主要讲人际关系、国际关系。道家则把这种原则运用于人与自然的关系。因此，人与自然的和谐，也是中国的优秀传统。

《老子》认为人们的矛盾在于以自己为中心，不顾别人。如说："民之饥，以其上食税之多，是以饥。民之难治，以其上之有为，是以难治；民之轻死，以其上求生之厚，是以轻死。"（《老子》第七十五章）其上，就是当权执政者、上层统治者。人民生活困难，都是上层统治者造成的。"天之道，损有余而补不足。"（《老子》第七十七章）水向下流，就是"损有余而补不足"。人道相反，"损不足以奉有余"。当官的本来很富，穷人还要用自己省吃俭用省下的一些钱买礼品送给当官的，使穷的更穷，富的更富，这就是不合理的"人道"。《老子》认为应该向"天道"学习。因为"天道"的特点是"自然"，是"损有余而补不足"。当权执政者以自己为中心，剥削、压迫平民百姓；人类以自己为中心，随便奴役、摧残万物，这都是人道的不合理。天道以人与万物平等，都是自然的。

《庄子》更明确地提出"齐物论"，认为"万物与我为一"。战国时代，百家争鸣。各家都以自己的观点作为判断是非的标准，自己的观点都是对的，不符合自己观点的都是错的，自是而相非。再向前推进一步，人类有共识，人类以自己的观点或利益作为是非的标准，去衡量万物，所谓"人是万物的尺度"。《庄子》认为这也是一种偏见，"以道观之"，万物都是平等的，人只是万物中的一种，人的是非不能代替万物的是非。他举例说：人躺在潮湿的地方睡觉，会得腰疼或半身不遂病，泥鳅也是这样吗？人在树枝上睡觉会恐惧颤抖，猿猴会这样吗？人、泥鳅、猿猴，三者谁知道真正舒适的睡觉地方呢？人爱吃牛羊肉，鹿喜欢吃草，猫头鹰吃老鼠，究竟谁知道美味呢？毛嫱、骊姬，是人们公认的美女，但是，鱼见她们，潜入水底；鸟见她们，高飞远避；鹿见她们，迅速逃走。哪一个更懂得漂亮呢？既然万物不是上天为了供人类享用而产生的，而是与人类一样由自然而派生的，它们就应该有平等的地位，就不应该互相残杀，而应该建立和谐的关系，友好相处，共同发展。

张载认为人民都是我们的同胞兄弟，万物都是我们亲密的朋友，因此，在亲亲、仁民的同时，还要爱物。没有爱心，就不可能和平共处。《孟子·尽心上》讲“亲亲”“仁民”“爱物”，这是三个爱的层次。亲属的关系是亲爱，对民众要仁爱，对万物要珍爱。对于亲属，也有远近亲疏的差别。这是儒家“爱有差等”的思想。推己及人，推人及物，由近及远，这是儒家泛爱的思想。这反映了儒家关于人与自然应该和谐的认识，这也是儒家传统思想对于保护自然环境的一个贡献。

关于人与自然的和谐，中国古人采取了许多具体措施，归纳起来，主要有两条：一曰取之有制，二曰取之以时。

取之有制，从大自然索取生活用品要适度，够吃够用，就可以了，不要浪费。抓鱼时，不要竭泽而渔，应该保留一部分鱼继续成长、繁殖。捕鱼时，网眼要大一点，只捕大鱼，让小鱼逃走，这样才能保证以后还有鱼可捕，现在叫“可持续发展”。在人民中提倡节俭，就是保护生态资源，保护自然环境的最有效办法。在人民中提倡节俭是比较容易的，但对于有权有势的统治者，劝他们减少欲望，却是很难的事情。他们的衣、食、住、行，都很讲究，而且有严重的浪费现象，例如为了吃熊掌，就得杀一只熊。晋灵公为了急于吃熊掌，还因此杀了厨师。周武王宣布殷纣王的罪状有两条：一是暴殄天物，二是害虐烝民。万物和众民都是天生的，都要保护。浪费天地所生的财物和损害众民，都是不可饶恕的罪行。向人民索取过多，叫聚敛。聚敛是间接地破坏自然资源。聚敛一直是儒家抨击的行为。孟子提出“取于民有制”（《孟子·滕文公上》），收赋税不应超过总收入的十分之一。制是制度，也有节制的意思，不能随便滥收。这既是保民的重要措施，也是保护自然的重要措施。

取之以时，似乎更加重要。这是保护自然资源的重要措施。春天是万物生长繁殖的季节，中国古人规定这个时期不能打怀孕的野兽，不能打正在为小雏觅食的飞鸟，不能捕怀有很多鱼子（卵）的雌鱼，也不允许到山林中砍伐刚从冬眠中复苏的树木。打猎不采取包围的办法，好让年轻力壮的野兽有路可逃，只打老弱病残的野兽。以上这些措施被作为“王制”，必须认真奉行（见《礼记·王制》）。孟子说：“食之以时，用之以礼，财不可胜用也。”（《孟子·尽心上》）对人民征收物品，要注意季节和数量，那么，财富就不会枯竭。对自然界索取财物如果也能注意季节和数量，那么，自然界就能提供源源不断的财富。

取之以时，还有一方面未被人们注意。取物选定时日，可以发挥更大的效用，由此可以节省物品。例如，《周礼》上记载，做弓的工匠“取六材必以其时”，选做弓的材料，必须选择最佳的采集时间。做弓需要六种材料，各种材料都有最佳的采集时间，再由工匠将它们合理配合成弓，就是良弓，性能优良，结实耐用。这样就可以少做弓，也就少取做弓的材料。例如弓体所用木材，不能用夏天砍的树，要用冬天的最好，如此等等。再如摘西瓜，及时摘的西瓜，好吃，营养高。过早不熟，过晚熟过了，都不好，甚至不能吃，这就造成严重的浪费。在这里，技术很重要。从表面看不出西瓜的生熟，那就无法确定摘瓜的时间。弓匠如果缺乏高明的技术，很好的材料也可能被加工成废品、次品，也是严重的浪费。实际上，选材本身就需要很高的技术和丰富的经验。总之，取物以时，不能忽视技术和经验。

在道教典籍中也有很多关于保护环境的内容。《云笈七签》卷三十九有《老君说一百八十戒》，其中有保护环境的二十多戒，如第四戒不得杀伤一切物命，第十四戒不得烧野田山林，第十八戒不得妄伐树木，第十九戒不得妄摘花草，第三十六戒不得以毒药投渊池江海中，第五十三戒不得竭水泽，第九十七戒不得妄上树探巢破卵，第一百戒不得以秽污之物投井中。这些都是简单明白、通俗易懂的，便于在民众中宣传、普及。因此，道教的这些说法主要在下层民众中传播。《诗经·邶风·谷风》曰：“采葑采菲，无以下体。”葑菲是古代蔓菁类植物，叶和根茎都可以食用。大概当时还是野生的菜类。采它的叶子食用，不要连根拔掉，保留根茎，以便再长。现在，在甘肃，采甘草做中药，过度采集，使这种重要药材资源枯竭，还会破坏水土保持。应借鉴古代的说法，采取措施，保护药源。几千年来，中国就有与自然和谐相处的传统。当人们破坏传统的同时，也就破坏了人与自然的和谐。这是“文化大革命”时期“破四旧”留下的后遗症，需要继续纠正。

五、和谐与竞争

我们讲了人与人、国与国、人与自然的和谐。现在实行的是市场经济，是竞争的时代，和谐是否过时了？和谐与竞争是一种什么关系？

竞争，有各种路线和方针，自然也有各种不同的方法。人与自然的和谐，当然也有斗争，这里也是一种竞争。我们主要讲人类社会中的竞争。从总体上讲，主要有两种路线，一是与别人竞争，二是与自己竞争。与别人竞争，又分两种情况：一是以正当的方式，合法的手段，胜过别人，发展自己；二是以不正当的方式、非法的手段，置别人于死地，自己得以大发展。前者为正当竞争，后者为不正当竞争。与别人竞争的这两种情况，都是以“优胜劣汰”为思想原则的。在一条街上有两家饭店，他们都希望对方倒闭，自己独占市场。中国古代认为这种思路是“以邻为壑”，为了自己的利益去坑害别人。一些人认为，挤垮别人，发展自己，就是市场经济的竞争。因此，欧洲人到美洲去，挤垮了当地的印第安人，自己发了大财。

中国人也讲竞争，主要是与自己竞争。《老子》曰：“胜人者有力，自胜者强。”（《老子》第三十三章）竞争中胜了别人，说明力量大。能够胜自己，才称得上强大。胜过自己，就是能克制自己的毛病。

孔子讲“学者为己”（《论语·宪问》），学习是为了提高自己的思想水平和文化素质。《周易·乾卦·象》讲：“天行健，君子以自强不息。”古人认为天运行非常迅速，一日旋转一周天，实际上是地球自转一周。说君子也要像天那样“自强不息”。这句话成为历代有志之士的自勉名言。自强不息，应有如下两个方面。

一是自力更生。《韩诗外传》卷八载，战国时代的魏文侯问狐卷子：“父亲贤能，可以依靠吗？”回答：“不可以。”又问：“儿子贤能，可以依靠吗？”回答：“也不行。”再问：“兄弟贤能，能依靠吗？”回答自然是否定的。“臣子贤能，能依靠吗？”也不行。为什么？狐卷子说：“父亲贤能也超不过尧，尧的儿子丹朱犯了罪，被流放了。儿子有本事也超不过舜，舜的父亲被抓来拘禁。兄弟贤能不会超过周公，周公的兄弟管叔却被杀了头。臣贤不过汤、武，夏桀、商纣都被讨伐。”那么，应该靠谁呢？狐卷子说：“君欲治，从身始。人何可恃乎？”国君要想治理好国家，要从自身做起，要靠自己，别人怎么靠得住呢？一个人跟一个国家一样，经济上不能独立，也就没有自主权，就要被别人牵着鼻子走。因此，自力更生是自强不息的第一要义。

二是独立思考。人云亦云，随波逐流，不是独立思考。你说朝东，我偏向西；你说白，我偏说黑，与众不同，标新立异，也不是独立思考。唯书唯上，书上写的，领导说的，都是正确的，与此不同的，都是错误的，虽然也思考了，似乎也是“独立”的，但还不是独立思考，因为他的思想早已有了别人设定的框框。如果不能摆脱这种外来的框框，没有改变观念，思想就得不到解放，虽然也在“独立”思考，却思考不出新思想。马克思主义作为指导思想的就是辩证唯物主义，核心就是实事求是，就是从实际出发。这种思想指导，不会妨碍独立思考，因此，毛泽东才能提出“农村包围城市”的革命路线，邓小平才会提出“一国两制”的构想。总之，独立思考，就是靠自己的头脑从实际出发想问题，拿主意，判断是非曲直，分辨善恶美丑，决定进退，选择去取。不主张独立思考，整天喊着创新，如何能有创新成果出来？创新不是喊出来的，而是独立思考出来的。

自强不息，自力更生，并不排除别人的帮助，也不拒绝与别人合作。自强自立，才能更好地与别人合作。如果自己什么本事也没有，谁愿意与他合作呢？一个好汉三个帮。正因为本身是一个自强不息的好汉，才会有三人或更多的人来帮。又由于很多人来帮，自己才能成就一番事业。私心太重，不善于合作，只靠个人奋斗，难以成就一番事业。因此，自强不息还要与厚德载物相结合。《周易·坤卦·象》："地势坤，君子以厚德载物。"大地承载着万物，有五岳之重，江河之长，任劳负重，毫无怨言。君子也要效法这种情怀，大肚能容，宽厚道德。自强不息，是竞争的中国模式；厚德载物，是和谐的中国风格。自强不息是对自己的激励，以此精神参与竞争；厚德载物是对别人的态度，以此道德创造和谐。两者结合，一方面完善自己的精神境界；另一方面建设和谐的社会环境。这样才能创造美好的人生。和而不同，应该是中国传统思想的精华对 21 世纪的世界的重大贡献。

六、审议"优胜劣汰"

中西方在人际关系问题上的看法很不相同，可以说有根本上的差异。中国讲和而不同，西方讲优胜劣汰。

西方人讲"优胜劣汰"，认为自然界把好的、优质的物种保留下来，淘汰那些劣质的、不能适应自然界变化的物种。万物在那里竞争，由天即自然界来选择，即所谓"物竞天择"。这个理论原本是对自然现象的描述，人类就是自然界长期严格选择的结果。

但是，现在人们对于"优胜劣汰"有两个误区。

一是"天择变成人择"。科学进步，人的作用大了，人有了选择权，在一些范围内，人择取代了天择。例如种庄稼，可以选择优良品种，养鸡养猪也选择优良品种。这样大大提高了产量，为人类创造了很多财富。所谓优良品种，都是以人的需要为标准。人想吃肉，长肉多而且快的，就是优良品种。什么叫益鸟？就是对人类有益的鸟。什么叫益虫？就是对人类有益的虫。对人类有害的鸟和虫，都是害鸟、害虫。由于人类的选择，当然就淘汰了一部分生物。福建原来有一种地瓜，叫“台湾秋”，红皮红心，皮上有一条条隆起，像筋脉，特别甜，应该是好品质的。但由于产量低，在追求产量的时代，被淘汰了。现在生活水平提高了，要享受质量高的食品，却找不到它了。人类还要改良物种，选择了改良的物种，新种被保留下来了，它的母本和父本都被淘汰了。人类活动的范围不断扩大，改造自然的力度加强，破坏了很多自然环境，使很多生物失去了生存条件，物种以每年几十种的速度灭绝。人口不断增加，科学不断发展，改造自然的能力不断提高，几百年或者一千年以后，几十万种生物也就差不多淘汰光了。也许那时还剩下少量的物种，例如会下蛋的鸡、能挤出奶的奶牛、伴人玩的宠物和为了吃肉而养的猪羊以及一些鱼、贝壳。那时的人类是否太孤单了？也许动物园里还养一些其他观赏动物，例如二十只斗不过一头水牛的病态狮子，三只咬不死一头病牛的没有野性的老虎。被人类留下来下蛋的鸡也只能趴在那里吃食、下蛋，再也站不起来，变成与自然界的鸡完全不同的、只能生产蛋的生物机器。奶牛也只能悬在空中吃食、挤奶，再也不会走路，成了制造牛奶的生物机器，人们看到它们，无法想象自然界能够跑的牛。丰富多彩的自然界一旦变得如此单调，人类生活的兴趣也就索然无味了。这当然是很不好的情境。更严重的是，千万年形成的生态平衡可能被破坏，甚至可能破坏了人类生存的基础。

二是在人类社会中搞“优胜劣汰”，即所谓社会达尔文主义。据最新的科学研究成果，人类的基因 99% 以上是相同的，差异非常小。从人类发展史也可以看到非常明显的事实，一个国家、一个民族，在某一时期可能很发达、很进步，过一段时间，又会走向没落。美国现在是最强盛的国家，但在 200 多年前，美国还是英国的殖民地。英国曾经是“日不落帝国”，但当中国处于盛唐时代，它却是很不起眼的小国、弱国。中国五千年前有黄帝时代，创造了许多物质文明。在此之前，古埃及、古希腊、古罗马和苏美尔都已经有了青铜和石器并存的奴隶制时代，古巴比伦人在公元前2000年就能够解含三个未知数的方程式。许多民族都在不同的历史时期辉煌过，也都衰败过。哪个民族是优等民族呢？不能只看一时的情况。同样的道理，一个家族，有时富强，成为豪族名门；有时又衰败，成为破落户。事实与科学研究结果是一致的，人的内在本质差别不大。但是，一些西方人以为自己是优等民族，例如，希特勒认为自己是优等的，犹太人是劣等民族。第二次世界大战期间，希特勒屠杀了上千万犹太人，就是这一理论的恶果。如果没有斯大林领导的苏联顶住纳粹德国的进攻，如果没有苏联红军攻入柏林，历史也将重写。如果纳粹杀完犹太人，大概还要杀其他所谓“劣等民族”，最后只剩下一个民族。这个民族中的个体也还有优劣之分，自然还要继续杀下去，最后就只能剩下极少数人。剩下的人越来越单一，也越来越无能。这些人会在一般的自然灾害面前无能为力，最终使人类彻底灭亡。所以，“优胜劣汰”，先淘汰了别人，最后也会淘汰了自己。总之，西方奉行的“优胜劣汰”法则，为生产的发展和科学的进步做出过贡献，但不能只重视其贡献而忽视其弊端，它已经给自然界生态平衡造成严重破坏，也给世界的安定带来严重的威胁。恐怖主义的问题，最后的根子也在这里。

人类应该说有一定的共性，以前只讲阶级性，不讲共性，是不太全面的。人类是非常复杂的，对于个体来说，水平有高低，能力有大小，但是，每个人都有自己的长处，都有生存的权利，别人没有淘汰他的理由，也就是说没有不让他生活的理由。例如，在体育比赛中，可以通过竞争比赛，选拔跑步冠军、足球冠军，被淘汰的人可以继续努力，争取下一次比赛当冠军。如果自己确实不行，没有信心，可以另找出路，不一定要在一棵树上吊死。只要找到适合自己的位子，就可以谋生，就可以发展，就可以做出与自己的付出相应的成绩来，即所谓“天无绝人之路”。智力有高低，体力有大小，人各有长处，不要在一座独木桥上挤。让围棋棋圣聂卫平打排球，不是郎平的对手，是很正常的。郎平要在围棋赛中必定不是聂卫平的对手，但郎平可以在排球比赛中发挥自己的特长。其他人大多如此，寻找合适的位子，树立信心，经过努力，都有成功的希望。在一种竞争中被淘汰，就自杀，那是错误的。考不上大学，可以当农民、当工人，也可以干一番轰轰烈烈的事业。考不上博士，就更不必悲观了。因为，你已经足够优秀了，成为博士只是锦上添花的事。

总之，人生在这个世上，就不应该被抛弃。但是，优胜劣汰理论应用于社会领域以后，产生了强盗逻辑，弱肉强食，使弱者经常挨打，受剥削，受欺负，受贫困，受歧视。

不平则鸣，弱者就要反抗。哪里有压迫，哪里就有反抗。以邻为壑的人，必然祸及自身。损人利己的人，最后必将损害自己。“优胜劣汰”传统培养出来的霸权主义，给天下带来诸多不安定因素，也制造了大量的恐怖现象。不让天下安定的人，自己也绝对安宁不了。马克思说得好，不解放全人类，就不能解放自己。因此，无产阶级的口号是：解放全人类！现在世界上发达国家的政治家有几个有这种胸怀呢？他们一心想着如何统治别人，一心想着如何用武力压制别人，其结果都是压而不服，然后恼羞成怒，公然发动战争。霸权主义是恐怖的根源，不消灭霸权主义，要消灭恐怖，难矣！

第十讲
知行合一

知行问题是中国古人经常讨论的关系问题，与义利关系有同等重要的意义。《尚书·说命中》就有“非知之艰，行之惟艰”的说法，春秋时代也有类似说法：“非知之实难，将在行之。”（《左传·昭公十年》）不是知之太困难，而是知而后实行，那才难上加难。在科学研究方面，知难行易。创造电视电脑，是全人类共同努力的结果，可以说是千难万难。但是，使用就非常容易了，三五岁小孩都会开机操作，选节目，调音量。但在伦理方面，就不一样了，许多道理大家都懂得，到实行的时候，就不能完全做到做好。例如，讲孝敬父母，报答养育之恩，道理很明白，一般人都懂，但是，许多人做不到做不好。做一点好事并不难，难的是做一辈子好事，不做坏事。宋以前虽然也讨论知行的关系问题，但都不够充分。宋明时代讨论很多，主要讨论知行的先后、难易、轻重等问题。

一、知行先后之争

北宋程颐提出知先行后说。他认为：“须是知了方行得。”以走路来说，先知道路，才能走。“譬如人欲往京师，必知是出那门，行那路，然后可往。如不知，虽有欲往之心，其将何之？”[①] 不知道路，虽然想走，往哪儿走呀？“然不致知，怎生行得？”[②] 朱熹也用走路比喻知行：“如人行路，不见，便如何行。”“义理不明，如何践履？”义理不明，就像眼睛看不见那

① 《二程集》卷十八，中华书局1981年版，第187页。
② 《二程集》卷十八，中华书局1981年版，第187页。

样；践履就像走路，不知而行，就像盲人行走。陆九渊与朱熹在治学的路数方面有分歧，而在知行的先后问题上则完全一致，都认为知先行后。陆九渊说："知之在先"，"行之在后"。又说："夫人幼而学之，壮而欲行之。"①

从总的认识史来看，认识来源于实践。同时认识又要回到实践中去受检验，再认识。按毛泽东《实践论》的说法，认识过程是：实践、认识、再实践、再认识的无穷往复前进的过程。

如果我们截取其中一段，那么，就会发现有两种情况：一种情况是"实践→认识"，另一种情况是"认识→实践"。简单地说，从认识到实践，就是唯心主义的认识论，未免失当。对于个人来说，少年学习，先认识；青年以后从事工作，后实践。理学家的先知后行，就是在这种意义上说的，就不是唯心主义认识论。对于具体的事情来说，也是一样，例如所有建筑，都是先设计，后施工，也是先认识后实践。再如鸡与蛋的先后争论，鸡生蛋，蛋生鸡，也是无限反复的过程。究竟先有鸡还是先有蛋，争论没有结果。最近有的科学研究认为先有蛋，后有鸡。实际上，鸡与蛋都是渐变的过程，一天变化一点点，几万年或者更长的时间，才逐渐变出鸡来，也像人在成长过程中，不能说是哪一天突然变老的。如果刻意从中画出哪一秒为变老的界线，就十分荒谬了。精确的功夫在这里无用武之地。即使是现在的鸡，也在变，蛋也在变，会变成什么样子，几十年是看不出来的。怎么能说先有蛋后有鸡呢？不知道渐变，想从连续中截然画出明确的界线来，是很荒谬的。两个事物的分界总是模糊的，过渡性的。所以，有的科学家研究出先有蛋后有鸡的说法，就是不懂事物渐变的辩证法道理。

---

① 《陆九渊集》卷三十四《语录上》，中华书局 1980 年版，第 410 页。

二、知行难易之争

《尚书》讲知易行难，因为它是经典，所以在中国数千年历史中没有人敢直接反对，宋代程颐也只讲“行难知亦难”。孙中山曾经列举科学知识来讲知难行易的问题，他说：“天下事唯患于不能知耳，倘能由科学之理则，以求得其真知，则行之决无所难。”诸如饮食、用钱、作文、建屋、造船、筑城、开河、电学、化学、进化等十个方面都是这样。孙中山认为知难行易，在科学上是这样，在社会革命上也是这样。如果真正知道了革命的道理，那么就能够开展，并能取得成功。

毛泽东在革命实践中，经常反复思考革命的理论问题，并从哲学上进行概括。他撰写的《实践论》，副标题是“论认识和实践的关系——知和行的关系”。认识和实践的关系，是引进西方的哲学语言来谈的，后面的知行关系则是中国传统的语言。《实践论》讨论的问题是认识来源于实践，又回到实践中接受检验，并指导实践。人的认识是从感性认识开始，逐渐上升为理性认识，理性认识在以后的实践中还要不断深化。认识是没有尽头的，是不断发展不断提高的过程。实际情况不断变化，人的认识也要随着变化，既反对唯心论，也反对经验论；既反对右倾保守主义，也反对“左”倾机会主义，所阐述的是一套辩证唯物论的知行统一观。

这些理论似乎很简单，但在那时曾起过非常巨大的指导作用。我曾听一些干部和一些科学家说到毛泽东的《实践论》与《矛盾论》对他们的深刻影响。一位研究物理学的老院士在回答听众提问“哪一本书对你影响最大”时，说：“主要就是两本：《实践论》与《矛盾论》。”马克思主义经典著作水平很高，理论很深刻，当时参加革命的工农群众，没有那么多时间读书，也没有那样的文化水平，因此不太可能去读诸如《资本论》《自然辩证法》《反杜林论》《哲学笔记》等著作，即使有时间，也不是短时间所能读懂的。那些从“珠穆朗玛峰”（比喻马克思主义水平最高的苏联）上下来的一些理论家，到革命队伍作大报告，大家都听不太懂，也不生动，很乏味，没有兴趣。毛泽东就不一样，他一讲话，大家都听懂了，而且有兴趣，因为他用的是中国传统的、大众的语言。

毛泽东的决策正确，是因为他对中国社会特别是农村情况以及农民的情绪都有深刻的了解。这不是从书上读来的，马克思主义著作中并没有讲中国农村如何、农民如何，即使讲了也不准确。但是，马克思主义的方法、观点是正确的，而这方法就是从实际出发，就是从变化的角度、运动的态势来分析实际问题，提出正确的战略与策略，引导革命走向胜利。

三、知行轻重之争

中国古人对于知行的轻重问题有过各种说法。在孔子那里讲的是“仁者不忧，知者不惑，勇者不惧”（《论语·子罕》），后人将这仁、智、勇三项说成是天下三达德。孟子强调人有四善端：仁、义、礼、智。后来儒家概括的“三纲五常”，五常中有仁、义、礼、智、信。董仲舒特别强调“必仁且智”，他说：“仁而不知，则爱而不别也；知而不仁，则知而不为也。”又说：“何谓之知？先言而后当。”（《春秋繁露·必仁且智》）有爱心没有智慧，只知道爱，不知该爱谁，怎么爱。有智慧没有爱心，虽然知道却不肯去做。为什么不肯去做？因为做好事，可能损害自己的利益，还可能得罪权势人物，或者得罪周围一大批人。这类现象屡见报端，习以为常。所以，孔子讲的“勇”也是很重要的，是行所必需的。无勇，知而不敢为。

《汉书·霍光传》记载了这样一个故事：客人经过主人家，看到他家的灶的烟囱是直的，旁边又堆放着许多柴火。客人就向主人提出两项改革建议：一是“曲突”，将烟囱改成弯曲的；二是“徙薪”，将柴火堆放到离火源较远的地方去，并且警告说：如果不进行改革，那就可能发生火灾。主人表面表示接受意见，但不重视，没有去实施改革。不久，主人家果然发生火灾，邻居很多人帮着灭火。火灾过后，主人感激救火的邻居，买了牛肉和酒来招待他们，表示感谢。他将受伤最重的（焦头烂额）请到上座，其他按伤势的轻重、功劳大小的顺序排列，没有邀请向他提两条建议的客人。有人对主人说："假使你听了客人的建议，进行两项改革，就不会发生火灾，也不需要买牛肉和酒来招待别人。现在论功劳，请宾客，你却没有请那位客人，只是请受伤重的邻居为上宾，这是怎么回事呀？"主人听后，觉悟了，也把那个提建议的客人请来入席。

这个故事有两个成语："曲突徙薪"与"焦头烂额"。我们从知行的角度来看这个问题，客人的建议是知，有知识，有预见性。邻居的救火是行，具有明显的感人形象。一般人就像主人那样，对知不重视，对行特别重视，以为行重于知。别人向主人提出疑问，表明对知的重视，认为知重于行。同样道理，古代战争中有一句话说："兵在精不在多，将在谋不在勇。"将军的优劣是看他的谋略，而不是看他的勇敢程度。很明显，在楚汉战争中，韩信能够战胜西楚霸王，靠的就是智谋。项羽与关东子弟兵，勇盖天下，为什么败在汉军手下？智谋不足就是原因之一。中华民族不是弱智民族，也没有反智的传统。只是有一些庸人、浅薄者不知智的重要，就像那个主人那样，只看到明显的、外在的形象，看不到智慧的内涵的光辉。

现在是知识爆炸的时代，也是知识经济的时代，重视知识，特别重视创新的智慧，是理所当然的。中国人重视诸葛亮，就是重智的表现。从孔夫子的智仁勇到现代教育方针的德智体，都没有丢掉这个"智"。重德，是中国优秀传统；爱智，也是中国优秀传统。

四、欲速则不达

任何事情的成功，总要有一个过程。过程有长短之分，事情也有难易之别。像植物生长那样，有的树长得快，有的树长得慢，不能要求一样快。

古代有“揠苗助长”的故事，就是犯了这个错误：欲速则不达。在生活中也有这种情况：一些青年人虽然来日方长，却急不可耐，不切实际地希望办一切事情都能一蹴而就，结果当然事与愿违。而老年人虽然时日不多，还是按部就班地逐渐实现自己想做的事，因为他们知道做事情急不得，瓜熟蒂落，水到渠成。许多事情，都是以不断的切实工作办成的，浮躁情绪，肯定不利于事业的成功。有一位科学家说，别人看到我们领奖时都很羡慕，实际上，我们是艰苦奋斗十几年、几十年，高兴才那么几分钟。领完奖，回去还要继续艰苦奋斗。谁都有领奖的希望，但那是用艰苦劳动换来的，不是捡来的。一分劳动一分成果，没有什么捷径。寻找捷径的人都是骗子的猎物。对一个具体的历史问题做出唯物主义的解释，没有几年的潜心研究也是不能完成的。毛泽东在抗日战争初期写了《论持久战》，批评了速胜论的急躁情绪，非常正确。他估计十年打败日本军队，由于国际环境的变化，主要是纳粹德国的失败，苏联与美国都向日本宣战，加速了日本军国主义的覆灭，中国抗日战争提前两年，八年就战胜日本军国主义。

五、小利不能贪

孔子说：“无欲速，无见小利。欲速则不达，见小利，则大事不成。”（《论语·子路》）要做成大事，就要从小事做起。那么多小事摆在面前，自己如何选择？如果心中有理想，想做什么大事，与大事有关的小事，就是自己选择的对象。尽管做这种小事可能一时得不到什么效益。例如，两件事：一件事有可观的报酬，但与自己想做的大事没有关系；另一件事没有报酬，却与自己想做的大事有极密切的关系。贪小利者就会选择前者，时间长了，年龄大了，他只能赚到一些小钱，最后一事无成。最典型的是，有一个青年，在科学上很有发展前途，杨振宁想招他为博士，后来他为了赚钱，放弃学业去炒股，最后因犯罪被驱逐出美国。美好前程被一些蝇头小利断送了。实在令人惋惜！有一些青年执着于自己的事业，经过若干年的艰苦努力，最后实现了自己的愿望。所有成功者，都是这么过来的。有的人说一不留神就成了名人，对青年人很有吸引力，但那都是一些痞子习气，在不正之风中炒作出来的，是经不起时间考验的。没有诚实劳动，有一些人在经济转轨时靠投机倒把发了财，虽有这种情况，但也不能说这就是正道。而诚实劳动发财致富，才是正道，这就是“君子爱财，取之有道”。因此，每天应该做什么事，都应该有选择。

要使选择正确，必须有远大理想，不贪眼前小利。吃亏是福，吃苦是福，都是对于有远大理想的人来说的。历史上这类事情很多。董仲舒为仕不遇，回家著述，名传千古。公孙弘身居要职，“当时则荣，没则已焉”（《史记·孔子世家》）。李白、杜甫因为不受当时统治者的重视，仕途不顺，写下了经典诗作，至今家喻户晓；另一些人，甚至水平不在他们之下，因为受皇帝宠爱，当了大官，神气了一生，死后就被人们忘记了。柳宗元参加变法失败，一贬再贬，但最后成了唐宋八大家之一。如果他变法成功，还未必有这么多人怀念他。可以说打击柳宗元的人成就了柳宗元的名声。韩愈、苏轼、曹雪芹等也都受过很多磨难。对于他们来说，吃亏是福。此外，还有一些小利，是骗子放的诱饵，奸商设的圈套，坏人挖的陷阱。如果贪了这些小利，轻则吃亏上当，重则倾家荡产，还可能家破人亡。对于这种小利，怎么能不警惕呢？

六、起点要低

做学问，要从基础打起，先学会走路，然后才开始学跑步。做生意，也是先从小生意做起，逐渐做大。南洋许多巨富都是从小生意做起，然后才发展起来的。从政也是这样，从基层开始当个小领导，管着几个人。团体虽小，各种矛盾也都会有，要细心研究，才能管好这个小团体。小团体管好了，就可以逐渐扩大管理范围，增加管理的人数，取得经验以后，管理工作就会比较顺利。

生活的起点要低。先打个比方，两个同学同时毕业，分在不同的单位工作，甲每月工资 2000 元，乙每月工资 1000 元。过了两年，甲的月工资降为 1800 元，乙的月工资升为 1200 元，再过两年，甲再降为 1600 元，乙又升到 1400 元。两者相比，甲每月还比乙多 200 元，但是，他们两个的心情很不一样：甲很悲观，乙很乐观。为什么？这是升降不同给心理造成的差别。同样的道理，不管基础如何，只要不断升高，就很高兴。相反，如果基础比较好，以后却不断下降，那就不会高兴。如果一开始生活水平就很高，以后就很难升高，甚至下降，因此，心态就不会太乐观。有些人因为生活落差太大，不能忍受，选择了自甘堕落或自寻短见的道路。由此可以得出什么结论呢？所谓“人往高处走”，是普遍的追求。受过苦难折磨的人，在以后的社会生活中就比较经得起考验，精神就不那么脆弱，不怎么怕挫折，才能坚持原则，坚定地走向崇高的理想。

现在，有的人提倡美国的快乐教育，许多美国人不知道什么是快乐教育，大概在美国也只是少数人提出来的新看法，并没有成熟的理论，更没有形成制度。但是，有的人以为什么都是美国的好，打上美国的招牌，就可以顺利推销。青少年在学校接受快乐教育，走出校门，走向社会能不能还都在快乐之中呢？如果社会不能提供快乐的条件，如何生活？那些从温室中培养出来的弱不禁风的幼苗就会在无情的现实中受到摧残。一些青少年自杀，都是心理承受能力太差造成的。社会竞争那么激烈，在学校没有这种准备，如何能适应社会的需要？中国一些教师在研究快乐教育时，提出一些看法是创见，不是美国所有的。例如，把快乐解释成愿意。虽然苦，为了实现自己的价值，愿意受苦。让学生树立这种观念，就是快乐教育。对于青年来说，任何困难都是对自己的考验与锻炼，古代叫“玉汝于成”。这是中国的东西，不是美国的东西。

七、怀大义，识大体

每个人都有自己的生活，生活都会有所感悟。老年人对生活有很多感受，辛酸苦辣，五味俱全，真是一言难尽。孔子说：“人无远虑，必有近忧。”（《论语·卫灵公》）这句话很简单，大意是说，人如果没有长远的考虑，就必定有近期的忧愁。为什么想得不长远，就会有近期的忧愁呢？这应该说有许多原因。人的远虑，主要在于怀大义，识大体。

为什么需要怀大义，识大体？这是出于两方面的教训：一是看生活小节太重，以致误了大局；二是过于重亲情，破坏大义，最终也严重地损害了亲情。这两个教训都是缺乏“远虑”的后果。

城市里有很多青年是很聪明的，但是，他们由于太顾面子，怕人家说自己某一方面不行或不好，特别注意生活细节，浪费了很多时间与精力，最后一事无成。有少数城市姑娘，自视很高，加上家庭条件比较优越，大有目空一切的架势。在学校，在单位，都喜欢议论别人，当然也经常议论周围的男同志。她们对自己熟悉的男同志都有很不好的印象，找对象自然要到外单位去找。实际上，外单位的男子未必都比本单位的好，只是“眼不见为净”。有的姑娘真的找到一个外单位的男子，结果此男子并非自己理想的郎君，后来的日子过得很悲惨。还有极少数城市女青年，到四十岁还没找到合适的对象，似乎天下男子都没有令她满意的。也许有，却早已让别人捷足先登了。不过，如果还有好男子摆在那里，要不要她，也还另说。自己到底有什么条件要求别人那么高呢？更有一些年岁大的城市女性，自己没有上过大学，居然在别人面前议论某某研究员、某某大学教授如何傻。这些教授因为不留心生活细节，才会有今日的成就，如果在生活细节上都处处精明，那他可能只是一个谨小慎微的一事无成的庸人。有人说，有作为的青年都冒点傻气，太聪明了，可能静不下心来，坐不住冷板凳，这话有道理。我以为他们并不傻，只是执着于自己的事业，又识大体，不注意生活小节就是了。在别人看起来，似乎有点傻，特别是在少数目空一切的城市姑娘面前。

对于亲情如何处置？一般地说，中国人比较重视亲情，讲孝悌。但是，过去也讲大义灭亲，为什么呢？为了维护大义，需要放弃亲情。一个在军队里管钱的少校，把军队的钱借给亲戚做生意，亲戚又不肯还钱，后来查出来，判了死刑，被枪决了。他自己虽然没有贪污，也没有花公家一分钱，但由于徇私情，不能维护大义，走上犯罪道路。还有一个很有发展前途的医院女副院长为了两个不成才的弟弟断送了一切。两个弟弟受母亲的溺爱，好吃懒做，为非作歹。这个女副院长的母亲三番五次地要她为犯罪的弟弟到处托人求情，最后，两个弟弟都因杀人被判了死刑，她自己因为求情而失身，懊悔而自尽。这类教训甚多，我们应该引以为戒！在亲情面前，如果不识大体，放弃大义，那么，对于有志的青年来说，可能会带来严重的危害。

八、志当存高远

每个人都有自己的追求，全人类又有共同的追求。追求，有远近大小之分。长远的、伟大的、崇高的追求，就是理想。诸葛亮所谓“志当存高远”，志，志向，就是理想。当存高远，应该树立高尚远大的理想。高远的理想是什么呢？研究发现，不论什么时代，什么阶级，什么民族，最高最远的理想都是相似或相近的，甚至是相通的。任何一种追求，如果只能使一部分人生活得幸福，而使另一部分人生活得悲惨，那么，这种追求就不是高尚的。最高尚的理想应该使人类社会上每一个人都能过上幸福美满的生活。

孔子先提出仁的思想，从爱亲推出爱人，博爱全人类。儒家在《礼记·礼运》中提出大同的社会理想。这种社会要使每一个成员都能得到幸福的生活。儒家称这种社会是大同。大同理想是中国古代的最高理想，有时也称为太平世界。这种理想社会虽然不能实现，但是，在理想的引导下，社会不断进步，不断向文明方向发展。直到近代，康有为撰写《大同书》，孙中山题“天下为公”，应该说都受到大同理想的影响。

马克思提出的共产主义理想是“解放全人类”，也是包括社会的每一个成员，使他们都从压迫和剥削下解放出来，过上幸福的生活。马克思所设想的共产主义社会实行生产资料公有制。社会成员各尽所能，按需分配，劳动不是谋生的手段，而是人的生活的第一需要。这种社会与大同理想有很多相通之处，可谓大同小异。

如果我们有了高尚远大的理想，那么，我们考虑任何问题时，就会解放思想，较少片面性、局限性，就能比较客观地实事求是地看待一切事物。一般地说，要充分了解世界历史，才能逐渐树立这种观念。如果不了解世界，只知道中国，或只知道某一地区的情况，就容易产生地理空间的局限性。所谓井底之蛙，所见之天只有井口大。如果不了解历史，只知道今天的现实，也就容易产生时间上的局限性，所谓夏虫不知冰。有这些局限性，就很难树立最高尚的理想。

志存高远，精神境界就高，就能从容对待突发事件，恰当处理复杂矛盾，适时提出解决问题的最佳方案并加以实施，取得实际效果。这是追求的目标，它鼓励人们走向文明进步。崇高目标的价值在于前进方向与追求过程，不在于是否能实现。

九、千里之行，始于足下

树立崇高的理想，就像确定了千里之行。要实现理想，必须采取具体措施。也像千里之行，必须始于足下，必须迈开步子，切切实实地走起来，向着正确的方向走去。只有千里之行的理想而不迈步前进，那就永远达不到目的。这个道理很简单，大家都能明白，但在实际生活中，却有很多人不能实行，为什么呢？怕苦怕累图舒服，弄虚作假贪便宜。当然也有一些是由于客观原因造成的。我们在这里主要讲主观方面的问题。

千里之行，确定的是目标，是方向。始于足下，是指具体实施，指实际行动。人的追求，最远的是理想社会，还需要一些近的目标，阶段性的追求目标。例如，高中生以考上某所大学为近期目标，青年教师以三年内评上高级职称为奋斗目标，这些都是很正常的。如果没有远大理想，只有这些具体的奋斗目标，那么有时也会有所前进，也会有所实现，在顺风顺水的时候，看不出有什么毛病，但在一些关键时候，遇到挫折，面临逆风暴雨，就可能失去方向，误入歧途。例如，考不上大学怎么办？评不上教授怎么办？特别是做了好事却受到冤枉，努力工作，立了大功，却受到沉重打击，在这种时候，没有更高理想的人，就可能从此失望，失去生活的信心，甚至自寻短见。远大理想在平时很难说有什么价值，有没有似乎无所谓，有的人认为它没有用。在关键时刻，有与没有则有天壤之别。走出活路，或走上死路，从此分道扬镳。真所谓“无用之用，是谓大用”。没有远大目标不行，没有具体行动也不行。没有行动，什么目标也不能实现。

确定目标以后，就要行动。这个行动并没有具体的规定，但应该说有一些法则。一是务实，空谈是解决不了问题的，必须从实际出发，实事求是，切切实实地解决问题。二是渐进，做什么事都要抓紧时间，又不能急于求成，通过切实功夫的积累，逐渐趋向目标。这两方面合起来就是“始于足下”。关于做学问，实际上也是这样。学问也是积累的过程。现实生活中常有这样的情况：两个同学毕业后在不同单位工作，一个刻苦研究、不懈努力，经过十几年的认真工作，取得一系列成果，评上高级职称；另一个平时不抓紧，浪费美好时光，悠闲自在地度过了十几年，一事无成。有的人平时不下功夫，临到关键时刻，拿不出过硬的成果，到处求情，企图通过人情达到目的，结果多半是徒劳的。早知如此，悔不当初。

第十一讲
实事求是

中国最初讲的是“是非”，不讲“真理”。“真理”这个词是从佛学中来的。是非，这是许多思想家、哲学家所关注的问题。有没有是非？如果有，又怎么分辨？分辨不清该怎么办？最后落实在实事求是上。

今人大多以为“实事求是”是现在的提法，其实不然，《汉书·景十三王传》载，河间献王刘德说：“修学好古，实事求是。”颜师古注：“务得事实，每求真是也。”这是“实事求是”最早出现的地方，所以“实事求是”也是我国古代思想中需要特别提到的精华部分，今天人们还在运用。

夏、商、周三代只保存下来一些记载，从《尚书》中看，对是非问题没有讨论，只是统治者以是否违背天命作为是非的标准。说谁非，就说他违背了天命；说谁是，就说他遵循天命。当时，有人提出民是天生的，天立君以为民，于是，保民、利民的行为就是正确的，而害民、损民的行为就是错误的。《尚书》基本内容反映了三代的粗略说法。有些篇章经后人整理，掺入后代某些内容，未可全信。

到了春秋时代，老子、孔子等思想家只是讲出自己的生活体验，他们的言论并不是通过严密的逻辑推理得出的结论。后代人把他们的话当作是非的标准，而没有衡量他们言论的标准。现代人说他们的话是独断论，因为没有经过论证。可见，春秋以前有是非问题，思想家还没有讲过关于是非的理论问题。到了战国时代，百家争鸣，诸子百家讨论许多问题，发现必须从理论上研究是非问题以及讨论问题的规则。墨子、庄子、孟子、荀子以及一些名家都参与了是非问题的讨论。

一、墨家的“三表”说

墨子在《墨子·天志上》中说，我有天志，就像木匠有规矩那样，符合规的就是圆，符合矩的就是方。不符合规矩的就不是圆方。天志就是分别是非的规矩，符合天志的就是“是”，不符合天志的就是“非”。这是继承过去天命论的说法。

墨子在讨论命运的时候，提出衡量言论是非的三条标准，即“三表”。他在《墨子·非命上》中说“三表”是“上本之于古者圣王之事”，“下原察百姓耳目之实”，“废以为刑政，观其中国家百姓人民之利”。古代圣王是人民的榜样，学习榜样，就是“是”；与榜样相反的，就是“非”。大家都学习榜样，因此，榜样的力量是无穷的。但是，榜样是有限的，没有榜样可以参考时，就根据百姓的耳闻目睹，群众的实际经验。这里讲百姓，就是为了避免根据少数人甚至个别人的特殊感觉所产生的片面性。废，同“发”，意思是实行。议论是非，实施以后，看它对国家人民是否有利，对国家人民有利的，就是正确的，就是“是”；对国家人民不利的，就是“非”。这个是非，就是价值问题。

“三表”中的第一、第三表都是或主要是价值问题，是非与善恶相一致。只有第二表是关于真假虚实的是非问题。这一条强调的是群众经验，因此，墨子在认识论上是有经验论倾向的。墨子立“三表”来衡量天下的各种言论，“中者是也，不中者非也”（《墨子·天志上》）。他还认为，辩论有胜负，“辩也者，或谓之是，或谓之非，当者胜也”（《墨子·经说下》）。谁的议论符合这“三表”，就是正确的，就是“是”，也就是辩论的胜利者。墨子认为言论有客观的标准，辩论可以分胜负。庄子不同意这种意见，庄子认为，辩论不能分清是非。

二、庄子的是非观

庄子的《齐物论》主要讨论是非问题。他认为是非是非常复杂的问题，而且会因时间、地点、条件、群体的不同而有所变化。他有典型的命题是："彼亦一是非，此亦一是非。"彼，那。此，这。这两个字都是指示代词，可以代表很多东西，可以代表不同的时间、地点、阶级、民族、政党、国家、宗教，也可以代表各团体和具体个人。这两句话的意思是：那有一个是非，这也有一个是非。对于时间来说，就是：那时候有一个是非，这时候也有一个是非。例如，夏天穿背心是对的，穿棉袄就不对；到了冬天，穿棉袄就是对的，穿背心就不对了。庄子举的例子是：骊姬是戎国的美丽姑娘，晋国俘虏她时，她痛哭流涕。后来，她到了晋国，因为美貌被选为姬，与晋公同吃山珍美味，同睡一床，享受人生幸福。这时她后悔当初的哭。后悔，说明她的是非观念变了。对于不同的生物，也有不同的生活习惯，于是也有不同的是非。庄子所举的例子是：关于在什么地方睡觉最好，人认为在床上睡觉最好，猿猴认为树上是最佳的睡觉场所，泥鳅却认为在烂泥中睡觉最舒服。人认为在烂泥中睡觉会得风湿病，但是，如果把泥鳅放在床上睡觉，那么，到第二天，它就会干了。关于美的问题，也有不同看法。人以为毛嫱、骊姬都是美女，都想接近她们，但是，鸟见她们，高飞远避；鱼见她们，潜入水底；鹿见她们，奔跑逃窜。庄子认为人的审美观点不能代表其他动物的审美观点。同样道理，一个学派的是非观点也不能代表其他学派的观点。坚持一个学派的是非，否定其他学派的是非，是孤陋寡闻的表现，古代称为"拘虚"，现代叫"局限性"。庄子认为只有站在道的高度上，俯瞰人间，才能摆脱人间的各种局限，真正认识是非。

墨子认为以"三表"来衡量辩论双方，就可以分辨是非。庄子说，我与你辩，你胜了，难道就能确定你是正确的，我就是错误的？或者我胜了，就是我对你错？也许全对，也可能都错了。来个第三者，他如果同意你的看法，难道你的看法就对吗？他如果赞成我的观点，我的观点就一定正确吗？或者他不同意我们的看法，提出另一种看法，那就更分不清谁对谁错了。总之，在庄子看来，辩论虽然有胜负，却无法确定是非。那么有没有是非呢？如果有是非，那又怎么确定呢？庄子认为有是非，只是在不同的情况下对于不同的人有不同的是非，这就是他说的“齐是非”。有没有放之四海而皆准的“是非”呢？也就是说，有没有古今中外都一致的，全人类的共同是非呢？或者有生命的物质的大是非？庄子认为从道的宏观角度来审视，没有这样的一个绝对的是非。这就是很多人说的，庄子思想有相对论倾向。

但是，庄子认为还是有是非的。他的这种是非观是很深刻的，也有合理性，可以打破合理僵化观念，建立开放心态，提高辩证认识的理论水平。但是，如果把庄子的思想误解为否定一切是非，不承认任何条件下的是非，那就会陷入相对论错误。具体条件下的具体事物是有是非之分的，这种具体是非也是可以确定的。如何确定具体的是非呢？庄子对此没有具体论述，具体论述就由以后的韩非以及十分推崇庄子的《淮南鸿烈》去继续作。

三、韩非的参验论

关于是非问题，韩非有独到的见解。他认为：“凡人之大体，取舍同者则相是也，取舍异者则相非也。”（《韩非子·奸劫弑臣》）一般人总是把与自己意见相同的说法看作“是”，把与自己意见不同的说法视为“非”。这种是非是个人主观上的是非，不是真的是非。真的是非是如何确定的？他说：“循名实而定是非，因参验而审言辞。”（《韩非子·奸劫弑臣》）把言论（名）与实际情况（实）进行对照，看是否符合。言论符合实际的，就是“是”，言论不符合实际的，便是“非”。用实际情况来确定言论的是非。参验，就是参照验证。根据大量的事实，经过参照验证，就能分析某种言论的是与非。韩非认为，国君如果能够这样分析问题，确定是非，那么，官员就知道伪诈不能成功，“妄毁誉”和“以贪污之心枉法以取私利”，都是非常危险的，是自取灭亡的道路。这样，百官不敢伪诈，就能实现“尊主安国”的目标。韩非所谓是非，主要是指国君对臣下的正确认识，参验是方法，目的是“尊主安国”。韩非的是非论不是自然科学的认识论，而是社会科学的认识论。

为了参验，必须有丰富的古今知识。只有圣人才有广博丰富的知识，才能“审于是非之实，察于治乱之情也”（《韩非子·奸劫弑臣》）。例如，治国采取“正明法，陈严刑”，本来是为了保护弱者，稳定社会，“愚人不知，顾以为暴”。愚蠢的人不知道严刑的好处，却以为是“暴政”。一些愚蠢的学者，脱离实际的书呆子，只是背诵古书，企图用古书上写的办法来治国，却不了解社会现实。听了这些人的话，非搅乱社会不可。他们虽然也能讲一套道理，却不是从实际出发的，似是而非的。韩非认为，能够实现治世的理论，便是“是”，不能实现治世，反而招致乱世的学说，就是“非”。韩非的这种说法，符合墨子“三表”中的第三表。他说：“夫严刑者，民之所畏也；重罚者，民之所恶也。故圣人陈其所畏以禁其邪，设其所恶以防其奸。是以国安而暴乱不起。吾以是明仁义爱惠之不足用，而严刑重罚之可以治国也。”（《韩非子·奸劫弑臣》）严刑是民众害怕的，重罚是民众厌恶的，所以圣人可以用严刑重罚来禁止奸邪，保护良民，治理国家，不会发生暴乱。我因此明白仁义爱惠却做不到这些，严刑重罚可以治理国家。因此，韩非认为，严刑重罚，是；仁义爱惠，非。讲得顺耳好听，实行起来没有社会效益，不能取得预期效果，不能算正确。

我们从后代来审视韩非的观点，认为他说的也有一定道理，但他否定仁义爱惠的教化作用，恐怕也不是全面的。法治的社会效果是明显的，容易看出来的，而教化的作用是潜移默化的，长期渐变的，不容易看出来的。忽视教化的作用，经过一段时间，就会患上难治的社会疾病。秦王朝就是采用韩非的学说，看到明显的社会效果，但是，不久就陷入大乱，不可救药，终至亡国。荀子曾经指出秦政逐末舍本，虽然能够取得一些成效，但终究不能长久。事实证明了荀子的远见卓识。当然，也有一些统治者持本（专讲仁义爱惠）舍末（不加强法制），也因偏废而亡国。可见，韩非之是，未必是；韩非之非，未必非。是非难分，需再三反省。

墨子的“三表”，韩非的参验，都是对于是非理论问题的探讨。用具体的标准来衡量是非，来确定是非，实在是太难了。后人又提出许多值得研究的问题。

四、《淮南鸿烈》的是非无定论

韩非认为治国有法就行，仁义爱惠之类，儒家所宣扬的那一套都没有用。因此，他把儒生列入“五蠹”之一，视为不劳而吃的蠹虫。《淮南鸿烈》认为法是需要的，但有些社会问题，是法所解决不了的。他说：“民无廉耻，不可治也；非修礼义，廉耻不立。民不知礼义，法不能正也……法能杀不孝者，而不能使人为孔、曾之行，法能刑窃盗者，而不能使人为伯夷之廉。”（《淮南鸿烈·泰族训》）人民没有廉耻就不可以治理。不修礼义，就不能确立廉耻。人民不知礼义，不能用法来纠正。法律可以杀不孝的人，但不能使人们遵循孔子与曾子的品行。法律能够用严刑惩治盗窃犯，却不能使人像伯夷那样清廉。韩非的是非，显然也存在问题。

《淮南鸿烈·齐俗训》提出“天下是非无所定”的命题，认为是非在不同人、地方和时代是各不相同的。

第一，是非不是说话者的社会地位决定的，“是非之所在，不可以贵贱尊卑论也”（《淮南鸿烈·主术训》）。

第二，个人意见不能作为判断是非的标准。“忤于我，未必不合于人也；合于我，未必不非于俗也。”（《淮南鸿烈·齐俗训》）我认为不对的，别人未必也这么看；我认为对的，世俗未必赞同。

第三，由于职业不同，立场不同，对是非也会有不同的看法。“为武者则非文也，为文者则非武也。文武更相非。”“东面而望，不见西墙，南面而视，不睹北方。”（《淮南鸿烈·氾论训》）

第四，由于志趣不同、学问不同、思想观念不同，则有很不相同的甚至相反的是非观。“夫弦歌鼓舞以为乐，盘旋揖让以修礼，厚葬久丧以送死，孔子之所立也，而墨子非之。兼爱尚贤，右鬼非命，墨子之所立也，而杨子非之。全性保真，不以物累形，杨子之所立也，而孟子非之。”（《淮南鸿烈·氾论训》）这些都是圣贤，他们对是非没有一致的看法。

《淮南鸿烈·齐俗训》又说：“今世俗之人，以功成为贤，以胜患为智，以遭难为愚，以死节为戆。”世俗人都以成功者为贤人，以解决困难为智慧，以遭遇灾难为愚蠢，以死于气节为戆直。实际上，各人价值取向不同，各有自己的是非判断和选择。“王子比干非不知箕子被发佯狂以免其身也，然而乐直行尽忠以死节，故不为也。伯夷、叔齐，非不能受禄任官以致其功也，然而乐离世伉行以绝众，故不务也。……今从箕子视比干，则愚矣；从比干视箕子，则卑矣……由此观之，则趣行各异，何以相非也。夫重生者不以利害己，立节者见难不苟免，贪禄者见利不顾身，而好名者非义不苟得。”殷纣王的叔父比干不是不知道箕子装疯可以活命，但是，他乐于正直尽忠而死于气节，故不肯为了活命而装疯卖傻。伯夷、叔齐，不是不能当官做出功绩，但是，他们更乐于按自己的观念做事而与众不同，所以他们不去当官。如果从箕子的观点看比干，就会认为比干是愚蠢的；如果从比干的角度看箕子，就会认为箕子是卑鄙的。从此可见，志趣不同，观念不同，各有自己的选择，从圣人来看，“未有可是非者也”。重视生命的人不因为利而损害自己，重视立节的人遇到灾难不肯苟且活命。想发财的人见利不顾身，喜好名声的人不符合义的利就不愿意得到。正如《淮南鸿烈·氾论训》所说：“故是非有处，得其处则无非，失其处则无是。”处，是时间、地点、条件的总和，是指特定的环境。特定环境下有具体的是非。“此之是，非彼之是也；此之非，非彼之非也。”

总之，《淮南鸿烈》认为没有固定的是非、普遍的是非，是非都是具体的、相对的。而在某一特定环境下则有一定的是非，摆脱局限的环境来考察，这些都是“无所定”的。“至是之是无非，至非之非无是，此真是非也”（《淮南鸿烈·齐俗训》）。最正确的就没有错误，最错误的没有合理性，这才是真正的绝对的是非。只有圣人才知道这种绝对是、绝对非的“真是非”。什么是“真是非”？《淮南鸿烈》没有说明，大概只是虚悬一格，让后人去不断求索吧！

五、王充的效验论

中国古代讲是非，更多的是从价值观角度讲的，而东汉时代的哲学家王充则是从虚实方面讲的，他自己说写《论衡》的宗旨是“疾虚妄”，目的在于“归实诚”。因此，他以虚妄为非，以实诚为是。符合事实的是实，不符合事实的是虚。推论合理的是诚，推论不合理的是妄。“疾虚妄”“归实诚”，就是从摆事实讲道理方面来谈的。如何分别虚实与妄诚呢？他提出了效验论。他相信：“凡天下之事，不可增损，考察前后，效验自列。自列，则是非之实有所定矣。”（《论衡·语增》）这就是说，天下的事情都是客观存在的，不可增加，也不能减少，因此，夸大和缩小都是错误的。许多客观事实是不能随便解释的。把前后的事实排列出来，人们就会发现有些说法是错误的。这样，哪些说法是合情合理的，而哪些说法是不合情理的，是非也就可以确定了。

汉代，有人说殷纣王力气很大，能够把铁棍拧成绳索，能够把铁钩伸直。又说周武王征伐殷纣王时，兵器的刀刃上没有沾血（“兵不血刃”）就取得胜利。王充把这两种说法联系起来：有索铁伸钩力气的人，谁也不是他的对手，怎么可能兵不血刃就把他打败了呢？兵不血刃，以德取胜，只有三皇五帝这类圣王才能做到。如果殷纣王确有那么大的力气，那么，周武王就不可能兵不血刃取得胜利。如果赞誉武王有兵不血刃的道德，那么，殷纣王就不可能有那么大的力气。这两种说法相互矛盾，不能都是正确的。

子贡说："纣之不善，不如是之甚也。是以君子恶居下流，天下之恶皆归焉。"（《论语·子张》）纣王不像人们所说的那么坏，所以君子就怕倒霉，天下的坏事都加在他的头上。孟子说："吾于《武成》，取二三策而已矣。仁人无敌于天下，以至仁伐至不仁，而何其血之流杵也？"（《孟子·尽心下》）《武成》是书，是周武王伐殷纣王以后著的。孟子说自己对于《武成》这本书只相信其中一部分，相信以正义的战争讨伐暴君。因此，孟子认为实行仁德的人是无敌于天下的，周武王最仁去讨伐殷纣王最不仁，应该是很顺利的，不至于"血流漂杵"，杀伤人多，流出的血把杵漂起来。杵是木头做的捣米工具。王充认为按孔子的说法（《子贡传》中孔子的说法），流血很多是可能的；按孟子的说法，接近兵不血刃。一个圣人，一个贤人，讨论同一个问题，却有如此大的差别，到底谁说的对呢？

对于历史上的问题，应该借鉴现实。研究现实有助于研究历史。王充就是根据秦汉时代的事实来分析历史现象，提出有价值的见解。他说，刘邦讨伐暴秦，大战项羽，"战场流血，暴尸万数，失军亡众，几死一再，然后得天下"（《论衡·语增》）。说周武王讨伐殷纣王"兵不血刃"，是不可能的，"非其实也"。刘邦诛暴秦，灭项羽，都是经过残酷的激战，死亡众多，才最后取得胜利的。刘秀诛王莽也是这样。王莽作为臣子毒死平帝，罪大于殷纣王作为君杀比干，纣王是继承王位上台的，王莽却是篡汉自立的，这是基本事实。王充认为"杀主隆于诛臣，嗣立顺于盗位"，杀君主的罪行大于国君诛杀臣子，这就是说纣王的恶劣不如王莽。"纣之恶不若王莽"，那么，背叛王莽的士兵应该比商朝背叛纣王的士兵更多。但是，汉朝消灭王莽，昆阳一战，就死了几万人。王莽逃到渐台，汉兵包围渐台，经过激战，死伤很多。以此推知，周武王讨伐殷纣王时，不可能“兵不血刃”。王充认为孔子的说法更合理一些。

王充利用各种说法互相矛盾，进行分析、推论，说明一些说法是不合实际的。在具体分析中，可以看出王充论说，知识丰富，逻辑严密，用事实验证和逻辑证明来解决是非的问题。王充认为：“事莫明于有效，论莫定于有证。”没有证据、事实，“空言虚语，虽得道心，人犹不信”。理论说得很雄辩、很正确，人们也还不相信。另外，虽然列举很多事实，不进行反复思考，严密分析，也不一定能得出正确的结论。因此，他又说：“是故是非者不徒耳目，必开心意。”（《薄葬》）要分清是非，不仅要通过耳目观察，而且还要经过心的思考。否则，只凭耳目观察，容易被虚象、假象所迷惑，颠倒黑白。从此可见，王充在是非论上，既反对唯理论，也反对经验论。他对许多具体问题的分析，也充分体现了这种认识，既重视事实的验证，又重视逻辑的推论，在分析具体问题中，提出了许多独到的见解，使现代学者也感到佩服和惊奇。

我们讨论问题，也包括学术问题，要树立“有效”“有证”观念，首先摆事实，然后讲道理。如果事实不存在，就是空谈。虽然讲得头头是道，也不能使人信服，这叫“事实胜于雄辩”。有了事实，还要再看推论是否合理。例如，一个人说高个子的聪明。身体高低是形体，聪明是精神，二者有差异，不是相应的。高个子的有聪明的，矮个子的也有聪明的，同样，愚蠢的人中有高个也有矮个。王充《论衡》中有许多例子，都是从事实与推论两方面来考察各种说法是否成立。王充很冷静，从不感情用事，是什么就是什么。他的求真精神是可贵的，当世则得罪很多人，因此仕数不遇，当不上大官，这也可以说是性格决定命运。而他这种求真的精神是不朽的，《论衡》因此流传了十几个世纪，还将继续流传下去。事实是可靠的，见解是精辟的，这就站得住脚，就能流传下去。古代典籍能够流传下来，都有这些特点。当然有用也是重要条件，不过有的用是暂时的，过一段时间就没用了，那就流传的时间短一些。只有具备广泛适用性的思想，才能流传更加广大久远。媚俗的文化是肤浅的、低级的，短暂流行以后很快就过时了，进入历史垃圾堆。汉代是盛世，产生了许多文化产品，能流传到现在的并不多，而王充《论衡》是其一。唐朝到现在一千多年，能保存几行诗的人就可以流芳百世。东汉至今近两千年，能保存一本数十万字的著作，实在弥足珍贵！现在有一些人十分鄙视古代典籍。这些古籍已经流传几百几千年了，而他们自己的作品能保存多久呢？

六、当代的是非观

各国人都以自己的观念来判断是非，当两国处于战争状态，谁是谁非，就难以分别。现在世界上有些人以自己的价值观作为是非的标准，来衡量别人的言论和行为。不符合自己价值观的就是“非”，符合的都是“是”。这种思想的局限性、狭隘性都是非常明显的。孔子说：“己所不欲，勿施于人。”《大学》指出：“是故君子有诸己而后求诸人，无诸己而后非诸人。”汉代有人也说：“有诸己不非诸人，无诸己不求诸人。”（《淮南鸿烈·主术训》）自己有的问题不能批评别人同样的问题。自己做不到的事，不能要求别人做到。只有摆脱自己的局限，才能理解别人。

关于实践性的问题，有一个最流行的说法：社会实践是检验真理的唯一标准。这是多数人的共识。但是，许多人对这句话的本意并不很理解，甚至有许多误解。社会实践是指全社会的所有实践。一个时期在一个地方，由一部分人进行的某种实践，可以检验某种理论的是非，换个地方，换个时期，由另一部分人来进行实践，就未必能得到预期的结果。因为这是部分实践，不包括全部实践，即社会实践。许多认识都是经过许多人的反复实践甚至几代人的实践才确立的。有的理论是经过一千多年的实践反复证实过的，却被后来的实践所推翻。例如，在天文学界，西方的地心说和中国的浑天说都是在一千多年的历史中被天文学界的科学实践反复证实的理论，最后却被日心说所取代。而现代天文学的实践又否定了日心说，认为太阳不是宇宙的中心，只是太阳系的中心。太阳在无垠的宇宙中只是一个渺小的成员。在自然科学史中，许多学说不断地被实践所证实，又不断地被实践所否定，这是正常的发展过程。社会科学实际上也是这样，只是不这么明显。中国古代的社会科学总是以继承的形式发展的，在继承中改革、创新。据此，所有的科学成果都只能是人类的假说，每一种假说都更加接近客观实在，但永远不能达到客观实在。在这种意义上，所有的是非都只能是具体的、相对的。没有抽象的、绝对的是非。科学是发展的，今后还需要发展，因此，所有现成的结论都只能是人类在这个阶段认识水平的假说。黑格尔说真理是一个过程，这是非常辩证的认识论。这也说明真理只能是相对的，所谓绝对真理，是指全部真理的总和，这是永远达不到的。

七、实事求是（上）

在马克思主义理论家里有很多教条主义者，为什么有这种现象？值得研究。也许有这么一种原因：由于马克思主义理论水平太高，威信太高。在推行这种理论时，许多人都深信不疑，于是，大家都把它当作绝对真理，就把马克思的话当作放之四海而皆准的普遍真理，然后照搬照抄，这样就培养出一批又一批的教条主义者。如何避免这种现象的产生呢？我以为首先要从理论上弄清一些问题，否则就不能从根本上解决问题。从理论上解决问题，就要探讨真理、实践、实事求是的理论问题。

（一）真理问题

真理是什么？古今中外都有很多人探讨过。人类思想发展到现在，对于真理应该有比较深刻的看法。但是，不幸的是许多人对于真理的看法还停留在很肤浅的水平上。我以为主要有两个偏向：一是把真理看成简单的、一成不变的死东西，二是认为没有真理或把真理看成不可捉摸的神秘的东西。

把真理简单化，也有多种情况。有的人认为，真理一旦被发现，就固定下来，就是永恒的，普遍适用的，就是放之四海而皆准的。例如，1+1=2，平行线不会相交，如此等等。有的人说，马克思主义就是放之四海而皆准的，在任何地方都是合理的、适用的。这个问题从观念上说，是对的，有的人就是这么认为的。但是，如果我们从实际出发，那么就会有复杂的情况。1+1=2，这个数是抽象的，如果具体到事物上，什么东西相加都可能有复杂的情况，假若一把火加一捆干柴，最后结果既不是两把火，也不是两捆柴，而是一小撮灰和飘走的一缕烟。又如，一只狐狸和一只鸡加在一块，最后结果却只剩下一只狐狸。当然，一只公鸡和一只母鸡加在一起，也可能产生一群小鸡，最后结果却是若干只鸡。一个人加一个人，是两个人，如果组织得好，那么力量就会比单独的两个人大；如果组织不好，增加内耗，那么，力量可能比单独的两个人小，甚至比一个人还小。所以，在一种情况下，人多力量大，众人添柴火焰高；在另一种条件下，人多不好办事，互相扯皮，效率低。从实际出发，问题就变得非常复杂。事情本来就是那么复杂，有些人总想把复杂的事情简单化，因此就弄出许多错误来。

关于马克思主义，许多人说这是马克思主义，又说那是马克思主义，似乎谁都可以给马克思主义下定义。在中国共产党成立初期，陈独秀是著名的马克思主义者，他反对武装斗争，认为马克思主义没有说一定要用武装斗争这种革命形式。在革命遭受惨败以后，从实际出发的革命领袖提出武装斗争，拿起枪杆子，保卫自己，发展自己。从共产国际回来的王明、博古等人提出革命武装斗争要采取城市暴动的形式，共产党在长沙发动武装暴动，结果失败了。后来，还是从实际出发，采取转入农村，以农村包围城市的办法，最终取得革命胜利。农村包围城市的形式就是马克思主义吗？如果在日本那样的国家，能不能采取农村包围城市的办法进行革命呢？不能。因为那里农村没有回旋的余地，城市已经连成一片。有的人从这些事实中又概括出马克思主义，认为所谓城市暴动，所谓农村包围城市，都是具体的革命形式，这些形式都不是基本原则，基本原则是武装斗争。因为剥削阶级的统治者不会自动退出历史舞台，是不打不倒的。也就是说，武装斗争才是马克思主义的基本原则。可以说，坚持马克思主义，就要坚持武装斗争。理论是否正确，不在于官位的高低，也不在于支持人数的多少，而在于以后实践的证明，这就是所谓实践检验的问题。这个问题也是非常复杂的，不是那么容易弄清楚的。真理难以确定，但是，并不是没有真理。

有些人认为本来就没有什么真理，真理都是主观的，谁都可以说自己的这一套理论是真理，但是，别人却不承认，而别人又有另外的一套真理。这种真理观当然是另外一个偏向。真理是有客观性的。许多人总是以自己的思想观念作为真理的标准，与自己的思想观念一致的就是真理，与自己的思想观念不同的就不是真理。实际上，在一定条件下，是有统一的真理的。真理有绝对性，这是不可否定的。20 世纪 70 年代末，邓小平提出改革开放的方针是正确的，这是真理。它符合客观实际，也符合国家和人民的利益。这里有两个标准：客观标准和价值标准。符合实际情况，正确地反映了客观规律，这是真理的客观标准。这种理论对于社会、对于人民、对于国家，是有利的，那就是真理。如果对于社会、人民、国家没有利，甚至还有害，那就不是真理，而是谬误，这是价值标准。如何用标准来检验是真理还是谬误？那就是实践。社会实践是检验一切真理的唯一标准。

（二）实践检验问题

这个问题大家原以为很简单，20 世纪 70 年代进行了一场大讨论，才发现这个问题不简单，需要研究的方面还非常多。什么是实践？什么是社会实践？如何检验？什么是真理？什么是标准？什么才叫唯一的标准？经过几年的讨论，才知道这一句话，每一概念都有争议，只有“是”与“的”两个字没有争议。这个“没有争议”，也是相对的，在今后还可能有争议。别人讨论了很多，我在这里不再重复，只想结合自己的研究，对一些说法提出自己的讨论意见，供行家参考。

一般说法，经过实践检验得到证实的就是真理，经过实践检验得到证伪的就是谬误。例如，水烧到 100 摄氏度，就会沸腾，我们做一个实验，就能得到证实。我们就认为，这是真理。但是事情不是这么简单的。我们用同样的方法，在高山上做这种实验，不到 100 摄氏度，水就沸腾了。在这里，这个真理没有得到证实。原来的说法还是不是真理呢？有的人就认为，既然被实践所否定了，那就不是真理。原来是真理，现在又不是真理。这两者之间有什么关系呢？哪一个正确呢？似乎不言而喻，后者正确。如果是这样，那么，人类历史上所有的东西都会被后人所推翻，今天的一切也会被后代所推翻，那么，人类还有什么真理？这里有一个对真理的看法问题。辩证法认为真理是一个过程，不是一成不变的。人类对一切事物的看法，对一切事物的认识，都是一个不断深化的无限过程，没有终点。因此，人类对任何事物的认识，只要被实践所证实，那么它就是正确的认识，就是真理。虽然被以后的实践所否定，它还是那个时候，那种条件下的真理。新的实践否定了原有的认识，提出了新的认识。新的认识是在新的情况下的真理。但是，可以肯定的是，它也会被后来更新的实践所否定。它也仍然是这个时代这种情况下的真理；既不是过去的真理，也不是未来的真理。各个阶段的真理连接起来，形成真理的过程，每一个时期的真理都只能是相对的。

人类在研究宇宙过程中，在东方中国有东汉时期的科学家张衡主张浑天说，认为天像一个鸡蛋壳，地像蛋黄，居于中央，静止不动，天绕地旋转。同时在西方有托勒密主张地心说，认为地球是宇宙的中心，外面有九层天，日月五星各居一层天，还有一个恒星天，最外面的一层是原动力天，那是上帝居住的地方。上帝在原动力天上主宰天地万物。这两个宇宙体系都是以地为不动的中心，天绕地旋转，很相近。浑天说曾用浑天象在地下旋转的实验来证明它的合理性，它又能指导制定精确的历法，还能解释并预告日食和月食。一千五百年中，在中国天文学界的反复检验下，被一再证实。应该说它就是被实践反复检验所证实了的真理。但是，一千五百年后，浑天说与地心说都被新的真理日心说所取代。时过不久，日心说很快地也被新的现代天文学所取代。现代天文学是真理，日心说也是真理，浑天说与地心说也都是真理。它们连接起来形成真理的发展过程。同样道理，马克思主义、列宁主义、毛泽东思想、邓小平理论也是连接起来形成真理的过程。

在自然科学中，比较强调反复实验，反复证实。例如，水在 100 摄氏度时沸腾，反复实验，都能得到证实。但是，在人类社会领域，许多事件都是一次性的，只能发生一次，不可能再重复一次。有时虽然出现前后有惊人相似的两个事件，实际却有很大差别。因此，社会科学领域就无法进行反复实验，就不能反复证实。无论如何正确的结论，都不能照搬到另一条件下应用。并不是说社会科学中没有什么共性，而是说，在任何有共性的两个条件中，还都有它们之间的特殊性。例如，俄国进行十月革命，成功了。中国也要进行革命，找不出与它相同的原因，国情很不相同。但是，中国人民感到需要革命，需要改变现实，需要改革政治，需要振兴救亡。中国与俄国，国情不同，目的也不同，却产生了相类似的革命。在革命的方式、过程诸方面都不一样。中国既不同于东欧国家，也不同于苏联，走着自己开辟的道路。党的十一届三中全会后，中国及时调整了自己的内外方针，实施对外开放、对内改革的方针，取得一系列成功。在社会主义阵营中，苏联、中国、朝鲜、越南、古巴以及东欧各国都有自己的特点，都不一样。什么理论都是不能照搬的。任何国家都要从本国的国情出发，参考外国的成功经验，来确定自己的治国方针。

科学已经成为全世界公认的原则，现在批评某种说法，可以说它不科学。是否科学，成为判断真假是非的标准。但是，什么是科学？许多人却说不清楚。过去有的人说科学就是被科学实验所反复证实了的，近年又有人提出科学就是可以被证伪的。似乎两说正好相反，而实际上是一致的，只是后者更深刻，更辩证。可以被证伪，说明它以后会被实践所否定、所证伪，证实现在的结论都只是一种假说。例如，过去说，食品中有三大营养要素：淀粉、脂肪、蛋白质。这三者以等量脂肪所产生的热量为最多，因此营养最高。西方人认为热量高就是营养高。这项研究成果，是科学的，于是有些人就大量进食高脂肪食品。在美国很多人得了心血管病，经科学家研究认为是由于脂肪摄入量过多，这也是科学的结论。于是许多人又不敢吃肥肉之类含脂肪多的食品。现在，美国人有很多糖尿病患者，是否与脂肪摄入量过少有关，值得研究。科学研究认为，脂肪食品中有很高的胆固醇，胆固醇是引起心血管病的元凶。但是，有的科学研究结果认为，胆固醇是人体不可缺少的，它的作用很大，也很重要。脂肪和胆固醇对于人体的作用情况是相似的，既需要又不能过多。需要多少？多少算过多？不同个体是否也不一样？这就是特殊性的问题。如果没有度的界限，那么就无法确定它的科学性。也许可以说，没有度就没有科学性可言。有毒的东西不能吃，无毒的东西可以吃。这好像是天经地义的，放之四海而皆准的道理。为什么说“好像”呢？因为它不科学。我们现在生活的空间几乎到处有毒，有细菌，不管你接触哪儿，也不论你吃什么食品，都无法躲过它们。那么怎么办？不接触任何东西，不吃任何食品，人还怎么活呀！这要看毒的量有多少，不能绝对不吃有毒的东西。某医学院有一个讲微生物课的教师，他知道许多食品有细菌，又知道细菌会导致各种疾病，因此他经常利用工作之便，使用显微镜来检查食品。任何食品中都有很多细菌，他当然很害怕，因此，吃一个苹果，要洗五遍，用开水烫，用高锰酸钾溶液消毒，用凉开水洗。结果他的抵抗力很差，40多岁就死去了。其实，俗语说“不干不净，吃了没病”，是有一点辩证法的。那么，无毒的东西是不是可以随便吃呢？也不是的。如吃肥肉过多，也有害健康。一次吃太多，容易得急性胰腺炎。天津有个青年一顿吃了八碗红烧肉，当晚就得了急性胰腺炎。长期多吃，则容易得心血管病，也不是因为肥肉有毒。总之，食品重要的是要注意量。又如，烟叶中含有尼古丁，尼古丁对人体有害，因此吸烟有害健康。但是，植物中不可能只有烟叶有尼古丁，其他植物是否也有尼古丁呢？如果有，都是哪些呢？是否也要避免吃那些植物呢？是否有些植物所含的尼古丁比烟叶还多？这里也有一个量的问题。又如，清代皇宫里有一道菜是菠菜炖豆腐，一清二白。现在有人指出这两种食品一块煮会破坏营养，不科学。到底如何，要在实践中检验。有一本书叫《生活六百忌》，到底有多少科学性？我很怀疑。现在媒体天天播出关于补钙与健康的所谓科学广告，说什么中国人人人要补钙，人人要天天补钙。这是以科学面貌出现的反科学宣传。所谓人人缺钙，人人要补钙，天天要补钙，这种绝对化的说法，只是为了推销商品，为了骗钱，这哪有什么科学？这哪有什么辩证法？现在社会上每天都会有许多说法，都会有许多“科学”出现，我们应该相信但又不能迷信，还是应该在实践中加以检验，要经常识别那些伪科学。

（三）唯实求真

用实践检验科学成果，最主要的要注意实事求是。要做到实事求是，并不是很容易的事。妨碍实事求是的因素主要是观念问题。在过去，中国人喜欢按传统办事，科学研究的新成果，不容易被群众所接受。例如，20世纪五六十年代，科技人员在农村推广耕种新技术就很困难，因为农民世世代代就是那样耕种，不习惯于改革措施，也不太相信新技术会提高多大效益，甚至有明显效益的情况下，也还有人不肯采用。经过反复试验，不断取得明显效益，农民才逐渐愿意接受新技术。半个世纪以来，长期以“鼓足干劲”为口号，真正做到“科技兴农”还是20世纪80年代以后的事。而且，至今科技还没有得到充分推广，还需要继续宣传。应该说，农民不相信科技的这种观念基本上转变过来了。现在都比较相信科学了。在这种情况下，有些不法商人就将伪劣产品，加上科学的名义，来欺骗农民。什么农药，什么良种，都以科学的名义，从农民那里骗取金钱，坑农，害农。有的农民开始受到传统的局限，不相信科学，不是实事求是。后来，相信科学，没有分清真科学与假科学，只要有科学的名称，都相信，实际上也是缺乏实事求是的。在这种意义上说，某种科学观念已经成为阻碍实事求是的东西。即使是真科学，在不同的时间地点，在不同的条件下，也未必都是合理的、适用的。如果盲目照搬，那就可能失败，造成巨大损失。这也是要从当前本地的实际出发，做一番研究、试验，确实适合本地的，才可以逐步推广。

实事求是，有来自几个方面的阻力。这些阻力，我认为归根到底都是观念的问题。从政治上说，“唯上”是个主要问题，不论什么事，都是官大的说了算，谁官大，谁就真理多。有了分歧，请大官来裁断，大官说谁对，谁的说法就成了真理。在思想上说，“唯书”则比较严重，好像书上写的都是真理，特别是权威著作上的话，更加使人不敢怀疑。如果书上写的与自己的想法不一致，那就是自己的水平不行，总是找自己的原因。那么，所谓实事求是就不可能真正实行。我们在政治上要与中央保持一致，但是有不同看法，又不能隐瞒自己的观点，那就应该通过组织，把自己的意见反映到上面去，这种态度才是正确的。如果有不同看法，不说出来，盲目执行，会给工作带来损失，这是不负责任的态度。如果没有深思熟虑，对于中央文件随便议论，造成不好影响，那也是不负责任的态度。如何处理这类事情，需要分析，需要思考，需要辩证法的指导。没有自然科学知识和文化素养，没有辩证法哲学思想的指导，要做到实事求是，可以说是不可能的。

无论对于自然科学的问题，还是对于社会科学的问题，也无论是科学文化的问题，还是经济政治的问题，都要分清是非真假。分清不是容易的事，不能只凭自己的感觉如何，不能只凭自己过去的经验，不能只凭书上是怎么写的，也不能只听上级是怎么说的，要从实践中加以考察，即所谓实践检验。这当然是非常复杂的问题，因此，谁也不能对什么问题的看法就有了绝对的把握。任何一个人的思想都不可能绝对全面，都会有偏差，而且实践又是不断发展变化的，认识又是无止境的。

关于民航票价的变动，可以从中体会到实事求是的问题。长期以来，我国民航票价都是政府规定的。1997 年 6 月以前，海外旅客公布价每人每公里 0.95 元，国内旅客 0.65 元。1997 年 7 月 1 日，香港回归，为了适应形势，两价并轨，允许各民航公司给予票价打折扣。因为没有统一规范，又由于供大于求，各民航公司竞相压价，造成 1998 年全行业亏损达 35 亿元。接着，国家计委、国家民航局发布命令，禁止票价折扣。结果，社会批评很多，航空市场也出现不正常的现象。例如，北京去泰国的票价低于北京到云南的票价。首先，民航亏损的原因何在？这是需要调查研究的。简单地认为就是由于竞争，马上下令禁止竞争，这怎么能解决问题呢？亏损的原因是什么？除了票价折扣，还有购买飞机过多，亚洲金融危机影响旅游和贸易，乘客减少。两方面原因造成供大于求。民航还是政企不分的，计划经济模式还影响着工作效率。航线规划不合理。航空公司多而规模小，全国有 35 家。这些都造成成本价过高而客员不足，亏损是自然的。票价折扣不规范的恶性竞争只是加剧了危机。不能实事求是地分析存在的问题，就不能提出有效的解决办法。用“禁折令”企图解决亏损问题，只是“医得眼前疮，剜却心头肉”。民航如果恢复统一定价，那就扼杀了市场竞争，保护落后。一方面损害消费者的利益；另一方面把消费者赶到其他运输行业，如铁路和公路等。一些领导不深入实际进行艰苦的调查研究，对于一些现象不能从实际出发进行实事求是的分析，也就提不出较好的解决办法。他们虽然也经常讲要实事求是，但一遇实际问题，就找不到实事求是了。我国的邮政和电信行业也存在很多明显的问题，那么这些行业除了提价之外，还有没有办法解决服务差而又乱收费问题以及所谓的“亏损”问题？[①]

总之，任何人的思想都不可能是绝对正确、永远正确的。因此，我们都需要虚心听取别人的不同意见，要摆事实讲道理，平心静气地与大家讨论一些理论问题和实际问题。要树立开放的观念，破除保守的、僵化的观念，才能实事求是地对待一切理论问题与实际问题，才能真正坚持实事求是。如果实事求是真正成为我党的作风，成为整个社会的风气，大家都会用实事求是的精神处理本行业的实际问题，那么，我们的事业就一定会得到更大的发展，四个现代化必将更快实现。那样，我们生活的环境也会变得非常美好。

八、实事求是（下）

后人把说真话、根据实际情况办事，都叫作实事求是。讲真话，做实事，似乎并不难，每个人都讲过真话，做过实事。难的是在某种特定的条件下，一般人不肯讲真话，不愿讲真话，不敢讲真话，若他讲了真话，那就特别可贵。在某种特定的场合，一般人只能按书上写的、领导指示的、群众说的、过去有的即传统观念上有的办事，若他能摆脱一切预设，从实际出发办事，就是难能可贵的。

---

① 参考毕井泉：《从“禁折令”看实事求是》，《学习时报》2000年8月7日。

（一）真话难讲

虽然提倡人人都要讲真话，但有的人出于感情上的爱憎，而不能讲真话。对与自己亲密的人，对自己有恩情的人，就不肯说他的缺点，甚至不愿意揭发他所犯的罪行。或者对与自己有深仇大恨的人，或者仅仅与自己意见不合，有过小恩怨的人，就不肯说他的长处。正因为有这些情况，有些人遇到与自己关系密切的人或与自己有仇恨的人，采取沉默的态度，怕别人说自己“挟恨”和“袒护”之类。由于自己的爱憎感情，又由于怕别人议论指责，对于有关这些人的事情，一般人都不愿意说实话。不过，历史上还是有说实话的。例如，春秋时晋国大夫祁奚就是肯讲真话的人。晋侯问他谁可为南阳令，他推荐解狐。解狐是他的仇人。晋侯任命了解狐。“国无尉”晋侯再次要他推荐继任者，他推荐自己的儿子祁午。这就是著名的“外举不避仇，内举不避亲”。不因为自己个人的好恶之情，影响实事求是地为国家推荐人才。

讲到自己，似乎比推荐别人更难。中国传统以谦虚为美德。有些人“少年得志，不可一世”，被社会所鄙薄。因此，很多人不敢在口头上说自己的功劳、贡献。特别是在建立了中央集权的制度以后，皇帝成了圣人，一切智慧、功劳都要归于皇帝一身。在这个问题上，很难有说实话的人。南宋哲学家陆九渊认为，在这一问题上，能讲实话的，“惟汉赵充国一人而已”（《陆九渊集·与致政兄》）。羌族再度入侵，汉宣帝问谁可以领兵去抵御，赵充国说：“无逾老臣。”没有比我更合适的了。这种自我推荐，自古有毛遂在先，不足为奇。赵充国领兵出征，打了胜仗回来，有人劝他应该将功劳归于朝廷即皇帝和其他合作者，归于全体官兵。赵充国却说：战争是关系国家利害的大事，应该为后世提供可靠的经验，不能胡说，我怎么能因为怕别人说自己贪功而去欺骗皇帝呢？陆九渊说他根本不是夸耀自己的功劳和能力，只是“直言其事”，反映事物的客观规律（参见《陆九渊集·与致政兄》）。也只是讲了真话、实话而已。

讲真话难，原因在于有利害关系。怕的是两项，一是丢官，一是杀头。

古代有一个官职叫“太史”，负责记载天下发生的大事和保管图书资料。司马迁和他的父亲司马谈就都当过这种官，因此，他有丰富的历史资料，可以写出史学巨制《史记》，在汉代称《太史公书》，最后一卷写《太史公自序》，是自传性的文字。这个“太史”就是官名。前面说到《左传·襄公二十五年》记载了齐太史讲真话被杀头的故事，但即便如此，为留下一部信史，中国古代史学家前仆后继，可圈可点。

《资治通鉴》记载：魏文侯派乐羊攻下中山国，封给他的儿子击。有一天，他问大家：“我是什么样的国君？”大家都说是“仁君”，魏文侯听了很高兴。有一个叫任座的，提出不同的看法：“你得了中山国，不分给你的弟弟，而分给您的儿子，怎么能称得上仁君呢？”魏文侯一听大怒。任座赶紧退出去。魏文侯又问翟璜，翟璜回答：“是仁君。”魏文侯又问怎么知道的，翟璜说：“君仁则臣直。刚才任座敢讲真话，这就可以知道您是仁君。”魏文侯听了很高兴，把任座请回来，亲自下堂迎接，当作贵宾来接待。“君仁则臣直”这一句话，思想很深刻。国君要有仁爱之心，对臣子要宽容，臣子才敢讲真话。各级官员如果都在讲假话，都顺着皇帝的意思讲，就是这个皇帝不能容忍不同意见，谁提反对意见，他就要惩罚谁，这样便造成了从上到下讲假话的风气。

子思认为魏侯不管事情是非，就喜欢别人赞扬自己，各级官员也不论有没有道理，只是一味阿谀取容，好像上下一致，实际上是亡国的征兆。国君说话自以为是，官员不敢纠正他的错误。谁顺着，就有福；谁批评，就有祸，这样怎么会有正确的决策呢？子思认为经常批评国君错误的人是忠臣。[①] 可惜的是，历代很多敢讲真话的忠臣都被诛杀掉了。像明代海瑞那样，为了讲真话，把棺材抬到宫门前，结果却没有被诛，这是很少见的。

① “恒称其君之恶者，可谓忠臣矣。”见《郭店楚墓竹简·鲁穆公问子思》，文物出版社1998年版。

讲真话传统在现代也有表现。例如，当林彪红得发紫时，陈毅提出反对意见，敢讲真话。当林彪叛逃摔死以后，整个社会共讨之。这时陈毅却说林彪过去打过几个好仗。陈毅这种实事求是的精神，实在可贵。

在关键时刻，能够摆脱自己的观念与情感的束缚，不怕丢官、丢脑袋，说出真话，这是难能可贵的。许多人在关键时刻，顾虑重重，怕这怕那，说了违心的话，铸成大错，成了历史的罪人，后悔莫及。无私才能无畏，无畏才能说出真话。说真话很不容易，要在这里“实事求是”，困难实在太多。我们又不能因为有困难而不讲真话。

各国各民族又有自己的风俗习惯，有一些真话却不能讲。如果问中国人青春几何，芳龄多少，一般人都能如实回答。如果问到钱财的事，那就可能不说真话，或者为了不露财，少报数字；或者为了讲排场，摆阔气，虚报财富。如果问到未婚者的性生活问题，那就难以启齿。而在美国人那里，问年龄是犯忌的事，至于中学生的性生活却不算什么秘密，老师与父母都有责任教子女如何避孕。同样道理，各国有各自的风俗习惯，各民族有不同的隐私和忌讳。在中国古代有避讳说，一个人不能讲父亲的名字，朋友对话时也要避讳对方父亲的名字。皇帝的名字成为天下人的共同避讳。为了避讳，还经常要改变一些地名、官名和其他的一些名称。例如，现在故宫北门，原名“玄武门”（玄武即乌龟，对应的是北方，故宫北门名玄武），为了避康熙玄烨的名字，才改成现在的“神武门”。在东南沿海，渔民非常忌讳讲海浪、讲翻船，甚至与“浪”谐音的字，也避而不谈。在宴会上，吃鱼时，不说翻过来。因为“翻”会使人联想到翻船。各民族、各行业、各地区，都有自己的忌读，我以为这些并没有优劣之分，应该互相尊重。所谓入乡随俗，所谓客随主便，都是很有道理的。

（二）实事难办

要办事，要办成一件事，要办好几件事，最基本的一点是要从实际出发。除了从实际出发这条路子，还有从什么出发的路子呢？

一是从观念出发。比如，王莽经过几十年的经营，终于代替刘氏，当上皇帝，建国号“新”。封了十一公，他们是：安新公、就新公、嘉新公、美新公、承新公、章新公、隆新公、广新公、奉新公、成新公、崇新公。每一个公都带一个“新”字，他认为这样就可以使新朝兴旺发达。十一公中的奉新公名叫王兴，原来是看城门的门卫，没有什么别的贡献，也没有什么本事，因为名字好听，意思是王莽要兴旺起来，就被封了公，那可是比现代的部长还要大的官。崇新公，名叫王盛，意思是王莽强盛，虽然是卖饼的小贩，也被王莽封为公，他没有什么功劳，只是因为名字吉利。在王莽的观念中就有这种迷信，认为一个好名字会给他带来好运气，这叫从观念出发。

二是从书本出发。王莽在这一方面也是典型，他召集了一大批文人，根据古代典籍《周礼》《王制》的内容，讨论改革。西汉初封了许多王，还封了四夷的领袖人物为王。王莽根据“天无二日，土无二王”的记载，把所有的诸侯都改为公，把四夷的王都改为侯，并收回了汉朝颁给他们的印绶。把匈奴王改为侯，遭到匈奴王的反对，因此与匈奴关系紧张，增加了外交上的困难，成为王莽失败的一个因素。王莽还按自己的意愿和古籍上的说法，改了许多地名、官名，如羲和、纳言、秩宗、典乐、共工，这都是书上写的尧舜时代的官名。王莽不是研究社会现实问题，提出相应的改革方案来解决实际问题，他按书上说的进行改革，希望社会回到儒家盛赞的三皇五帝时代。他的失败，是复古改革的失败。《韩非子》中说的“守株待兔”，《吕氏春秋》说的“刻舟求剑”，都批评“以古之政，治今之民”的错误，王莽正是犯了这种严重错误。中国历史上常有按书本办事的人，王莽是这方面的突出代表。

三是按别人说的办。这个“别人”，可以是天子、皇帝，或自己的上级领导，也可以是自己身边比较亲近的一群人，还可以是社会上的群众。

这些人的指示和意见，当然都要听取，问题在于，当这些指示和意见与实际发生严重矛盾的时候，怎么办？是按这些指示和意见办，还是按实际办？按实际办的，就是实事求是，中国历史上也有这样的事例。

比如前面讲到的“邹忌讽齐王纳谏”的故事，最后齐威王下令，鼓励群众给自己提批评意见。开始提意见的人很多，门庭若市。说明存在的问题很多，后来提意见的人渐渐少了，说明许多问题得到了解决。听到好话就相信，不进行实际考察，不是实事求是的态度。邹忌是实事求是的，齐威王也是实事求是的。

讲真话是实事求是，在特殊情况下，为了国家和人民的利益，或者为了某种崇高的理想，或者为了自己的合理需求，讲假话也是实事求是。比如，地下工作者、间谍，经常要讲假话，古代如郑国弦高以十二头牛犒赏秦军，保卫了郑国的安全。弦高虽然谎称是奉郑国国君的命令来犒赏，说了假话，却立了大功。《淮南鸿烈·氾论训》总结说：“信反为过，诞反为功。”任何事情都是有界限的，哲学上称为度。超过度就要走向反面。讲真话也是有度的。一个病人患了癌症，已经查出，医生可以与病人家属通报情况，但不能跟患者本人讲真话，怕他恐惧伤心，这是人道主义的假话。欺骗敌人，则是斗争需要的假话。在商海竞争中对竞争对手保守技术秘密和经济情报，也常常要说一些大家都无法指责的假话。很显然，在某些时候需要实事求是地说一些假话。这是从实际出发的结论，而不是从理论概念推导出来的结论。有的人认为讲真话才是实事求是，讲假话就不算实事求是，因此实事求是的人在任何时候不会也不应该讲假话。这种推论就不是实事求是的，不是从实际出发，当然不可取。

春秋时代，齐景公派晏子去治理东阿。三年后，齐景公召回晏子，狠狠地责备一番。晏子说：“请让我用另一种办法来治理东阿，如果还治理不好，我甘愿受罚。”齐景公允许了。第二年，晏子来汇报工作，齐景公出来迎接，并祝贺他，说他治理东阿非常好。晏子说：“以前，只是没有花钱去贿赂收买你身边的人，把收入用于改善贫民的生活。这么做，人民没有饥饿的，您却指责我。这一次我治理东阿，改了办法，从人民那里搜刮财物贿赂您身边的人，国库也空虚了，人民挨饿的超过半数，好处都给了当地的权势人家，您却出来欢迎，并给以祝贺。我实在不能再去治理，还是回家养老，免得挡住贤士上升的路子。”景公仍然挽留，说东阿由你负责，我再也不干扰了。齐景公是中国古代不深入实际调查研究，只听旁人汇报的典型，不是实事求是的典型。

中国古代也有实事求是的典型，这就是齐国的威王。有一天，他召见即墨大夫说：“你任即墨大夫后，我每天听到有人讲你的坏话，我派人去那里考察，生产有发展，人民生活提高了，官吏没有事故，治安也很好。政治这么好，为什么我身边的人都说你的坏话？是由于你没有贿赂这些人。”齐威王重赏即墨大夫。又召见阿地大夫，对他说：“自从你到阿地任大夫以后，我每天听到赞扬你的话，但我派人去考察，阿地那个地方，田野荒芜，人民贫困，赵取鄄，你不去救援，卫攻取薛陵，你还不知道。政治这么糟糕，为什么我身边的人却都说你的好话？是由于你用厚币贿赂他们，求他们替你美言。”齐威王当即把阿地大夫和身边赞扬阿地大夫的那些人都投入油锅炸了。这种残酷的惩戒办法，对各级官员震动很大，使他们都不敢讲假话。齐威王不轻信亲近的人说的话，重视实际考察，是实事求是的领导。当时政治比较简单，似乎好处理。如果现在有这样的事，恐怕就不那么容易了，因为派去考察的人也可能受到贿赂，也作了假，那就可能将廉洁的清官送进油锅，而腐败分子可能逍遥法外。如何能了解真实情况，这就需要不断研究探索，正所谓“道高一尺，魔高一丈”。

作为一个领导，听意见很重要，也很有技术。关键有两条：一是要进行实际考察，二是要进行深入分析。齐威王的办法虽然也很高明，但还是比较简单明白，容易分析的。子产所面临的问题要复杂得多。

子产叫公孙侨，任郑国相，进行一系列的改革，规定城乡差别、上下差别、地界分明、居民组织等。行政一年，下层群众传出顺口溜："挟我的衣服，存起来；把我的田地，合起来。谁要杀子产，我跟他一起去。"群众的顺口溜反映了群众的意见，怎么办？停止改革，恢复旧制，行不行？子产说，这怕什么！苟利社稷，生死以之。只要对国家有好处，将生死置之度外，即使有千难万险，仍然勇往直前，坚决把改革进行到底。子产引《诗》曰："礼义不愆，何恤于人言！"礼义没有过失，何必顾虑别人说什么。后来，北宋改革家王安石所谓"人言不足恤"也是从这里来的。过了三年，社会安定，生产发展，人民生活提高了。群众又传出了新的顺口溜："我有子弟，子产教育他；我有田地，子产使它高产。子产要是死了，不知道谁来继承他！"群众怕人亡政息，改变政策，使改革的成果重新丧失。

《吕氏春秋·不二》说："听群众人议以治国，国危无日矣。"听大家议论来治国，国家就很危险。原因是各人有各人的主张，无法统一，而治理国家必须有所统一。统一才能稳定。稳定，人民才能安居乐业，而君臣也才能当太平官，享太平福。

有一则寓言说：祖孙二人牵驴去赶集，走在路上，有人说这一老一少真傻，有驴不骑，自己却步行。他就让孙子骑上驴。没走几步，又有人说，这个小孩儿不孝顺，让爷爷在地上走着，自己骑驴。那就换下来吧。又有人说这老头私心太重，自己骑驴，让小孙子在地上跑着。那怎么办？祖孙俩都骑在驴上，这下大概没有人说了。不料还有人说：这么一只可怜的小毛驴，居然驮着两个人！据说后来两人只好抬着会走的毛驴。这回没有人说话了，因为大家都不知道他们为什么抬着一只毛驴，而他们心里都明白，这是最不合理的方案，只是因为怕人议论而采取的。由此可见，没有议论，未必是最好的政治，不受批评，也未必是最好的干部。

《论语·子路》上载孔子与子贡的对话，很有启发性。孔子的学生子贡问："全乡人都说他好，这个人怎么样？"孔子说："不行。"又问："全乡的人都反对他，这个人行吗？""也不行。不如乡里的好人说他好，坏人说他不好。”大家都说好，说明他不坚持原则，从来没有得罪过人，不扬善，也不抑恶，见人都说好。这种人选举时可能得票最多，也可能得全票。王充认为“选举多少，未可以知实”。“称誉多而小大皆言善者，非贤也。”“善人称之，恶人毁之，毁誉者半，乃可有贤。”但是，他又提出，怎么知道誉之者是贤人，而毁之者是恶人呢？如果对拥护者和反对者都不了解，那么投票结果就没有意义了。因此，考察干部不能只看拥护者有多少，反对者有多少，还要看哪些人拥护，为什么拥护，哪些人反对，为什么反对，这样才能真实了解这个干部的全面情况。

（三）贤才难得

考察人才，是非常重要的问题。对于领导者来说，就是选拔各级官员的重要方法，对于普通人来说，主要有交友的问题。孔子提出的方法是：“听其言而观其行。”（《论语·公冶长》）不能只听他自己怎么说的，要看他的实际行动。如何观察人的行动呢？孔子说：“视其所以，观其所由，察其所安”（《论语·为政》）。首先看他的办事动机，其次观察他所采取的措施，再次看最终要达到的目的。这是做事的整个过程。从全过程来考察一个人，自然会全面一些。

一般人对人的考察都着重于某方面。难以提出全面系统的标准，把这个标准抽象出来，用于别处又失效了。关于这个问题，王充《论衡·定贤篇》有比较多的论述。世俗论贤人约有三十种标准，王充一一加以分析。

其一，朝廷上选拔贤者，大家都说他好，算不算贤人？王充认为未必，有的人出头露面，认识的人多，推举者自然也多。有的人很少出风头，认识的人少，推荐者也少，却未必不贤。这跟他在朝廷担任什么职务有关系。另外，有些人拉帮结派，请客送礼，赞誉者就多，而另一些人正直无私，清正廉洁，可能还得罪过一些人，赞誉者当然就少。

其二，众人所归附、宾客很多的人是贤人吗？王充认为也未必。战国四公子：信陵君、孟尝君、平原君、春申君都有门客数千，成为贤人。古代大将军卫青和霍去病，门无一客，称为名将，也是贤人。另外，有的统治者为了自己的目的用虚假的办法骗取民心，让人民歌颂他。例如，齐国田成子想夺权，用大斗贷出粮食用小斗收回，这点小恩小惠就拉拢了一些群众拥护他夺权。越王勾践为雪会稽之耻，他也吊死问伤，关心人民，讨得人民欢心。王充认为他们是别有用心，不是真正的贤者。

其三，当官取得一定功绩，能否肯定他是贤者？功绩，有几种情况。一是粮食丰收，那是气候起决定作用，风调雨顺，就丰收，并不是领导有方。水旱虫灾，收成不好，圣贤无可奈何。禹时大水成灾，商汤时大旱成灾。不能因为受灾，就说禹、汤不贤。况且，做具体事情，容易见效，高水平的人要做长治久安的大事，见效就很慢。从效果难断贤与不贤的差别。同样做一件事，时代不同，联系极广，有些因素不具备，贤人也办不成。有些人不是贤人，由于条件特殊，却也能获得某些成功。道与事不同，道与术也有差异。吾丘寿王在汉武帝面前出谋划策，十分高明，而出去任东郡都尉，负责治安工作，多次征兵加上灾荒，社会大乱，他无法禁止，受到汉武帝的批评。回到朝廷，又能给汉武帝提供很好的建议。这些说明吾丘寿王了解治国之道，但缺乏行政之术。办事有动机与效果的关系，动机，古称“志”；效果，旧称“功”。只谋“功”不察“志”是不妥的。许多时候虽然不能成功，但已经尽心尽力了，就值得肯定。荆轲刺秦王，虽然未能成功，但气势撼山岳；夏无且虽然未能救主，但尽心尽力了，精神可嘉，不能不奖励。总之，成功见效未必是贤人，功不成、效未见者，也未必不贤。

其四，富贵荣华是人们喜欢追求的，有的人抛弃已有的富贵，隐居山林过清贫生活，这是贤人吗？王充认为，这些辞职的人都是有原因的，或者有所逼迫，或者不得志，如果因为辞职，就认定他是贤者，那么那些顺心称职，得志行道的人就不是贤者了。另外，不贪财为贤者，管仲与鲍叔分财时自己多取，就不能算贤者了。显然，这一标准也不能成立。

其他如凡事礼让，王充认为也未必贤。如“为政以德”里提到的“子贡让而止善”的故事，鲁国规定，谁从国外赎回一个当奴隶的鲁国人，可以从官府中领取一笔补偿金，子贡赎了人，却不去领取。孔子批评说：今后不会再有人去赎了。子贡的让，阻止了大家的行善。“子路受而劝德”。子路救了一个落水的人，那人送他一头牛，以示感谢，子路接受了。孔子赞扬他说，今后鲁国人一定会去救落水的人。如果以让为贤，那么子路就不贤，而孔子却批评了子贡的让。没有缺点、错误的人是不是贤人？有一种人与世俗同流合污，像忠信并不忠信，似廉洁也不廉洁，要反对他，却没有理由，想批评他，找不到充足的根据，大家都喜欢他，他自己也觉得不错。孟子认为这种人是“乡原”，是破坏道德的。王充说这种没有错误的人却是似贤非贤的人。

世俗确定贤人的标准都是外在的、具体的、局部的、非本质的，王充认为这些表现可以是贤者的表现，而不是贤者的人也可以有这些表现。他认为，贤者的本质在“心”上，心是看不见的，要通过综合考察，去伪存真，去粗取精，由表及里，综合地、深入地进行分析，才能了解贤者的“心”。全面综合考察，才能发现真正的贤才。这是在考察人才上的实事求是态度。如果只了解某一方面的具体情况，虽然也是“事实”，却未必求得真贤的“是”。

关于实事求是，是非常复杂的理论问题，也是非常复杂的实际问题。不是一篇短文所能尽述的。这里只是从本人的生活体验出发，从古今中外的大量事实中找出一些自以为对于如今现实还是很有价值的东西，供读者参考。根据王充的说法，对于我们制定评价标准时是有参考价值的，所定的条件不要太死太偏，要注意全面考察和综合分析。

第十二讲
以史为鉴

古今之变，要研究的是社会历史的变迁。社会是如何发展的，有什么规律，决定力量是什么。这是非常复杂的，也是很难研究的。中国古人认为研究天人关系和研究古今之变都是最大的和最高的学问。对于社会的存在，最重要的基础是什么，中国先圣认为先有物质，后有精神。社会秩序要靠制度来维护。制定制度要根据人的性情。随着社会的发展，制度要不断改革，来适应新社会。因此，制度的变化不是个人的意愿，而是社会发展的客观需要。这些内容非常丰富，以下只作简单介绍。中华民族是重视历史的民族，有极其丰富的历史资料与史学理论，是世界文化瑰宝。

一、食足知礼，先富后教

《管子》一书第一句话就是："凡有地牧民者，务在四时，守在仓廪。国多财则远者来，地辟举则民留处；仓廪实则知礼节，衣食足则知荣辱。"（《管子·牧民》）管子就是管仲，是春秋时代第一位霸主齐桓公的相，齐桓公称霸，他出了大力。《管子》不是管子个人所著的书，而是战国时代齐国管子学派的论文汇编，不是一时一人之作。其中有些内容保存了管子的语言和思想，大部分的内容只是后学的新发展的思想。《管子》成书于战国时代，到汉代已经很流行，流行以后就不会有新编的内容。因此，《管子》书的内容应该说在汉代就已确定。这一段话反映了管子的思想，大意是：凡是统治者，务必要按四时节令，做好粮食储备。国家富裕就可以吸引远方的人民来，土地开垦就可以留住人民。仓库粮食充实，百姓丰衣足食，他们就会重视礼节，知道荣辱，社会就会形成文明的风气。这是最早的关于物质基础决定人的精神状态和道德品质的明确说法。

推崇管子的孔子也认为管理人民要先物质后精神。《论语·子路》载：“子适卫，冉有仆。子曰：‘庶矣哉！’冉有曰：‘既庶矣，又何加焉？’曰：‘富之。’曰：‘既富矣，又何加焉？’曰：‘教之。’”孔子到卫国去，他的学生冉有驾车。孔子说：“人真多呀！”冉有问：“人已经很多了，该怎么办？”孔子说：“使他们富起来。”冉有问：“富裕了又该怎么办？”孔子说：“对他们进行教化。”古代的教化，包括政治说教、文化教育、伦理道德教育、美学艺术教育等多角度全方位的素质教育。孔子先富后教的思想有他的合理性。一个人温饱没有解决，就没有心思接受教育。要稳定人心，也是要先解决生活基本条件。这是对社会现实的根本理解。

孟子也认为，人民“有恒产者有恒心，无恒产者无恒心”（《孟子·滕文公上》）。这个恒产在以农业为主的社会中就是土地。为了保证每个人有土地，就必须由统治者对土地进行划分管理。孟子说，实行仁政，就必须从划分土地开始。土地分多少呢？孟子倡导井田制：九百亩地按井字分为九块，中间一块是公田，周围八块各一百亩为私田分给八家人耕种。这一百亩地足以养活八口之家，使他们“仰足以事父母，俯足以畜妻子，乐岁终身饱，凶年免于死亡”（《孟子·梁惠王上》）。有了生活保证，人民就不想移到别处去。如果生活没有保障，有饿死的可能，为了生存，他们就会逃荒出走，迁移到别处去。趋利避害，这是人的本性。生活有了保证，人民都富裕了，怎么办？孟子也重视教育，他说：“饱食、暖衣、逸居而无教，则近于禽兽。”（《孟子·滕文公上》）生活富裕了，如果不进行教育，那么，人将失去人性，变成像禽兽那样。孟子所讲的教化的内容都是人际关系的问题，例如他说：“父子有亲，君臣有义，夫妇有别，长幼有叙，朋友有信。”（《孟子·滕文公上》）儒家所提倡的关系都是相互的，不是单向的。例如君臣关系，“君之视臣如手足，则臣视君如腹心；君之视臣如犬马，则臣视君如国人；君之视臣如土芥，则臣视君如寇雠”（《孟子·离娄下》）。处理好这些关系，就是为了稳定社会秩序。但是，有时候为什么会天下大乱呢？韩非提出一个著名的见解：因为天生万物不能满足人类的需求。

韩非说：“古者丈夫不耕，草木之实足食也；妇人不织，禽兽之皮足衣也。不事力而养足，人民少而财有余，故民不争。是以厚赏不行，重罚不用，而民自治。今人有五子不为多，子又有五子，大父未死而有二十五孙，是以人民众而货财寡，事力劳而供养薄，故民争；虽倍赏累罚而不免于乱。”（《韩非子·五蠹》）丈夫就是男子。男人不耕地，草木的果实足够人们食用；妇女不织布，禽兽的皮毛足够做衣服穿。不必劳动，天生的物品足够供养。那时人民少而财富有余，所以人民不争。不实行厚赏重罚，人民自然很安定。现在不同了，一个人有五个孩子不算多，每个儿子又有五个儿子。祖父还没死，已经有二十五个孙子。因此人民多而财富少，劳动强度大，供养还不充足，所以人民争。即使加大赏罚的力度，也不能避免动乱。由于人口增长快速，自然物供不应求，就产生竞争、动乱。这一理论与马尔萨斯的人口论有相似之处。韩非认为人民的争与不争，是由人民生活的贫富决定的。他还认为，人际关系也跟物质条件有关。例如，粮食少时，自己的弟弟都不让多吃；粮食多时，不太亲近的客人也一定要热情招待。不是“疏骨肉爱过客”，而是粮食多少不一样。古代禅让天子的位子，不是道德高尚，而是那时的天子只是特别劳累，没有什么享受。后来的天子位尊权大，操生杀之权，掌赏罚之柄，锦衣玉食，声色犬马，极尽人类所有欲望，享受天下所有美好的事物。因为利大，后来的人都极尽武力，穷尽智慧，来争夺天子的位子。韩非认为，这不是道德高低的问题，而是当天子的利益多少决定的。因此，“罚薄不为慈，诛严不为戾”，惩罚宽严只是根据实际情况而定的。

东汉哲学家王充对于治乱问题也提出类似的看法。他说世界混乱是指盗贼众多，人民造反，战争连年。为什么会这样呢？他说：“由谷食乏绝，不能忍饥寒。”由于很多人忍受不了饥寒交迫，才起来参加战乱。为什么会出现饥荒？王充认为是由于天气不好，产生水旱之灾，粮食歉收。粮食的多少，决定了社会的治乱。这些说法也认为物质条件对人民生活和社会秩序有重大影响，甚至有决定性的作用。

恩格斯说，马克思创立唯物史观，“历史破天荒第一次被置于它的真正基础上；一个很明显的而以前完全被人忽略的事实，即人们首先必须吃、喝、住、穿，就是说首先必须劳动，然后才能争取统治，从事政治、宗教和哲学等等，——这一很明显的事实在历史上的应有之义此时终于获得了承认”[①]。应该说，在马克思以前，中国古人已经有了先吃穿而后才从事政治、宗教和哲学的活动的思想。古代概括为“民以食为天”。天就是最大最重要的意思。用马克思的话表达为：经济基础决定上层建筑，社会存在决定社会意识。总之，马克思主义的唯物史观，在中国古代思想家那里已经有了一点萌芽。

二、损益因革，变古易常

中国古代思想家大多数都认为人类社会是发展变化的，但不一定都在进步。孔子说：“殷因于夏礼，所损益可知也；周因于殷礼，所损益可知也；其或继周者，虽百世可知也。”（《论语·为政》）礼，就是古代的制度；因，就是继承；损益，就是减少和增加，就是修改。商朝继承夏朝的制度，作了修改，这是可以知道的；周朝继承商朝的制度，也作了修改，也是可以知道的。以后如果有继承周朝的，即使过了百世，要修改制度，也是可以知道的。这就肯定了社会制度必须不断改革。孔子又说：“周监于二代，郁郁乎文哉！吾从周。”（《论语·八佾》）周朝因为借鉴了前两代的

① 《马克思恩格斯选集》第3卷，人民出版社2012年版，第723页。

制度，所以更加文明。他认为周朝的制度最好。说周朝制度最好，是肯定夏、商、周三代的社会制度是发展进步的。周以后的制度应该比周朝更进步。但是，他还经常讲到尧舜，表示非常赞赏。难道那时候还会比春秋时代更文明？那不是倒退了吗？尧舜是远古时代，他已经很不清楚了，这只是他虚拟的理想社会。是为了批判现实而虚拟的。他也讲应该恢复周朝的制度，是否周初以后的几百年中倒退了呢？春秋时代天下大乱，一是礼坏乐崩，制度乱了；另外各诸侯国经常战争，使人民陷入水深火热之中。社会不是每天都在前进，经常有后退的情况。不了解这种情况，以为每天都在前进，那是极幼稚的想法。孔子赞扬古代，是对现实不满的一种表示，也是对现实的一种批判方式。如果认为他批评现实就是复古倒退的观点，这是严重的误解。

韩非在《五蠹》中详细叙述了人类发展史：上古之世，人类少，禽兽多，人民斗不过禽兽虫蛇。这时有圣人出来，创造了在树上搭巢的办法，来躲避禽兽虫蛇。人民很高兴，就拥护他当王，这就是“有巢氏”。人民吃了鲜鱼与蚌蛤之类的水产品，腥臊气味伤害肠胃，引起多种疾病。这时有圣人出来，创造了钻燧取火，用火除去腥臊气味。人民很高兴，就拥护他当王，这就是“燧人氏”。以后又有许多圣人不断地克服困难，创造各种文明，使人类的生产更加先进，生活水平不断提高，精神更加文明，社会也因此逐渐进步。西汉政治思想家陆贾在《新语》中也讲了历代圣人不断发明创造，使社会不断进步、完善。东汉哲学家王充有更为详细、具体的论述。他将汉代与过去最文明的周朝进行比较。周朝的地方才五千里，而汉朝的地方有几万里；周朝时还是戎狄的地区，汉朝将这些地区的人民变成文明的良民，同时从宾客变成同胞，有了美丽的服装，衣、食、住、行都有了很大的进步。政治方面，周武王诛杀殷纣王时还相当残忍，殷纣王自杀后，周武王还把他的头割下来挂在旌旗上示众，而罪行比殷纣王更严重的秦二世，汉朝统治者对待他们都没有这一类残忍的做法。汉朝统治者对于有谋反嫌疑的人也没有采取严厉的措施。特别是对于受灾的人民采取从丰收地区调拨粮食进行赈济的办法，雪中送炭，使灾民顺利渡过难关。王充认为这些政绩是三皇五帝都难做到的，从综合情况进行全面比较，周朝也不如汉朝。这也是明确的社会进步论。柳宗元在《封建论》中认为秦代的郡县制比周代的封建制有了很大的进步。儒家赞扬周朝，批评秦朝，都是非常强烈的。柳宗元能够从理论与历史事实上论证秦制好于周制，也是有相当的勇气。

社会的发展通过改革来实现，改革需要有改革家。改革家对于历史与现实都有深入的了解，并有改革社会的信心、决心。但是，由于改革开始总是违背世俗群众的意愿，又必然损害既得者的利益和掌权者的利益，当然会受到他们的反抗和迫害。多数改革家在上下夹攻中，下场都比较悲惨。但是，他们的勇气与献身精神令人钦佩，强烈地鼓舞着后人。

商鞅是战国前期的改革家，秦国相。他提出变法的理论："且夫有高人之行者，固见非于世；有独知之虑者，必见敖于民。愚者暗于成事，知者见于未萌。民不可与虑始而可与乐成。论至德者不和于俗，成大功者不谋于众。是以圣人苟可以强国，不法其故；苟可以利民，不循其礼。"高明人的行为，总是要受到世俗的批评；有独到见解的人，必定被普通的人认为是倨傲的人。愚蠢的人对于明显的事情也不知道怎么回事，智慧的人对于没有发生的事就已经预见到。不能与人民商量事业的开创，可以与人民共享成功的快乐。讨论最高道德的人不跟世俗一致，要建立大功的人不跟群众一起谋划。所以，圣人如果可以使国家富强，不一定要效法传统的做法；如果可以使人民得到利益，不一定要遵循习惯的礼节。"三代不同礼而王，五伯不同法而霸。智者作法，愚者制焉；贤者更礼，不肖者拘焉。"夏、商、周三代实行不同的制度，都一样成为天子；春秋时代的五霸实施不同的法律，都一样称霸一时。智慧的人制定法律，愚蠢的人受到制约；贤人改革制度，不肖的人受到拘束。"治世不一道，便国不法古。故汤、武不循古而王，夏、殷不易礼而亡。反古者不可非；而循礼者不足多。”（《史记·商君列传》）治理社会不只是一种道，有利于国家就不必效法古代。因此，商汤和周武王不遵循古代的制度，都一样当了天子；夏桀和殷纣王不变革制度，都一样灭亡。因此，可以推出，改革古制，无可厚非；遵循旧礼，不算高明。这是有代表性的法家改革理论，司马迁精选这些内容，也是很有见地的。历史事实是，秦孝公利用商鞅变法，奖励耕战，富国强兵。再经过六世的不懈努力，最终由秦始皇吞并六国，一统天下。以一个不起眼的小诸侯国到登上九五之尊，一统天下，充分说明改革所带来的效益，也说明改革家的事业成功以及对于社会的贡献。改革既要改变世俗的观念，又要摧毁贯彻变法的障碍，没有爱民之心与献身精神，就没有成功的希望。

商鞅后来被车裂而死，因为他变法时得罪了太子的老师，当太子继位以后，就开始整商鞅，最后置他于死地而后快。吴起也是改革家，为了楚国的富强立下汗马功劳，由于得罪了一批贵族，当楚王刚刚死去，贵族们就群起而攻之，吴起在寡不敌众的情况下，趴在楚王尸体上，贵族用乱箭射死吴起，有的箭射在楚王尸体上，新继位的楚王把射箭者杀了，也算为吴起报了仇。秦始皇时的两位改革思想家韩非与李斯，帮助秦始皇打天下都立下汗马功劳，也都没有好下场：韩非被囚，死于狱中；李斯父子，车裂而死。韩非知道君主有特殊的脾气，就像龙的脖子下有逆鳞，谁触了它，谁就会倒霉。他写了著名的《说难》，说明要劝说国王是非常困难的，而且也是万分危险的。他自己却因此而丧生。后人总结为“伴君如伴虎”。被梁启超喻为“完人”的王安石也是中国历史上著名的改革家。他在经济、政治、军事、文化和意识形态诸方面都进行了一系列的改革，为了推动改革，为改革造舆论，他提出：“天变不足畏，祖宗不足法，人言不足恤。”（《宋史·王安石传》）这“三不足”是何等有气魄呀！天有无上的权威，皇帝都怕它几分，他却不畏惧。祖宗的规矩是历代皇帝都要遵循的，他却敢不效法。众口可以铄金，所谓“人言可畏”，他却毫不畏惧。王安石有胆识，有自信，有大无畏的精神！他还算幸运，两度当宰相，寿终正寝。清朝末年，西方列强一再入侵，腐败政府割地赔款，丧权辱国。有识之士为了国家民族的存亡大计，提出改革弊政。康有为写了《孔子改制考》和《大同书》，为近代的改良和改革都造了舆论。

总之，社会是发展的，改革就是必然的。根据社会实际，为了国家和人民的长远利益所实行的改革，大方向都是对的。是否成功，还有许多别的因素。秦、隋两朝都有许多大方向正确的改革，却很快亡国，而汉、唐继承改革成果，成为盛世。王莽也做了很多改革，主要是以当时盛传的周朝制度为目标，实行复古改革，不合时宜，所以失败。这是中国历史上的复古改革的特例。

三、势非圣意，理在民心

人类社会是发展的，发展究竟有什么规律？什么是历史发展的决定因素？历史的前进方向是什么？这些都是中国古人探讨的问题。

远古时代，中国盛行天命论，认为历史是由天命决定的。当时所谓社会历史，就是以最高统治者天子作为代表。而这个天子角色是由谁来承担，便成为时代的标志。所谓历史发展就是天子的更替。因此，最初的历史发展理论就是天命决定论。

春秋时代道家提出道的理论，认为历史发展是沿着道发展的。道是神秘的法则，至今也说不清楚道究竟是什么。战国时代的邹衍提出“五德终始说”，认为社会的发展是按五行相克的顺序互相更替的。而代表五行的也是最高统治者天子。例如，代表木德的是夏朝统治者，代表金德的是商朝统治者，如此等等。大概从先秦到两汉，许多思想家都认为历史的发展是有决定因素的，但不知道这个决定因素是什么。孔子说是命，道家说是道，王充称为数或时：“国当衰乱，贤圣不能盛；时当治，恶人不能乱。世之治乱，在时不在政；国之安危，在数不在教。贤不贤之君，明不明之政，无能损益。”（《论衡·治期》）这些都是指客观必然性，是不以人的意志为转移的。

他们的这种探索，首先，否定了天命；其次，韩非提出供不应求与王充提出粮食收成的丰歉都已经从物质的角度进行有价值的探讨，特别是柳宗元《封建论》中的研究成果更具有理论意义，封建制变为郡县制，是一种“公天下”的制度。应该说这是中国古人对公平、公正、民主的追求。怎么会产生封建制？柳宗元说：“封建非圣人意也，势也。”就是说封建制的产生不是圣人的意志创造的，而是“势”决定的。这里提出“势”的概念，是很有意义的。势，可以理解为一种社会发展的趋势、形势、潮流。势，虽然还是没有明确的界定，但是比命、数、时的说法，神秘性少了一些。

明末清初的思想家王夫之经过深入研究，认为势虽然不是理，却与理有很密切的关系。他说：“势之顺者，即理之当然者已。”顺应势就是合理的。“在势之必然处见理”，从形势发展的必然性中可以了解到理。合理的才能成为社会趋势，从趋势中可以看到社会内在的理。对社会发展研究到这种程度，已经有了相当的深度，理论水平已经达到难得的高度。王夫之又认为理就是天，天就是“人之所同然者”。人的共识，就是天理。如果不管人民，大谈天理，那都是空谈。因此，“革命者，应乎天，顺乎人，乃以永世”。顺天应民的革命才能成功，统治才能巩固。这里的革命就是改革的意思。“民心之大同者”，“人之所同然者”，实际上就是“民心”。孟子说：“得民心者得天下。”经过许多研究，最终还是回到了孟子的民心论。因此，历代统治者都要随民心的变化调整自己的治国方略，随时改革具体的政策，来争取民心。一旦失去民心，社会就会动乱，统治者的统治就出现危机，处理得好还可以维持，处理不好，就只好下台。中国古人以为这是“天意”，实际上是“民意”。

四、重史传统

中华民族有重视历史的传统。中国的学术主要形成于春秋战国时代，往前可以推到五千年前的三皇五帝，近可以推到夏、商、周三代，商代有甲骨文，周代有许多典籍，主要有《尚书》《周易》《周礼》等。重点还是春秋战国，因为那时是乱世，形势逼着思想家思考乱世是如何发生的，如何才能建立治世，如何建立正常的社会秩序，让人民可以安居乐业等问题，提出各种不同的看法，形成不同的学派，并且进行广泛的争论，被史学家称为“百家争鸣”的思想活跃的学术春天。对后代影响比较大的有儒家、道家、法家、阴阳家、墨家、名家。这些家由司马谈列出，被司马迁收入《史记》。

道家创始人是老子，老子生平如何，在西汉时代就已经弄不清楚了，司马迁在撰写《史记》时，列了三个“老子”：一是李耳，“周守藏室之史也”；二是老莱子；三是周太史儋。这三个老子，至少有两个与史有关系。老子的思想与他掌握大量历史资料有关系，他从大量历史资料中总结概括出来的道理，自然是很深刻的。孔子问礼于老子，老子说：“子所言者，其人与骨皆已朽矣，独其言在耳。”（《史记·老子韩非列传》）人与骨都已经烂了，只有言论在。这个言论，就是历史的内容。

孔子也是重视历史的。他整理古代文化典籍，作为教材，教授弟子，为中国传统文化的传承做出了巨大贡献。最重要的应该是《春秋》。孔子根据鲁国史记资料改编成《春秋》，将自己的政治理论贯穿在历史叙述中。例如，记载诸侯结盟的时候，以大国居先。记载战争的事，受到侵略的国家放在前面，而发动战争的国家排在后面。宋襄公征齐，为什么却把齐摆在后面呢？因为齐桓公死后，竖刁、易牙争权不葬，宋襄公去征伐，是正义的。孔子对此做出肯定的评价，以此表示。这表明，孔子是反对战争的，但也不是一概反对，对于正义战争，还是支持的，肯定的。又如《春秋·庄公二十九年》载：“春，新延厩。”《公羊传》：“新延厩者何？修旧也。修旧不书，此何以书？讥。何讥尔？凶年不修。”《春秋》上的话很简单，只有三个字：“新延厩。”厩是马棚，延是延长，指扩建。新指最近的事。也就是说：新近扩建马棚。《春秋》的规矩，只写新的建筑，修缮旧房，一般不写。修旧马棚在这里为什么要写呢？这是一种批评。为什么批评呢？批评什么呢？批评的是“凶年修旧”，受灾的年份去修旧。这里表达孔子的政治思想：凶年不修旧。受灾年份，不去修理旧房子，为了节约民力，不要增加人民的负担，不要劳民伤财，这是爱民的表现，也是孔子为政以德的具体体现。不懂历史的人根本不理解“为政以德”的意义。

孔子非常重视他的《春秋》。他说：“后世知丘者以《春秋》，而罪丘者亦以《春秋》。”（《史记·孔子世家》）就是说，《春秋》是孔子的代表作，表扬他和批评他，都会根据这本书。明君贤臣会从中受到启发，得到教诲，成功立业，光宗耀祖。乱臣贼子害怕《春秋》中的批评言论。孔子周游列国，没有诸侯任用他，他只好回到鲁国，将鲁国史记改写成《春秋》。他说：“我欲载之空言，不如见之于行事之深切著明也。”（《史记·太史公自序》）就是说，我只是讲理论或道理，还不如把这道理体现在史事中那样更加深刻切实显著明白。换句话说，孔子愿意通过撰写历史来表明自己的政治见解。《公羊传》就是通过解释《春秋》的话，将孔子隐含在简短记事中的政治法则阐发出来。这叫“微言大义”。就是说在简短的话语中包含深刻的道理。《公羊传》以及董仲舒、公孙弘等传扬《公羊传》的学者，努力通过阐发“微言大义”，为当时的中央集权制度服务，得到统治者的重视、推崇，使儒学跃居于独尊的地位。西汉时期，统治者独尊儒术，主要尊的是公羊学。

在《公羊传》和公羊学者董仲舒的影响下，司马迁撰写《史记》，也是将自己的政治主张以写史的方式表达出来。司马迁在《史记·太史公自序》中讲述孔子六经，特别强调《春秋》。他说：“故有国者不可以不知《春秋》，前有谗而弗见，后有贼而不知。为人臣者不可以不知《春秋》，守经事而不知其宜，遭变事而不知其权。为人君父而不通于《春秋》之义者，必蒙首恶之名。为人臣子而不通于《春秋》之义者，必陷篡弑之诛，死罪之名。……故《春秋》者，礼义之大宗也。夫礼禁未然之前，法施已然之后；法之所为用者易见，而礼之所为禁者难知。”有国者，就是统治者，当政者。他们不能不知道《春秋》。因为不知道《春秋》，就不会发现有的人进谗言进行挑拨，也不知道有人在背后搞阴谋诡计。当官的不知道《春秋》，固守原则却不知道这些原则适用什么范围，突然遭到事变也不知道如何灵活应对。普通百姓不了解《春秋》的精神，也会犯各种不同的错误。《春秋》是礼义的大宗。礼是防止人犯错误，法是惩治犯罪的人。法的作用是容易看见的，而礼的防止犯罪的作用却不容易知道。礼的教化，现在的说法是，道德教育。礼法互相配合，才能治理社会。因此，《史记》是一部史书，也是一部政治学著作。

以后的史书，都是本着“善可为法，恶可为戒”的原则来撰写的。唐代魏徵主编《群书治要》，就是将各种书中关于重要的政治内容抄出来汇编成书，供当政者参考。宋代司马光主编的《资治通鉴》更是如此。资，帮助。治就是治国、治理社会。通是全部。鉴是借鉴。书名的大意是：帮助治理的全部可以借鉴的资料。这是在以史为鉴的思想指导下编撰的。

中国人的学术重视史学是有原因的。中国学术形成于春秋战国乱世，思想家重视治理社会的理论，即政治哲学。政治哲学要与政治家相联系，政治哲学的正确与否，以什么作为讨论的根据呢？以历史上的兴衰成败。唐太宗说“以古为鉴，可知兴替”，就是这个意思。因此，中国的政治哲学与历史哲学联系特别紧密。西方主流派是科学哲学，哲学家要与科学家相联系，重视科学实验的成果，以及逻辑学的运用。探讨的主要是客观世界，宇宙本原。因此，中国历代政治家都重视历史，不断改朝换代，每一个盛世都要修史，撰写前代的历史。两千多年来，不断修史，形成了世界上独一无二的《二十四史》，这是世界上非常珍贵的文化瑰宝。

文化是历史的积淀，历史悠久，文化底蕴就深厚。有深厚底蕴的人，就与众不同，读史使人明智。许多人以钱财为评价标准，发财了，就是成功人士。司马迁不这么看，他说："本富为上，末富次之，奸富最下。"（《史记·货殖列传》）本富指生产致富，这是最好的。"末富"指加工业、运输业以及商业致富，属于第二等。最下等的是奸富，就是通过歪门邪道致富。以这种原则来分析世界历史，我们就会发现，国家与个人一样，有的国家，是通过掠夺其他国家发展起来的，也属于最下等的"奸富"。掠夺发财的一些人，看到中国和平崛起，就担心害怕，以为中国富强了，也会去掠夺他们。这叫"以小人之心，度君子之腹"，是狭窄浅薄的表现。有些卑鄙的人，用花言巧语欺骗别人的钱财，弄得别人家破人亡，自己得了不义之财，去高消费，挥霍一空。有人以为这是他有本事。"善有善报，恶有恶报，不是不报，时候未到，时候一到，一切都报。"这些人常常得意以后，就招灾惹祸，受到应有的惩罚。他们没有一技之长，突然暴富，财路不明，不要急着羡慕他们。有的国家暴富，未必就是他们的制度好，世界上的钱物为什么都到那里去？他们的收入为什么比其他国家的人民要高出许多倍？凭借国家实力，对别国进行巧取豪夺，用来滋养本国人民。如果别的国家也发展起来，那么，他们就不可能这么富裕。因此，他们就怕别国也富裕起来。在这种思路下，怎么能相信他们会帮助别国摆脱贫困。受骗者有之，受害者有之。典型的是戈尔巴乔夫在接受《环球人物》记者采访时说："我给中国朋友的忠告是：不要搞什么'民主化'，那样不会有好结果！千万不要让局势混乱，稳定是第一位的……"谈到苏共垮台，他说："我深刻体会到，改革时期，加强党对国家和改革进程的领导，是所有问题的重中之重。在这里，我想通过我们的惨痛失误来提醒中国朋友：如果党失去对社会和改革的领导，就会出现混乱，那将是非常危险的。""我们在没有做好准备的情况下，使苏联社会大开放。在残酷的国际竞争下，国内工业受到致命打击。极少数人一夜暴富，敛财数额之巨仅次于美国的大亨，而赤贫的人数却远远超过了苏联时期。在这个方面，中国处理得很好。中国沿海省份和地区发展速度快，中西部相对发展较慢。中国领导人现在号召开发西部和东北地区的政策完全正确。”他认为对中国，对世界来说，邓小平都是一位伟大的历史人物，是20世纪的一位伟人，一位世界级的政治家，“他所创造的经济改革经验在全球具有广泛的学习和借鉴意义”①。戈尔巴乔夫对记者强调：他所谈的一切都是肺腑之言，是多年来对往事的严肃思考。一位大国总统经过多年严肃思考，总结出的教训是非常深刻的。他被所谓“民主化”骗了，实行大开放，全国大乱，经济失控，贫富两极分化，过去一切努力都付诸东流。

邓小平之所以成为伟人，与中国深厚的文化传统分不开。他在经济改革方面是成功的，在政治改革方面也有重要成果，取消领导干部终身制，并且带头实行。他提出“一国两制”方针，顺利解决了香港和澳门回归的问题。这已经成为世界各国处理类似问题的典范。

“一国两制”，中国古已有之。周朝实行封建制，周朝建立之初，将土地分成若干块，分给功臣和亲属，建立起许多诸侯。这些诸侯除了每年要向周天子述职之外，具有相对独立性，有自己的财政、赋税、军事以及系统的官僚机构。诸侯还是世袭的，自己当了一辈子，死后还可以由子孙继承。到春秋战国时代，各诸侯自己独立，逐渐脱离周天子这个中心，利用武力进行相互吞并。战国时代，秦国战胜各国诸侯，统一天下。秦王朝吸取历史教训，取消封建制，实行郡县制。不久天下大乱，经过几年血与火的较量，刘邦夺取政权，建立汉朝。他同时实行封建制与郡县制，实行郡县制，又分封了一些诸侯。这是较早的“一国两制”。戴逸教授说：“康雍乾盛世的制度创新意义重大。政治制度改革作用明显。这是封建专制发展得最完善的时期。雍正年间军机处的设立，加强了中央集权。母后、外戚、宦官、藩镇的专权在清朝康雍乾时期都没有。在处理民族问题上，清朝才

① 《报刊文摘》2006年5月22日摘录《环球人物》第5期报道。

是真正地巩固了疆域。清朝在中央设立理藩院管理民族事务，在少数民族地区设立的行政机构又不一样，实行的是一国多制。比如，在西藏设驻藏大臣，在新疆、东北设将军制，在西南地区改土司制为流官制，在蒙古设盟旗制，在维吾尔族地区设伯克制。这都是因地制宜，不把内地的一套全部用到少数民族地区。它们的形式与内容都不一样，但目的都是集中权力使得中央政治便于管理。汉、唐在西域设置军事机构都护府，而不是类似清朝的行政机构。”① 满族入主中原时，康熙创造了统一战线政策，受到毛泽东的充分肯定。② 统一战线政策，也是一种多样一体的组织形式。民国初期，故宫内保留一个封建小朝廷，宫墙内外也是两种截然不同的社会制度。中华人民共和国成立之初，西藏保留当时的农奴制，全国各地实行社会主义，也是两种社会制度并存的局面。1959 年达赖叛乱，叛乱平息后，西藏实行民主改革，才取消农奴制度。但是，邓小平解决的是香港回归问题。香港是特殊的政权方式，在一百多年前，清朝政府腐败，在帝国主义的压迫下，订下割地赔款的屈辱的不平等条约，把香港交给英国人管理。现在要收回主权，就必须处理好与英国政府、香港人民的关系，从这种特殊情况出发研究出一套方案。邓小平提出“一国两制”方案，三方都能接受，不费一枪一弹，妥善处理了香港回归的难题，而且为国际提供了处理类似问题的成功经验。孔子提出“和而不同”的思想，为“一国两制”或“一国多制”提供了理论依据。可见，中国重史的传统，给现代中国人留下了无穷的智慧。弘扬重史的传统，是当代人的责任。

西方有所谓历史哲学。中国历史悠久，史料丰富，史论深刻。有些人却认为，中国没有历史哲学。我们看到西方的所谓历史哲学是很肤浅的，中国有丰富多彩的记叙历史和史论体系。我们应该研究出自己的有中国特色的历史哲学。

---

① 洪波：《盛世的沉沦——戴逸谈康雍乾历史》，《中华读书报》2002 年 3 月 20 日。
② 《毛泽东话康熙》，《学习时报》2004 年 2 月 16 日。

第十三讲
盛世治理

一、盛世文化的代表

两千多年前的儒家提出了最高的社会理想和现实的社会理想。最高理想是“大道之行也，天下为公”的大同社会。最高理想很难实现，现实社会是“大道既隐，天下为家”的家天下。家天下也有兴衰成败的问题，兴盛时，社会安定，经济发展，人民安居乐业，这叫小康社会。如果天下分裂，社会大乱，战争爆发，经济崩溃，人民流离失所，这就是乱世。中国历史上经常出现乱世与治世的交替。大乱后有大治，治以后又乱，分久必合，合久必分。治理得好，可以安定数百年。治理不好，连续动乱，难有安定的日子。

儒家认为尧、舜之前是公天下的大同社会，就是公有制的原始社会。从禹开始出现家天下，这是私有制的社会。儒家还认为，在禹、汤、文、武、成王、周公执政时期是小康社会。这时的家天下，社会安定，没有战争，秩序良好。这是三代的前期。接着后来就逐渐变坏了。夏桀和殷纣王当政都是乱世，才被汤、武所取代。特别在周朝末期，天下大乱，周天子没有权威，礼坏乐崩，各诸侯分裂割据，年年纷争，大国强国吞并小国弱国，最后七强纷争进入战国时代，最终由秦国吞并六国统一天下，建立秦朝，筑长城，统一文字与度量衡，改封建制度为郡县制度。秦虽然统一了，但由于执政缺乏德教，不久又陷入大乱，很快又灭亡了。继承秦朝的是汉朝，虽然改朝了，而家天下的格局没有改变，一直延续到清朝，达四千五百多年。家天下在四千多年中，虽然不断改朝换代，家天下的格局没有变化，虽有改革与创新，只是在完善这种制度。新朝代刚建立往往比较好，社会安定，经济发展，人民安居乐业，呈现盛世状况。延续一段时间后，就逐渐腐败，进入乱世，被人民推翻，被有德者取代。在中国历史上有汉唐盛世。汉朝与唐朝的前期与三代前期相似，都可以称为盛世，即小康社会。

大同是儒家的最高理想，很难达到，小康则是可以实现的现实的理想社会。大同与小康就成为古今中国人的共同之梦。

尧舜之前还没有出现私有制的原始社会，儒家称为“天下为公”的时代。当时社会状况，我们不清楚。夏、商、周三代，孔子对于夏、商的社会制度已经不太清楚，礼制大概已经出现。后代考古可以确定商代有甲骨文和祭祀文化。至于周代，孔子有比较多的了解，主要的有周公制礼作乐，创造礼乐文化，又实行分封建国的封建制度，细节保存在儒家的典籍中。秦王朝建立时，实行郡县制，取代封建制，同时废除许多礼乐细节。春秋时代已经礼坏乐崩，这时改朝的冲击，使礼乐细节荡然无存。

汉代秦之后，许多儒生企图恢复周礼，由于资料不全，他们收集残篇断简，加上想象猜测，重新创造出与时代相适应的礼乐制度来。“礼之用，和为贵”，礼乐的作用最重要的就是使社会和谐。汉初统治者为了巩固得来不易的政权，采取了一系列措施，协调各种社会关系，消除危险因素。在稳定的条件下，发展生产，保障供给，让人民安居乐业。人民富裕以后，就开始奢侈，而当官的就抢先腐败，教育就变得特别重要。正如孟子所说，生活好了，不接受教育，就会变得与禽兽差不多。刘邦巩固政权，文、景时代使百姓富裕，汉武帝开始独尊儒术，大办教育，发展文化事业。汉初这三阶段形成了盛事景象：社会稳定、经济发展、文化提高。

文化提高，培育了史学家。史学家记述了盛世景象。司马迁、班固等著名史学家，记录了汉代社会的状况。在盛世之下有许多社会问题，是动乱的萌芽，任其发展就会毁灭这个盛世。这里有丰富的经验与教训。还有一些著作，如陆贾的《新语》、贾谊的《新书》、桓宽的《盐铁论》等，都从不同角度阐述了治理天下的深刻理论。特别是董仲舒，不置产业，专心理论探索，提出一些重要思想，对后代有深刻的影响，如“大一统论”，形成民族意识。为民族统一做出贡献的，是民族英雄；分裂民族，出卖民族利益的，是民族败类、汉奸卖国贼。又如“独尊儒术”，奠定了以儒学为主干的中华民族精神。因此，董仲舒被称为经学大师，“为儒者宗”，“为群儒首”，上承孔子，下启朱熹，堪称中华文明史上三大圣之一。

孔子生于春秋时代的乱世，朱熹生于南宋末世，只有董仲舒生于西汉前期的盛世。因此，董仲舒哲学即董学不愧为盛世文化的代表。

二、董仲舒盛世治理的四个原则

什么是盛世？没有内忧外患，社会安定，人民生活普遍提高，我认为这就是盛世。但盛世不是没有问题，这些问题如果治理不好就会变成乱世。董仲舒那个时代，也是盛世，也有很多问题，所以他提出一些措施。我认为他的这些说法对我们现代社会的治理也是有积极意义的。

第一条就是大一统论。董仲舒根据汉初七国之乱的历史教训，提出大一统。他认为只有把地方诸侯王的权力削弱下去，加强中央集权，社会才能统一，社会统一之后国家才能安定，国家安定以后人民才能过安居乐业的生活。加强中央集权以后天子的权力很大，于是董仲舒根据秦二世而亡的教训，提出要用天来制约皇帝的权力。董仲舒讲的“天”实际内容就是儒学，所以“屈君而伸天”实际上就是独尊儒术。秦朝时建立的中央集权制度是当时中国最先进的制度。董仲舒在汉代的时候用理论来证明加强中央集权的合理性，所以我认为董仲舒的哲学是当时先进文化的代表。这是第一个原则，大一统论。这个统一思想对于中国以后两千多年都有很深刻的影响。

第二个就是经济调均。社会安定以后，权势之家经常利用权势“与民争利”，这样就导致贫富两极分化。贫富两极分化以后，富人们骄奢淫逸，穷人们铤而走险，社会也将不安定，所以当政者要进行经济调均。董仲舒提出只有让老百姓安居乐业，强者救助弱者，社会才能调均平衡。东汉的时候，有一些地方受灾，皇帝就从丰收的地方调过来一些粮食救助灾区，让灾区的人民度过灾年，有这个措施以后就没有了逃荒问题，因为大家之前经常一受灾就逃荒。经济是社会的基础，经济调节好了社会就稳定，社会稳定了政权就能巩固。

第三个就是德教为主，刑罚为辅。孔孟时代的儒家都比较重视教育，孔子强调“有教无类”，就是强调教育的意义。但是德教对少数人不适用，老是要触犯底线，所以要采取一个刑罚措施，就是惩罚极少数的。这个思路也是在中国两千多年间有很大意义的，所以刑罚仅是对少数的触犯底线的害群之马进行惩罚，以维护大多数人民的正常生活。所以，道德教育是社会稳定的基础，是维护盛世的重要原则。

还有一条原则，就是社会稳定以后很多人觉得国家就安定太平了，实际上过了一段时间又会乱，所以在安定的时候要居安思危，要想到还有什么问题，需要怎么解决，不要就没事干了。这应该说是董仲舒很好的提法。

如果社会稳定以后坚持这四条原则，这个社会未来就可以安定稳定下去。我觉得这个说法对于我们现代社会的治理是有借鉴意义的，所以我就讲一下这个问题。学习董仲舒的思想有现实的价值。

第十四讲
大一统论

一、大一统论的由来与发展

中国传统政治的格局是大一统。大一统，先有一个中心的政治形式，由此产生大一统观念，而后才有理论，最后形成大一统的政治格局与思维方式。大一统的政治中心是天子。在天命论的影响下，天之子就是人间的最高权威，是政治权力的核心，也是大一统的中心。天子、国君，秦汉以后都称为皇帝，名称不同，实质上都是现代所谓“国家元首”或“总统”之类。天子也有一套行为规范，那就是所谓“君道”。君道包括修身、君臣关系与君民关系。君臣关系包括求贤、选贤、任贤、纳谏等内容。君民关系包括重民、爱民、治民、导民、化民等内容，主要指以民为本。民本思想有专章论述，此处不赘。君的地位特殊，作用也特殊。因此，历代思想家都极重视研究明君、圣王的问题以及如何事君、谏君的问题。先秦的典籍有《论语》《孟子》《荀子》《韩非子》《管子》，秦汉以后有陆贾的《新语》、贾谊的《新书》、韩婴的《韩诗外传》、董仲舒的《春秋繁露》、刘向编的《说苑》和《新序》、桓谭的《新论》、扬雄的《法言》、王充的《论衡》、王符的《潜夫论》。秦汉时代的四部集体编撰的著作《吕氏春秋》《淮南鸿烈》《盐铁论》《白虎通义》，唐代的《贞观政要》，宋代的《资治通鉴》，以及李贽编的《藏书》等，都是这方面的重要著作。

（一）大一统观念

大一统观念产生比较早。在《尚书·尧典》中有“光被四表”“以亲九族”“平章百姓”“协和万邦”，虽然还比较松散，却已有一个中心，尧就是这个中心。这个中心之外，围绕这个中心形成不同层次的圈子，由小到大，由最亲近的“九族”，到周围的“百姓”，再到远方的“万邦”。这是一个大一统的系统。后来，这个系统一直延续下去。到了周朝，周公采取封建制度。《左传·僖公二十四年》载：“昔周公吊二叔之不咸，故封建亲戚以蕃屏周。”《左传》载封“文之昭”十六国，“武之穆”四国，“周公之胤”六国。据《史记·周本纪》载：“武王追思先圣王，乃褒封神农之后于焦，黄帝之后于祝，帝尧之后于蓟，帝舜之后于陈，大禹之后于杞。于是封功臣谋士，而师尚父为首封。封尚父于营丘，曰齐。封弟周公旦于曲阜，曰鲁。封召公奭于燕。封弟叔鲜于管，弟叔度于蔡。余各以次受封。”

古代交通通信都不发达，中国这么广阔的领土和如此众多的臣民，如何管理，是一个大问题。周公采取这种分片包干的办法，把边远的土地分成若干块，将土地和土地上生产生活的人民，一起分给先王之后、开国功臣以及亲戚，由他们分别管理。这种封国有很大的独立性和自主权，王位可以传给自己的子孙，自己可以选拔任用官吏，财政收入，完全由自己管理、支配。义务就是朝聘和进贡两件事。朝聘，就是定期去朝见天子，述职。《礼记·王制》：“诸侯之于天子也，比年一小聘，三年一大聘，五年一朝。天子五年一巡守。”比年，每年。小聘，让大夫去向天子汇报。大聘，让卿去向天子汇报。五年一朝，诸侯王自己要亲自到首都向天子述职。天子五年要巡视诸侯一次，考察各地治理状况如何，有功的赏，有罪的罚。赏，扩大封地。罚，削减封地，甚至取消封地。爵分为五个等级：公、侯、伯、子、男。封地分三等：公、侯封地方百里，伯封地方七十里，子、男封地五十里。《孟子·离娄下》：“君子之泽五世而斩。”诸侯传五世，如果没有立新功，就取消封地。诸侯每年要将自己管辖地区的土特产品，挑选最优异者，献给天子，即所谓进贡或贡献。《尚书·禹贡》：“厥贡漆、丝”，就是把本地产的漆和丝贡献给天子。一般用器，则有定量，实际上就是实物税赋。而大夫则要把这些物品贡献给诸侯。诸侯自己留一些，将其中的一部分贡献给天子。大夫也不参加生产，他们的物品，也是人民缴纳的。层层贡献，就是当时大一统政治的最初模式。汉代以后才逐渐改为货币税赋。而特殊贡品，则延续到封建社会的末期明清时代。现代有许多号称“贡品”的东西，就是说古代曾经作为最优异的土特产品贡献给朝廷。例如，有“古井贡酒”，有所谓“龙井珍品，岁贡御茶”，古井酒、龙井茶在古代都是贡品，还有江浙的丝绸、天津小站稻米等。古代还有贡献人才的规定。据《尚书大传》记载：“古者诸侯之于天子，三年一贡士。一适谓之好德；再适谓之贤贤；三适谓之有功。有功者，天子赐以车服弓矢，号曰命。诸侯有不贡士谓之不率正。一不适谓之过；再不适谓之傲；三不适谓之诬。诬者，天子绌之，一绌以爵，再绌以地，三绌而爵地毕也。”（《后汉书·左周黄列传》论，李贤注引）贡士是一种任务，所贡之士是称职的，有赏，不贡或所贡之士不称职，就要受罚。所罚最严重的就是全部取消爵位与封地。

从以上可以看出，周天子与各诸侯国的关系，跟尧时的“协和万邦”已不相同。各诸侯国有相当大的独立自主权，而周天子经常考察他们的治理情况，并给予赏罚。因此，有这样的说法：“溥天之下，莫非王土；率土之滨，莫非王臣。”（《诗经·小雅·北山之什·北山》）春秋时代，五霸率诸侯尊周室，是对大一统观念的继承。战国时代，七雄并立，都想统一天下。秦得实现，就下令统一度、量、衡，“车同轨，书同文字”（《史记·秦始皇本纪》）。这些措施，也可以看作是大一统的继续。“书同文字”对后代影响极大，成为中华民族形成强大凝聚力的一个重要因素。

（二）大一统理论的确立

大一统理论是在总结历史经验中得出的。周末天下大乱，礼坏乐崩，一个中心的大一统政治格局被打乱，整个社会陷入无序状态，战争频繁，民不聊生，正所谓“春秋无义战”。虽有五霸崇周，仍然战争不断。周天子只有名义上的中心，已经无法控制政治局面，所谓“礼乐征伐自天子出”，已经成了一句空话。最终导致战国七雄出，秦灭周，再灭山东六国，一统天下。秦统一政治，消除了诸侯分裂纷争的局面。这本来可以使人民过上安居乐业的生活。秦到二世，以天下适己，以天下奉一人。秦二世有至高无上的权力又没有制约机制，欲望高而智力低，以为可以毫无顾忌地随心所欲，结果搅乱天下，很快就在农民起义中灭亡。灭亡秦朝的正是秦二世胡亥。当然，秦二世无术御下，无力控制局面，自己深居皇宫，不了解下情、外情，自己被赵高所控制，成为傀儡。而真正乱国的罪魁祸首应该是赵高。赵高指鹿为马，狐假虎威，大权独揽，为所欲为，终将国家搞乱，自己也当了殉葬品。

秦亡后，楚汉战争持续了五年，最后，刘邦战胜项羽，取得政权，恢复了秦朝建立的中央集权制度，所谓“汉承秦制”。从制度上说，周代实行封建制。秦始皇一反过去的封建制，实行郡县制。全国分 36 个郡，郡监察若干个县，形成新的郡县制。汉朝之初，有的思想家认为周代实行封建制，延续了八百年，秦代实行郡县制，只延续了几十年。这说明封建制优于郡县制。汉承秦制时，又封了一些诸侯王。实际上，汉代实行的是“一国两制”，郡县制与封建制并存。过几十年，在汉景帝时代，许多诸侯王实力扩大，威胁中央集权。诸侯王开始觊觎中央政权，许多有识之士深感忧虑，一再提出要削减诸侯的实力，减少封地，以避免枝大于干，尾大不掉，大权旁落。贾谊有这个意见，晁错也有这个意见。但是，汉文帝和汉景帝总觉得这些人危言耸听，不忍下手，一拖再拖，未能实施。结果，于景帝年间，吴楚七国借口清君侧，反对削藩，起兵叛乱，要夺中央大权。这是一大教训！这个时候，汉景帝还想牺牲晁错来平息叛乱，结果“内杜忠臣之口，外为诸侯报仇”（《汉书·晁错传》）。晁错已死，叛军不退，到此，景帝才醒悟，晁错却冤死。

善于总结历史经验的董仲舒亲身经历了这场太平时代的大灾难，深入研究这些痛苦教训，从理论上进行探讨。研究的结果就是大一统理论。汉代风气比较崇信古代的文字，董仲舒就从《公羊传》中找到大一统三个字，大加发挥，产生了理论形态的大一统。

《春秋》记载：鲁隐公“元年春王正月”。《公羊传》解释说：“元年者何？君之始年也。春者何？岁之始也。王者孰谓？谓文王也。曷为先言王而后言正月？王正月也。何言乎王正月？大一统也。”这段话的大意是：什么叫元年呢？国君即位的第一年。什么叫春呢？就是一年中第一个季度。王指谁呢？指周文王。为什么先说王后讲正月呢？用的是周文王历法的正月。为什么要用周文王历法的正月呢？那是为了使用天下通用的统一历法。（周正建子，周历以农历十一月即子月为正月）应该说，《公羊传》在这里是将统一历法称为大一统，本来没有很深奥的意义，每一句解释都很平实而通俗。

《公羊传》注经，可为章句之学的典型代表，而董仲舒却要“六经注我”，利用经传的说法来发挥自己的思想。就在“元年春王正月”这几个字上，他阐述了许多观点。第一，他提出“元”在天地之前，是宇宙的终极本原，产生了独特的“元一元论”宇宙观。第二，他说：“谓一为元者，视大始而欲正本也。”（《汉书·董仲舒传》）把第一年称为元年，是重视开始，而且要端正根本，上梁不正下梁歪。皇帝是根本，刚即位是开始。一定要树立正的风气，为天下作表率。第三，春代表天，在王之前。王之后有正，正就是政，政是统治人民。“春王正”三个字的顺序表明“屈民而伸君，屈君而伸天”（《春秋繁露·玉杯》），人民服从皇帝，皇帝服从上天。第四，董仲舒从这里发挥大一统思想。大一统在《公羊传》里主要指统一历法。而在董仲舒那里，大一统的思想也就大大丰富了。一是反对诸侯分裂割据；二是加强中央集权，两屈两伸就是一例；三是要将全国思想统一于孔子儒学。这三方面也就是领土完整，统一政治，统一思想。董仲舒的建议受到汉武帝的赞赏。西汉几个皇帝也都贯彻大一统的建议。政治统一和经学的形成，就说明董仲舒大一统思想的部分实现。大一统思想的形成，董仲舒起了关键的作用，大一统思想的发展产生大一统的思维方式。这种思维方式就是费尔巴哈在《黑格尔哲学批评》中说的“东方人因为统一而忘掉差别”的那种“同一哲学”。

（三）大一统的政治格局与思维方式

大一统在政治上巩固了汉朝统一政权，在思想上的影响更加深刻和久远。这就是大一统成了中华民族的政治观念和思维方式。

统一政治成为中国人的深层观念。当国家处于即将分裂的时候，人们都要维护统一，反对分裂。谁搞分裂，谁就是历史的罪人，就是民族的败类。汉代吴楚七国之乱中的刘濞，唐代安史之乱中的安禄山，就是这一类的罪人、败类。在不得已而出现分裂以后，所有的人都在努力促成统一，结束分裂。典型的是在南北朝时期，祖逖多次组织北伐，企图实现统一，最终没能实现，在弥留之际，还在高呼：“渡河！渡河！”在南宋时代，著名诗人陆游也是在临死时留下遗言，表达自己的心愿：“死去原知万事空，但悲不见九州同。王师北定中原日，家祭无忘告乃翁。”这一首诗传颂长久，也说明它反映了中华民族的传统精神。谁期望统一，谁为统一做出贡献，谁就是英雄，彪炳青史。南宋的岳飞就是这样的英雄。他的坟墓就建在杭州西湖的风景区，墓前还有这样一副对联：“青山有幸埋忠骨，白铁无辜铸佞臣。”所谓忠骨，就是岳飞的骸骨。所谓佞臣，就是陷害岳飞的秦桧等人。原有石雕佞臣的跪像，由于游客愤怒，经常打破石雕佞臣像，后来改用铁铸，才能保留较长时间。从这一种情况来看，也可以说充分反映了中华民族的传统感情和对忠奸的强烈情绪。直至今天，有人提倡国家还是小一些好的言论，都会被视为有卖国倾向的嫌疑。因此有些人企图制造分裂中国的舆论，都必将受到中国人民的唾骂。在中国这种深厚的民族传统下，任何企图分裂中国的努力都将是徒劳的。

在汉代，大一统产生了经学，以儒家思想作为整个社会的指导思想，同时产生了一个中心的一元观念，全国人的思想都趋向政治中心。首都成了全国人民的榜样。天下看首都，四郊看城中，城中看宫中，宫中看皇帝。东汉时有民谣说："城中好高髻，四方高一尺；城中好广眉，四方且半额；城中好大袖，四方全匹帛。"（《后汉书·马廖传》）城中人的生活方式都成为四方百姓效法的榜样。而皇帝则是全国人的榜样。所谓以身作则，所谓"其身正，不令而行；其身不正，虽令不从"（《论语·子路》）。皇帝自己的一举一动、一言一行，都成了其他人的行为法则。身正，必须心正。如果皇帝心正、身正，那就会使社会风气正。如果皇帝心不正，行为不规矩、说话太随便，那就可能给某些人带来严重的灾难，甚至给整个社会带来不幸。因此，皇帝要敬小慎微。正如董仲舒所说："君人者国之元，发言动作，万物之枢机。枢机之发，荣辱之端也。失之毫厘，驷不及追。故为人君者谨本详始，敬小慎微……虚心下士，观来察往。谋于众贤，考求众人"。（《春秋繁露·立元神》）东汉马廖也认为"改政移风，必有其本"（《后汉书·马廖传》）。这个"本"就是京师、皇宫、皇帝。后人所谓"上行下效"，所谓"上有所好，下必甚焉"，都是指的这种情况。

皇帝可以做孝的榜样，不能做忠的榜样。因此，皇帝还要为人民去表彰一些人物，给人民树立一些榜样。这样，通过榜样产生了奇特的效果。榜样的社会效应之快之广之深，都远远超过一般的道德说教。所谓"榜样的力量是无穷的"。统治者认识到这一道理以后，就不断地树立各种各样的有利于封建统治的榜样。又立牌坊，又赐匾额，又旌门闾，又是册封。过去是忠孝节义，后来是树立样板，内容名称有很多变化，其形式却有相似之处。从思维方式上说，则是基本一致的。

关于写文章，本来是“文无定法”，各色各样，丰富多彩。但是，当大一统思想渗透到文章写作中时，不但内容上充满经学的气息，连文章的格式也日益趋同化。这里有两个典型的例子，一是科举考试，要求按统一的八股格式写文章。这八股就是破题、承题、起讲、入手、起股、中股、后股、束股。股就是段落，八股就是八段。科举考试后来制度化，规范化，一般是统一命题、统一考试、统一标准、统一录取。如果哪一个考生违背了这些统一的东西，那么，水平再高也中不了进士。二是审案报告。审理案件要写报告，呈报上级批准。案情千差万别，审理过程又各不相同，要写审案报告当然也就大不相同。清朝时，写审案报告叫作“书狱”。“书狱”也有统一的格式。“书狱”只能按统一的格式写，而不能按实际情况写。所有的案件都是由于双方争端引起的，后来发展成为案件。审理过程中，犯法者开始都不服罪，对于初审提出申诉，后来又驳回申诉，维持原判。东西南北，男女老幼，不管什么地方的人，说的话都一样，甚至案犯人家的摆设也都一模一样，哪有窗哪是门，床摆在哪儿也是一定的。对于同样的案件，由于书写人的文化水平不同，个人文风不同，本来也可以写出各具特色的文章来，上级正可以通过这种差别来选拔人才。而实际上却不是这样，“十八行省之挂仕籍者，语言文字毕同。”（龚自珍：《乙丙之际塾议三》）全国各地官员所写的文章，所用的语言，全部一样。为什么会出现这种怪现象呢？新来一个科班出身的文人，可能文化水平很高，又经过调查研究，写出了很好的审案报告。但是，报上去就被上司退回重写。如果再加斟酌修改，水平更高了那还是要退回重写。上司，很多是庸官，他们只认格式，不知水平。能按格式写就是高水平，不按格式写就是不够水平。几经退回以后，如果还不能按格式写，那么上司就认为你不胜任这一工作，必须调离。历史上比较有个性的文人如王充、李白等大概都因为入不了这一套路，所以在仕途上总是比较坎坷的。而一批庸人却在大一统的模式里被塑造出来了。他们飞黄腾达。历史上虽然也有一些有识之士反对这种风气，提出“上下雷同，非陛下之福”（《后汉书·循吏列传》），“千夫诺诺，不如一士之谔谔”（北宋苏轼《讲田友直字序》）之类的名言，但也改变不了“一呼百应”的现象。除了集权政治体制的原因外，还有思维方式方面的原因。这两个原因都是大一统这套机器的配套部件。大一统思维方式是适应中央集权专制的，所以它可以长久地保存下来，并且扩散到社会生活的各个角落、各个领域，产生深远的社会影响。所谓“一刀切”现象也是大一统的体现。

如何看待大一统？大一统的实质就是中央集权制。从秦始皇建立中央集权制到清朝末年，两千多年中，从未改变。到了现代才有民主共和制。在建立民主共和制之前，自然要批判中央集权制，才能说明民主共和制的合理进步。但是，如果我们从世界历史的宏观角度来审视这个问题，则应该有新的见解。在近现代，有许多学者痛骂皇权，痛骂大一统，痛骂中央集权制或独裁专制，都是可以理解的。这种现象说明中央集权制已经不适应我们现在的社会。但是，它在过去能够存在两千多年，说明它一定有很多合理性。到底有什么合理性呢？第一，我们看到皇权是社会秩序的象征，有了皇权，就有了稳定的社会秩序；一旦皇权不稳定，社会就陷入混乱。第二，我们可以看到，中国的汉唐盛世都是在大一统，即中央集权制度比较巩固的时期。大一统不稳固的时期，天下大乱，人民生活不安定，经济也不可能发展，更谈不上社会进步和精神文明。第三，中国历史上人口最多的时期也是在汉唐时代，汉代最多时达到 5900 多万人，唐代最高峰为 5600 多万人。春秋战国时代、魏晋南北朝时期和唐末五代，都是乱世，人口都减少到低点，甚至只有几百万人。在古代中国，人口的多少，就是社会好坏的重要标志。现在讲计划生育，是现代的要求，不可混为一谈。《河殇》把大一统和长城都当作中国落后的原因，封闭的象征，是缺乏历史的见识。现代学者也骂中央集权制，实际上也不过是指桑骂槐，借古喻今，古为今用。关于集权制，甚至个人专政，在历史上都起过好的作用，不能因为现代需要民主政治而全盘否定历史上的传统制度。正确的态度是应该客观地评价历史上的传统制度。

在古代，生产力水平很低，人民的文化水平也不高，社会制度更没有民主这一说。如何组织群众发展生产，开展各种社会活动呢？有一些人要向东，有一些人要向西，如何统一呢？也许有的人认为他们想干什么就干什么，何必管他们呢？这都是违背历史的天真想法。动物尚且有组织，人类怎么可能没有组织？人类没有组织怎么能战胜自然灾害？怎么能战胜凶禽猛兽？两千多年前的荀子就曾经说过，单个人斗不过老虎，但是，人能把老虎关在笼子里。为什么？因为人类“能群”，能够互相配合，结成群体。君是“能群”者，君是能够组织人民的人。没有君，人类就是一盘散沙。有君，才能团结群众，达到“一天下”的目的。统一天下，人类才有了巨大的改天换地的力量。《吕氏春秋》主张“执一”“不二”，认为在路边盖房子，由于听各种过路人的不同说法，无所适从，长期未能建成。如果听从各种人的议论来治国，也会导致国家的大乱。荀子认为王制应该“一天下”，做到“令行禁止”。刘向编的《说苑》的第一卷是《君道》，《君道》中有一段这样的记载：

武王问太公曰：“得贤敬士，或不能以为治者，何也？”太公对曰：“不能独断，以人言断者，殃也。”武王曰：“何为以人言断？”太公对曰：“不能定所去，以人言去；不能定所取，以人言取；不能定所为，以人言为；不能定所罚，以人言罚；不能定所赏，以人言赏。贤者不必用，不肖者不必退，而士不必敬。”

这就是说自己没有主见，只是听群众议论来处理一切事务，那样的话，贤者未必得到任用，而不肖者也未必会被排除。这就是亡国的原因。现在我们需要发扬民主，倾听群众意见，反对个人专断。这是古今所不同的。

二、天子是大一统政治的核心

政治是社会管理，是管理众人的事。中国传统的政治学与西方的政治学不同。西方的政治学讲的是社会管理者用什么办法来管理人民，把人民作为客观的管理对象。至于自己则要求是有能力有智谋的强者，所谓“优胜劣汰”。中国古代的法家思想与西方这种管理学比较接近，而中国传统的政治学是以儒家思想为主流，不主张“我来管你们”这种方式，不是下命令式的强制管理，而是用示范的方式树立榜样，启发人民学习，以此来改变社会风气，来促进社会发展。所以，所谓领导，并不仅是高高在上的指挥，而是自己先做出来，让大家看，让人民学习。“众不可户说也，可举而示也。”（《说苑》卷七《政理》）群众不能挨家挨户去劝说，可以树立榜样作示范，来引导他们。《周易·系辞传》引孔子的话说：“君子居其室，出其言善，则千里之外应之，况其迩者乎？居其室，出其言不善，则千里之外违之，况其迩者乎？言出乎身，加乎民，行发乎迩，见乎远。言行，君子之枢机。枢机之发，荣辱之主也。言行，君子之所以动天地也，可不慎乎？”后来，董仲舒讲：“君人者国之元。发言动作，万物之枢机。枢机之发，荣辱之端也。失之毫厘，驷不及追。故为人君者谨本详始，敬小慎微……虚心下土，观来察往。谋于众贤，考求众人……”（《春秋繁露·立元神》）《说苑》载泄冶引述《系辞传》中的孔子的话，评论陈灵公，认为“不是之慎而纵恣焉，不亡必弑”，陈灵公认为泄冶的话是“妖言”，杀了泄冶。其结果还是陈灵公被征舒所弑。孔子讲的是“君子”，董仲舒讲的是“国君”。泄冶认为陈灵公不符合“国君”的形象。大意是一致的。有这么大影响的人，必定是有社会地位的人，或者是有相当高的地位的人，特别是天子。天子的一举一动、一言一行，都会对千里之外的人民产生很大的影响。天子的言行是好的，就会产生好的影响；如果不好也就会产生坏的影响。因此，天子说话要特别谨慎。其他国君和各种决策人物，都应该谨慎。天子是在中央集权制度下具有特大影响作用的特殊人物，处于特殊地位，像大海中航船的舵手。他的思想行为决定着这艘船的走向，决定着平安和灾难。中国历代思想家都非常认真地研究天子这个角色，总结出天子应该遵循的法则，即所谓"君道"。《荀子》有一篇题为《君道》，刘向编的《说苑》第一篇就是《君道》，吴兢撰的《贞观政要》第一篇也是《君道》。国君要做天下的榜样，因此，君道的第一要义是修身。

（一）修身

《荀子·君道》记载：

请问为国？曰：闻修身，未尝闻为国也。君者，仪也；民者，影也，仪正而景正。君者，槃也；民者，水也；槃圆而水圆。君者，盂也；盂方而水方。君射则臣决，楚庄王好细腰，故朝有饿人。故曰：闻修身，未尝闻为国也。君者，民之原也；原清则流清，原浊则流浊。……道者何也？曰：君之所道也。君者何也？曰：能群也。

这里用了一系列的比喻，仪与景（影）的关系，槃（盘）与水的关系，原（源）与流的关系，一句话，君对民起决定性的作用。所谓"楚王好细腰，宫中多饿死。"楚庄王（《战国策》中作"楚灵王"）喜欢细腰的女人[①]，王宫中有些宫女就饿肚子，希望身体苗条一些，取悦于楚王。甚至

① 有人研究认为，所谓好细腰，并非只是腰细，实则是好腰上的胸乳和腰下的臀都要高高隆起，这样腰就相对地变得细了。饿死的宫女都是因误解而丧命。参见［英］霭理士著，潘光旦译注：《性心理学》，生活·读书·新知三联书店1987年版。现代有"苗条说"，社会上也出现了苗条霜之类的东西，也是因误解而失误。人不是越瘦越好，应该丰满充实、精神健康、乐观和谐。

有些宫女因此而饿死。所以，君像水的源头，源头清洁，流出的水也清洁，源头是浊水，流出来的水也是混浊的。因此，君道就是君导，君是民的榜样，对民起导向作用。君就是能群，能够把民组织起来，对民有号召力，有吸引力，有感召力。关于国君对人民的影响，《韩诗外传》有很典型的例子：鲁国监门（守门人）的女孩子晚上与同伴一块儿织麻，她突然哭起来了。同伴问："你为什么哭？"这个女孩子说："我听说卫国的世子（未来继位的嫡长子）不好，所以哭。"同伴说："卫国世子不好，诸侯忧愁，你何必哭呢？"意思是说与你有什么关系。女孩子说："我所了解的情况，跟你说的不一样。以前，宋国的桓司马得罪了国君，逃到鲁国来，他的马跑到我国的菜园里来，吃了园里的葵菜，还在园里打滚儿，使那一年的菜农有重大损失，收入减少一半。越王勾践起兵攻打吴国，各诸侯害怕勾践的威力。鲁国也派人送去美女，我姐就在其中。我哥去看望，在半路上被吓死了。越国军队针对吴国，死的却是我的哥哥。由此可见，我们的祸福与诸侯王是相联系的。现在卫国的世子表现特别不好，又好战，我有三个弟弟，能不担心吗？"（《韩诗外传》卷二第二章）从平民百姓的切身体会来看，诸侯之间的矛盾和斗争，经常给他们带来灾祸，所谓"城门失火，殃及池鱼"。

君对臣的影响也是这样。贞观元年（公元627年），唐太宗对黄门侍郎王珪说：

中书所出诏敕，颇有意见不同，或兼错失而相正以否。元置中书、门下，本拟相防过误。人之意见，每或不同，有所是非，本为公事。或有护己之短，忌闻其失，有是有非，衔以为怨。或有苟避私隙，相惜颜面，知非政事，遂即施行。难违一官之小情，顿为万人之大弊。此实亡国之政，卿辈特须在意防也。隋日内外庶官，政以依违，而致祸乱。人多不能深思此理。当时皆谓祸不及身，面从背言，不以为患。后至大乱一起，家国俱丧，虽有脱身之人，纵不遭刑戮，皆辛苦仅免，甚为时论所贬黜。卿等特须灭私徇公，坚守直道，庶事相启沃，勿上下雷同也。

中书，是代表政府下发文件的最高机关。诏敕，均指皇帝批发的文件。唐太宗这一段话的大意是：中央发的文件，各级官员会有不同意见，有错误还可以相互纠正。原来设置中书和门下两个机关，本来是为了可以相互纠正错误。人的意见，经常不相同，各有是非，本来都是公事，但是，有的为了掩盖自己的错误，忌讳自己的过失，是是非非，互相埋怨怀恨。有的为了苟且避免个人恩怨，互相照顾面子，明明知道不合理的规定，也就实行。不违背一个官员的情绪，却造成万人的灾难。这实际上就是亡国的政治。你们都要特别注意防止这种现象的发生。隋朝的时候，内外官员，都顺旨行事，最后导致祸乱。多数人不能深入思考这个道理。当时，那些官员都以为灾祸不会落在自己身上，当面顺从，背后却有不同议论，不认为有什么害处。以后，引起大乱，国破家亡，虽然有脱身的人，即使没遭杀戮，也都受尽苦难，仅仅免于一死，都受到当时舆论的严厉批评。你们特别要灭私徇公，坚守直道，平时要互相讨论，不要上下雷同①。唐太宗说的情况在中国历史上是非常普遍的现象，这种现象才使中国有《二十五史》。如果一个朝廷始终都是朝气蓬勃的，能够延续千秋万代，那怎么会有《二十五史》？第一代皇帝身经动荡社会，备尝苦辛，知道治乱之源，不敢纵欲淫逸，天下就治理得好些。后嗣之君，不知稼穑艰辛，贪图享受，终至败亡。天子的修身关系到国家的兴亡、人民的祸福。

① 雷同，不应相同而相同。《礼记·曲礼》有“毋雷同”的说法。《汉书·刘歆传》：“或怀妒嫉，不考情实，雷同相从，随声是非。”《后汉书·循吏列传》载：东汉光武帝委任任延为武威太守，并亲自接见，戒之曰：“善事上官，无失名誉。”延对曰：“臣闻忠臣不私，私臣不忠。履正奉公，臣子之节。上下雷同，非陛下之福。善事上官，臣不敢奉诏。”帝叹息曰：“卿言是也。”

（二）听谏

天子不是全知全能的，日理万机，需要集思广益，需要别人经常指出他的错误。这就绝对需要认真听谏。要善于听取从各个不同的方面提出来的各种意见，那是很不容易的一件事。听谏的水平决定国家的兴衰存亡。可见，听谏是国君非常重要的一项工作。

第一，听谏的必要性和重要性。历代帝王和思想家都极端重视听谏。西周时代，周成王还幼小，周公摄政，践天子位达七年之久。周公以“亲亲尚恩”为治国方针，即后人所谓“宗亲”制度，也就是说“任人唯亲”。虽然周初也封了一些开国功臣，但主要还是封与周武王有血缘关系的一些宗亲。这些受封的诸侯有很大的自主权，可以在自己死后把封地传给自己的儿子，一般是长子，也就是长子有继承权。这个制度在当时对于稳定社会是有明显作用的。这就是所谓的“家天下”。“家天下”的弊端也是非常明显的。一是贤才能人未必都出在周家，而这些人有本事、有能量，如果没有用武之地，那就可能埋下社会动乱的隐患，成为不安定的因素。另外，长子继承权规定只有长子可以继承王位，而长子却未必都是最理想的人选，如果有不是长子的其他人有更大的本事，不服气，不甘寂寞，不肯长居人下，那么，社会也会因此而产生动乱。周公心里清楚，他自己的本事大大高于周成王，但他没有这个野心，所以摄政七年后又返政于周成王。如果他不返政呢？别人是毫无办法的。他摄政的时候，就有人怀疑他要篡权，说明人们的心目中都有这种思路。那么，后代的人们就不会像周公这样摄政、返政，不就会出现大乱了？周公经过深思熟虑，认为集思广益，是非常必要的，应该成为一种制度、习惯、风气。因此，他特别努力于接见来访者，认真地听取他们的各种意见。他摄政时，布衣人士来访者，他按老师来接见的有 10 位，作为朋友来接待的有 12 名，到平民家拜访的有 49 人。还有“时进善者百人，教士者千人，官朝者万人”（《韩诗外传》卷三第三十一章）。这个时候，如果周公骄傲而且吝啬，那么，很多贤人就不会来，周初的事业就不会这么可观。周成王封周公于鲁，周公为了在中央帮忙，就让儿子伯禽到封地去。临行时，周公告诫伯禽一些话，这就是周公的治国方针。他说：

往矣！子其无以鲁国骄士。吾文王之子，武王之弟，成王之叔父也，又相天子，吾于天下亦不轻矣。然一沐三握发，一饭三吐哺，犹恐失天下之士。吾闻德行宽裕，守之以恭者，荣。土地广大，守之以俭者，安。禄位尊盛，守之以卑者，贵。人众兵强，守之以畏者，胜。聪明睿智，守之以愚者，哲。博闻强记，守之以浅者，智。夫此六者，皆谦德也。夫贵为天子，富有四海，由此德也。不谦而失天下亡其身者，桀纣是也，可不慎与！（《韩诗外传》卷三第三十一章）

周公的说法，不能以国君的权力和位子为资本傲慢地对待士人，谦虚才能长久，骄傲就要灭亡。这些思想都被后代思想家所认同。毛泽东说："谦虚使人进步，骄傲使人落后。"也是这种思想的体现。谦虚谨慎，是中国的优秀传统思想。中国历代思想家都认为听谏在中央集权制度下是绝对必要的。中央集权制，皇帝要对所有大事作出决策。一个人不能了解各行业的情况，也不可能对政治、经济、文化、军事、外交、教育、人才都有全面深入的了解，因此，他个人有很大的局限性。正如唐太宗所说："一日万机，一人听断，虽复忧劳，安能尽善？"（《贞观政要·求谏》）今天错一点，明天错一点，日积月累，就会逐渐酿成大祸，导致亡国。皇帝权力大，未必智力高。即使智力高，也不可能做的事全对，说的话都不错。他有错误，没有人敢纠正，那就无法避免亡国。唐太宗曾对公卿们说：

人欲自照，必须明镜；主欲知过，必藉忠臣。主若自贤，臣不匡正，欲不危败，岂可得乎？故君失其国，臣亦不能独全其家。至如隋炀帝暴虐，臣下钳口，卒令不闻其过，遂至灭亡。虞世基等，寻亦诛死。前事不远，公等每看事有不利于人，必须极言规谏。(《贞观政要·求谏》)

隋炀帝“不闻其过，遂至灭亡”，这个教训是深刻的。其他末代皇帝也多是听不进或听不到不同的意见，特别是反对自己的意见，导致灭亡的。秦二世听信赵高，听不到不同的意见，很快就灭亡了。赵高也与虞世基一样，不久就被诛死。

为了能够发现自己的过错，中国古代帝王就已经采取过很多措施，也在制度上做出过某些规定。传说在尧舜时代曾经设置进善之旌、诽谤之木（华表的前身）、敢谏之鼓。周时有诤臣七人，后代设谏议大夫。天子“从谏则圣”。唐太宗时还规定，宰相到皇宫汇报情况，讨论国事时，“必使谏官随入，预闻政事”（《贞观政要·求谏》），起监督作用。贞观三年（公元629年），李大亮为凉州都督，曾有使者到凉州，看见一只名鹰，就暗示李大亮把它献给皇帝。李大亮给唐太宗一份密表，揭露了这件事。唐太宗很高兴，说他“披露腹心，非常恳到”“有臣若此，朕复何忧”，认为批评意见，“一言之重，侔于千金”（《贞观政要·纳谏》）。给予厚赏，以资鼓励。谏主要是起镜子的作用，发现并认识错误，同时也有集思广益的意义。例如，唐初，岭南酋长冯盎与其他酋长互相攻击，各州都向朝廷奏说冯盎造反。当时唐太宗想发兵征讨。魏徵说：“岭南瘴疠险远，不可以宿大兵。且告者已数年，而盎兵未尝出境，此不反明矣。若遣信臣示以至诚，可不烦兵而服。”唐太宗采纳这一建议，派使者去岭南见冯盎。冯盎果然不反，并遣送自己的儿子智载随使者来长安作人质。唐太宗说：“魏徵一言，胜十万之师，不可不赏。”（《纲鉴易知录·唐纪·太宗赋皇帝》）唐太宗时代，朝廷许多正确的决策都是大家敢于发言，共同讨论的结果。而作为君王主要的不是自己有多大能耐，而是能够听谏，吸取大家的意见。刘邦带兵不如韩信，后勤不如萧何，谋略不如张良，妙计不如陈平，但他们的才能，刘邦都能正确认识，充分利用，最终取得楚汉战争的胜利。楚霸王实力虽强，不能听谏，只有一个范增也不能留用，终至惨败，无颜见江东父老。

对于听谏的重要性以及不能听谏的危害性，《韩诗外传》卷六第十一章有很精彩的论述，它认为有先生、后生、不生三类国君，先生就是觉悟得早，没有出乱之前，就有忧患意识，积极听谏，避免危亡；后生就是觉悟得晚，遭难以后才知道应该听谏；不生就是至死不悟，终于灭亡。这里举了三个典型的例子。

一是先生者。楚庄王处理事情适当，却满面愁容。有人问："你还发愁什么呢？"他说："我听说诸侯能够自己选取老师的是道德高尚的王者，能够自己交朋友的是有强大实力的霸主，而只跟不如自己的人共事，那就要亡国。我这么一个低水平的人，各位官员的见解却没有达到我这水平的，所以发愁。"楚庄王道德高尚，威望很高，还那么忧恐，想得到贤人的协助，这就是所谓"先生者"，觉悟最早的人。

二是后生者。宋昭公出逃时，对驾车的人说："我知道为什么逃亡了。"驾车人问："为什么？"宋昭公说："我穿着衣服站在那里，侍候我的几十个人，没有不说我最美丽的。我一言一行，朝廷上有几百位官员，没有不说我最英明伟大的。我从内外都看不到自己的错误，所以就亡国了。"于是，宋昭公改变过去的做法，按客观规律办事，做符合人民意愿的事，不到两年的时间，他的美名传遍宋国，宋国人民把他迎回来再当国王。这是"后生者"，觉悟晚一些的人。

三是不生者。郭君逃走，在半路上对驾车的人说："我渴了，想饮！"驾车人拿出清酒给他。他又说："我饿了，想吃！"驾车人又献上干肉和干粮。他又问："谁储备了这些东西？"答曰："我储备的。""你为什么储备？""为了你逃亡时解决路上饥渴的需要。""你知道我将要亡国了？""是的。""为什么不给我提意见？""你喜欢奉承而不喜欢听真话。我如果给你提意见，恐怕在郭国亡之前，我自己就先亡了。所以我不敢提意见。”“我亡国到底为什么？”“天下没有一个贤人，只有你是唯一的‘贤人’，所以亡国。”郭君很高兴，伏在车轼上大笑说：“当贤人就这么辛苦吗？”郭君疲倦了，枕在驾车人的腿上就睡着了。驾车人用干粮垫进去，把腿抽出来，逃走了。郭君身死野外，被虎狼所吃。这就是至死不悟的“不生者”。

听不听谏，主动听谏还是被动听谏，其结果是如此不同。可见，听谏是非常必要的。

第二，听谏不论亲疏恩怨，只要明辨是非。春秋时代的齐国，齐襄公被弑，公子小白与公子纠争夺王位，有人向在莒的小白通报，同时鲁国发兵送公子纠回国，并派管仲带兵拦截从莒通向齐都的道路。管仲正好与公子小白的兵马相遇，管仲放箭射中小白的衣带钩。但当公子纠到齐国时，公子小白已经先到并自立为君，即齐桓公，公子纠被杀。管仲从鲁国被逮捕送回齐国。齐桓公对管仲有一箭之仇，恨之入骨，如果杀他，可能很解气，但就不会有后来的功业。齐桓公没有杀他，不计前嫌，不记旧怨，还用他为相，言听计从，遂霸天下。

晋国也有类似的情况。晋献公派勃鞮（《史记·晋世家》作“履鞮”）去杀重耳，重耳爬墙逃走，勃鞮追出去，刀斩重耳衣袂。重耳在外流浪几年后，回国执政，是为晋文公，也是春秋时代一位霸主。晋怀公的党徒要谋杀晋文公，勃鞮知道后，想向晋文公报告，要求接见。晋文公派人批评他，勃鞮说：“我事君不敢有二心，所以过去得罪过你。你现在回国了，难道就没有蒲、狄这两个国家了？”意思是说还有敌人存在，还需要人才。晋文公于是接见他，戳穿了暗杀的阴谋。

以后历朝都有类似的情况，例如，刘邦手下的名将、谋士很多是从项羽那里投奔过来的，唐太宗时的名相魏徵，原是建成的羽翼，与管仲的情况相似，都是所谓的“背主事仇”。宋代一些理学家脱离历史实际，对管仲、魏徵妄加指责，显然不妥。正所谓：“跖之狗吠尧，尧非不仁，狗因吠非其主。”（《史记·淮阴侯列传》）实际上这是普遍现象，每一次改朝换代，旧朝廷中都有一大批高官重臣弃暗投明，到新朝效力，任高官，享厚禄。新朝大官，多败军之将，亡国之臣。

自己身边的亲属、密友、宠臣经常也会提出各种意见，该不该听？古代传说，殷纣王听信妲己而亡国，似乎家属的话不可听，特别是妇女的话不可听。有的朝代明确规定不准妇女干政。但是，历史上也有成功的贤内助，如楚庄王的樊姬、刘邦的吕后、唐太宗的长孙皇后等。《韩诗外传》卷二第四章载：

楚庄王听朝罢晏。樊姬下堂而迎之曰：“何罢之晏也，得无饥倦乎？”

庄王曰：“今日听忠贤之言，不知饥倦也。”

樊姬曰：“王之所谓忠贤者，诸侯之客欤？国中之士欤？”

庄王曰：“则沈令尹也。”樊姬掩口而笑。

王曰：“姬之所笑者何等也？”

姬曰：“妾得于王，尚汤沐，执巾栉，振衽席，十有一年矣。然妾未尝不遣人之梁郑之间，求美人而进之于王也。与妾同列者十人，贤于妾者二人。妾岂不欲擅王之爱，专王之宠哉？不敢以私愿蔽众美也，欲王之多见，则娱。今沈令尹相楚数年矣，未尝见进贤而退不肖也，又焉得为忠贤乎？”

庄王旦朝，以樊姬之言告沈令尹。令尹避席而进孙叔敖。叔敖治楚三年，而楚国霸。楚史援笔而书之于策曰：“楚之霸，樊姬之力也。”

史官的结论是很明确的，樊姬的意见是非常关键的。当然，楚庄王也是非常高明的，他能听取樊姬的意见，是樊姬的意见能起作用的关键所在。任何时代都会有许多正确的意见，因为当权者不能正确听取，而沉没于历史之中。能听取正确意见的王者才真正是强者。

《贞观政要·纳谏》中记载：

> 太宗有一骏马，特爱之，恒于宫中养饲，无病而暴死。太宗怒养马宫人，将杀之。皇后谏曰："昔齐景公以马死杀人，晏子请数其罪云：'尔养马而死，尔罪一也。使公以马杀人，百姓闻之，必怨吾君，尔罪二也，诸侯闻之，必轻吾国，尔罪三也。'公乃释罪。陛下尝读书见此事，岂忘之邪？"太宗意乃解。又谓房玄龄曰："皇后庶事相启沃，极有利益尔。"

据戈直注释，这位皇后是长孙氏。长孙皇后的一句提醒话，便救了一条命。她在皇帝身边经常这么提醒，不知救了多少人命。被救的人往往并不知道她的恩德。因为她也不是为了救某一个人，而是为了巩固唐室的江山。这样明智的亲人，出于好心，提出合理的建议，有什么理由不听取呢？当然，不是所有的亲人提出的意见都是正确的。有的虽然也是亲人，但由于地位不同，思想境界不同，甚至是由于偏见，提出了不合理的意见，就应该有所分析，不能盲目相信，特别是不能马上照办。例如，唐太宗的第四子李泰被封为越王，是太宗很宠信的。他曾经对唐太宗说三品以上的官员都轻蔑王者，意思是说魏徵等人瞧不起他。唐太宗很不高兴，召集三品以上的官员都到齐政殿，大发脾气："我有一句话想对大家说。以前的天子是天子，现在的天子就不是天子了吗？以前天子的儿子是天子的儿子，现在的天子的儿子就不是天子的儿子了吗？我看隋家诸王在官员中都很威风，我的儿子，自然不许他横行霸道，但是，你们怎么可以轻蔑他们呢？我如果不约束他们，他们难道不会在你们面前耍威风！"许多大官都被吓得无言以对，战栗不已，只是拜谢。只有魏徵挺身而出，说："现在群臣，一定没有轻蔑越王的。但是在礼节上，臣与子是平等的……三品以上是公卿，都是天子的大臣，皇帝都很敬重。即使有礼节不周处，越王怎么能随便侮辱呢？如果国家纪纲废坏，那后果我就不知道了。现在天子圣明，越王怎么能这样呢？而且，隋高祖不知礼义，宠爱诸王，使他们行为无礼，过一段时间又因为犯罪给予罢黜。这些做法不值得学习，又何必提到他呢？”唐太宗当时很高兴，承认自己错了，表扬魏徵，批评不敢提意见的房玄龄等人。这一事件说明自己亲儿子的意见也未必正确，不可轻信。由于轻信亲儿子，或者宠爱亲儿子，造成人间悲剧，是常有的事。民间有，官宦人家也有，皇亲国戚也不例外。溺爱、重亲情是中国人的传统，这与过去宗亲制度有关。这种传统的利弊都在历史上留下无数的欢乐与痛苦，既有天伦之乐，也常常有悲剧。古代有，近现代也有。这个问题需另文论述，此处不再赘述。

百官有不同的意见，到底应该听谁的？这里就有一个分辨是非的问题。

对于魏徵，唐太宗多次因别人的说法，产生怀疑。权万纪、李仁发一度受到唐太宗的宠信，肆意毁谤朝中大臣，魏徵大胆地提出权、李都是小人，不识大体，在朝廷中“多行无礼”，“使臣下离心”（《贞观政要·纳谏》）。唐太宗认为魏徵的意见是正确的，疏远并贬黜权、李二人。

魏徵经常直言敢谏，得罪一大批人。于是，也有人告魏徵“阿党亲戚”。唐太宗派御史大夫温彦博案验，查无实据。温彦博向皇帝汇报时说：别人对魏徵有意见，虽然他无私，也在可以责备之处。什么可以责备呢？大概就是锋芒毕露。于是，唐太宗就让温彦博去批评魏徵，要他“自今以后，不得不存形迹”（《贞观政要·纳谏》）。所谓“不得不存形迹”，就是说不要那么锋芒毕露，要收敛一些，要含蓄一点。魏徵听后，认为“此言大不是”，如果不存公道，只在形迹上下功夫，那么，国家兴衰，难以预料。注重形式，言行不一，如果成为风气，必然失去真诚、公道，其害无穷。不得罪人，或者少得罪人，凡事与人为善，保持一团和气，这也是中国的一个老传统。孔子就曾经反对过这种作风，称它为“乡愿”，他说：“乡愿，德之贼也。”（《论语·阳货》）乡愿是破坏道德的作风。持乡愿这种作风的人，自己不敢跟坏人坏事作斗争，对于敢与坏人坏事作斗争的人却很妒忌，很反感，经常泼点冷水，或者造点什么别的麻烦。魏徵也遇到这种人，温彦博大概就是其中一个。

贞观六年（公元 633 年），君臣会聚九成宫时，唐太宗说魏徵过去是我的仇人，现在“征每犯颜切谏，不许我为非，我所以重之也。”魏徵说：“陛下导臣使言，臣所以敢言。若陛下不受臣言，臣亦何敢犯龙鳞，触忌讳也。”谏，需要君臣互相信任，特别是君必须有远见卓识，宽容大度。君需臣而立百代之功，臣需君而显贤良之名。

唐太宗与魏徵的君臣关系可谓如鱼得水，当魏徵死后，唐太宗“亲临恸哭”，“亲为制碑文，复自书于石”。后来对别人说：“夫以铜为镜，可以正衣冠；以古为镜，可以知兴替；以人为镜，可以明得失。朕常保此三镜，以防己过。今魏徵殂逝，遂亡一镜矣！”乃下诏，再三诚恳求谏。诏曰：“昔惟魏徵，每显予过。自其逝也，虽过莫彰。朕岂独有非于往时，而皆是于兹日？故亦庶僚苟顺，难触龙鳞者欤！所以虚己外求，披迷内省。言而不用，朕所甘心。用而不言，谁之责也？自斯已后，各悉乃诚。若有是非，直言无隐。”（《贞观政要·任贤》）

唐太宗如此想念魏徵，但是，后来发现魏徵推荐的两个官员犯罪，唐太宗还是怪罪魏徵，把自己给魏徵立的墓碑推倒。真使天下忠臣、良臣寒心！“伴君如伴虎”，绝非虚言！后来，唐太宗在辽东打了大败仗，痛心地说：“魏徵若在，吾有此行邪！”（《新唐书·魏徵传》）这个时候，唐太宗又把推倒的魏徵墓碑重新立起来，而晁错，人头落地，千古冤魂，无处申诉！

我们从魏徵的一身正气，得唐太宗的特殊赏识，还会有如此艰难而曲折的历程来看，在中央集权的制度下，“伴君如伴虎”，岂是危言耸听！班固在《汉书·公孙弘传》中说公孙弘“凡为丞相御史六岁，年八十，终丞相位。其后李蔡、严青翟、赵周、石庆、公孙贺、刘屈氂继踵为丞相。自蔡至庆，丞相府客馆丘虚而已，至贺、屈氂时坏以为马厩车库奴婢室矣。唯庆以惇谨，复终相位，其余尽伏诛云”。据《汉书·百官公卿表》载，西汉任丞相的有 44 人，只有开国元勋的萧何、陈平和公孙弘少数几个得以善终，多数都被免职、贬黜、诛杀。从这一事实可以理解庄周在战乱的战国时代不肯任官，认为任官是以隋侯之珠去弹麻雀的道理。商鞅到了秦国，受到重用，实行变法，为秦国做出巨大贡献，后被害而受车裂之刑。秦始皇十分欣赏韩非，韩非到了秦国，不久就被害死。李斯深受秦始皇的重用，后也被赵高陷害，与儿子同赴刑场，感慨万端。倒是孔子、孟子这些人周游列国，不受任用，还都可以寿终正寝，活到 73 岁、84 岁。正反两方面的事实，证明了庄子选择的正确性，他也因此得以寿终。

第三，听谏要用，知错能改。听谏不是一个表面的形式，听，也不是做给别人看的。听了不同意见，要分析研究，要在实际中实行。如果是正确的意见，就要采用。如果指出自己的缺点和失误，就要尽快改正。但是，过去有些君王，听到批评意见，就说“已经实行了”，或者说“已经答应了”，居然不肯停止实行，不肯改正，只为了维护自己的面子。这就是逐渐走向“危亡之祸”的道路。

有的人讲起道理来，都十分明白，或者也能听取意见，分辨是非善恶，就是不能实行，停留在认识阶段，不能付诸行动。正所谓：“一步实际运动比一打纲领更重要。”①

贞观初，唐太宗与王硅宴会谈话，当时有美人在旁边侍候。这个美人本来是卢江王的姬。卢江王谋反被诛，她作为家属被籍没入宫。唐太宗指着这个美人告诉王珪说：“卢江王不遵循正道，把她的丈夫杀死，把她纳为姬。这么暴虐，能不亡吗？”王珪问：“你认为卢江王娶她对还是不对呢？”唐太宗说：“哪有杀人又娶其妻的，你还问对不对，为什么？”王珪说：“我看《管子》书上写了这么一件事：齐桓公灭了郭国，到了郭，问当地父老：‘郭国为什么亡国？’父老说：‘因为他好善而厌恶。’齐桓公说：‘像你们讲的，郭君还是一个贤君，怎么会亡国呢？’父老说：‘不对。郭君好善而不能用，厌恶而不能去，所以亡国。’现在这个妇人还在你的身边，我以为你觉得合适。你如果觉得不合适，那也是知道恶却不能去。”唐

① 《马克思恩格斯选集》第 3 卷，人民出版社 2012 年版，第 355 页。

太宗听后很高兴，认为说得很对，赶紧让这位美人回到自己的亲族那里去。（《贞观政要·纳谏》）

像唐太宗这样的情况，时有发生。道理都知道，实际事情落到自己身上，就糊涂了。真所谓“当事者迷，旁观者清”，有道是“不识庐山真面目，只缘身在此山中”。

第四，防微杜渐，慎终如始。谏，重要的在于防微杜渐。就是说有一点不好的苗头，就要提出来，那样改正就容易一些，效果明显，损失较少，甚至可能还没有造成损失。但是，由于只是苗头，还看不到危害，国君不以为意，大家还不留心，个别有远见卓识的思想家，虽然看到它必将造成严重后果，却很难说服别人，甚至招来“无事忧天倾”的讪笑。真所谓“多情却被无情笑”。

西汉文景之世，可谓盛世。那时的贾谊已经看到社会潜在危机，如不采取措施预防，最终会导致不可收拾的局面。所以他多次进谏，而文帝及其他官员都不相信，像周勃、灌婴这些武将缺乏历史知识，不能理解贾谊的意见，以为他在哗众取宠，危言耸听，于是群起而攻之，把他赶出京城而后已。贾谊痛陈：“窃惟事势，可为痛哭者一，可为流涕者二，可为长太息者六”，然后怀着曲高和寡的忧国之心，走向失望。

贞观十七年（公元 643 年），唐太宗问谏议大夫褚遂良：“过去，舜造漆器，禹造雕花的碗，有十几个人提出批评。餐具变化，何必这样苦谏？”褚遂良说：“雕琢花工夫，影响农业生产，织物上编饰物，妨碍女工生产。首创奢侈，就是逐渐走向危亡。漆器不加禁止，以后必定用金属来做。金属不禁止，就必定会用玉来做。敢于进谏的官员一定要开始有苗头时就出来反对。如果到了盛行并造成严重危害的时候，就无法再谏了。”（《贞观政要·求谏》）即使反对成功，也可能已经产生很坏的影响，造成严重的损失。唐太宗同意这种看法，他又提出，不论是苗头，还是已经形成盛势，你们都可以而且应该进谏。

社会现象有了苗头，就会逐渐发展、扩大，形成一种潮流，因此要防微杜渐。人的思想也是这样，也会在漫长的时间里逐渐地起变化，谏与听谏双方也都会有所变化。

在贞观之初，唐太宗虚心求谏，百官也多能大胆进谏。社会稳定以后，唐太宗的威信日益提高，听谏的态度也有所变化，尽管变化很微小，魏徵已经能够清楚地觉察出来。贞观十二年（公元 638 年），唐太宗问魏徵："最近以来行政得失，与以前相比怎么样？"魏徵答道："对国外的影响，比贞观之初有很大发展。在德义使人民信服方面，则远不如以前。"唐太宗对此不能理解，现在的功业比过去盛得多，德义为什么却不如以前。现在与以前相比有什么不同呢？魏徵说："贞观之初，恐人不言，导之使谏。三年已后，见人谏诤，悦而从之。一二年来，不悦人谏，虽勉听受，而意终不平，谅有难色。"太宗问："于何事如此？"魏徵就列举具体事例说明唐太宗听谏的情绪微妙的变化。他说：

即位之初，处元律师死罪，孙伏伽谏曰："法不至死，无容滥加酷罚。"遂赐以兰陵公主园，直钱百万。人或曰："所言乃常事，而所赏太厚。"答曰："我即位来，未有谏者，所以赏之。"此导之使言也。

徐州司户柳雄于隋资妄加阶级。人有告之者，陛下令其自首，不首与罪。遂固言是实，竟不肯首。大理推得其伪，将处雄死罪，少卿戴胄奏法止合徒。陛下曰："我已与其断当讫，但当与死罪。"胄曰："陛下既不然，即付臣法司。罪不合死，不可酷滥。"陛下作色遣杀，胄执之不已，至于四五，然后赦之。乃谓法司曰："但能为我如此守法，岂畏滥有诛夷。"此则悦以从谏也。

往年陕县丞皇甫德参上书，大忤圣旨，陛下以为讪谤。臣奏称上书不激切，不能起人主意，激切即似讪谤。于时虽从臣言，赏物二十段，意甚不平，难于受谏也。（《贞观政要·纳谏》）

唐太宗开始鼓励别人进谏，后来听谏很高兴，最后听谏虽然也勉强能够接受，但心里并不乐意。这种变化是很自然的、很正常的。经过魏徵举实例证明，唐太宗承认了，并且体会到“人皆苦不自觉”，没听这话时，以为自己没有什么变化，“及见公论说，过失堪惊”！

在节节胜利中，在威望逐渐提高中，唐太宗渐渐自以为是了，与此同时，官员们也逐渐变得不那么自信了。唐太宗也发现：“比见人来奏事者，多有怖慑，言语致失次第。”（《贞观政要·求谏》）魏徵认为有几种情况：有的怀忠直而不能言，有的恐不信而不得言，有的怕于己不利而不敢言。这样就只好保持沉默，混日子。“人臣欲谏，辄惧死亡之祸，与夫赴鼎镬、冒白刃，亦何异哉？”谏有那么多的危险，不能不令人思前想后，顾虑重重。

君臣真诚相待，为了一个共同的目标，共同尽心尽力。那是很难的。中央集权制的弊端于此可见一斑。

关于谏的问题，君与臣由于地位不同，角度不同，会有很不相同的看法。例如，晋武帝平吴以后，有骄傲情绪，不再留心政治。任三公之职的何曾退朝后对儿子何劭说：“吾每见主上不论经国远图，但说平生常语，此非贻厥子孙者，尔身犹可以免。”又指孙子们说：“此等必遇乱死。”及孙何绥，果然遭乱被杀戮。史家赞扬何曾，以为“明于先见”。唐太宗有不同的看法，他认为何曾不忠，其罪大矣。他说：

> 夫为人臣，当进思尽忠，退思补过，将顺其美，匡救其恶，所以共为治也。曾位极台司，名器崇重，当直辞正谏，论道佐时。今乃退有后言，进无廷诤，以为明智，不亦谬乎！危而不持，焉用彼相？（《贞观政要·君道》）

唐太宗强调大臣应冒死进谏。而实际上，在昏君面前，讲什么也没有用，只能招来杀身之祸，于事无补，于民无益。儒者称“明哲保身”。可说不说，是隐瞒行为；不宜说而说，是对牛弹琴。孔子说："可与言，而不与之言，失人；不可与言，而与之言，失言。知者不失人，亦不失言。"（《论语·卫灵公》）孔子又说："侍于君子有三愆：言未及之而言谓之躁；言及之而不言谓之隐；未见颜色而言谓之瞽。"（《论语·季氏》）这两段话，说明孔子讲话很有讲究。该说时才说，不该说时就不说。什么时候才可以说呢？这里包括社会环境，对方的各方面情况，还要看对方的脸色，才能确定是否可以说，说什么，说到什么程度。何曾知道晋武帝不能听谏，才不肯进谏。这当然也符合孔子的意见。当说就说，不当说就不说。未尝谬误！虽说"危而不持，焉用彼相"，但是，世界上还是有"扶不起来的天子"，贤相也一样"持"不成。殷纣王时有三仁：比干、微子、箕子。他们不是也"持"不成殷纣王吗？箕子佯狂，虽无后言，心知必败，未能廷诤，不如比干。比干谏诤而死，成为忠臣，实无助于殷纣王。当然，箕子知道纣王不可谏，谏也无用，故佯狂出走，不肯偷安重位，无可厚非。晋惠帝时，贾后将废愍怀太子，当时任司空（三公之一，位极人臣）、丞相的张华没有苦争死谏。后来，赵王伦举兵废贾后，同时逮捕了张华。张华说："将废太子日，不是没有说话，当时没有被采纳而已。"使者说："你为三公，太子无罪被废。说了不听，何不引身而退？"张华无言以对。遂斩张华，并夷三族。虞世基位居宰辅，不能谏诤，如知隋炀帝无道，则应苦谏，谏诤不听，则应辞职请退。没有辞职，则应负亡国之责。这些是臣道的内容，此处不赘。

第五，国君不应误解臣子进谏的诚意。一般地说臣子都想尽忠竭诚，为皇帝服务，而皇帝却处处小心，提防臣下的阴谋。这是地位不同存在的观念差异，都是可以理解的。关于这一方面的内容，邹阳有集中的论述。邹阳是齐国人，到梁国游说，然后就有人向梁孝王告黑状。梁孝王大怒，就把邹阳抓起来，准备处死。这时，邹阳从狱中向梁孝王上书，说：

臣闻忠无不报，信不见疑。臣常以为然。徒虚语尔。昔者荆轲慕燕丹之义，白虹贯日，太子畏之；卫先生为秦画长平之计，太白蚀昴，昭王疑之。夫精变天地，而信不谕两主，岂不哀哉？今臣尽忠竭诚，毕义愿知，左右不明，卒从吏讯，为世所疑，是使荆轲、卫先生复起，而燕、秦（之君）不悟也。愿大王熟察之。昔者玉人献宝，楚王诛之；李斯竭忠，胡亥极刑。是以箕子佯狂，接舆避世，恐遭此变也。愿大王熟察玉人、李斯之意，而后楚王、胡亥之听，无使臣为箕子、接舆所叹。臣闻比干剖心，子胥鸱夷，臣始不信，乃今知之。愿大王熟察之，少加怜焉。谚曰："有白头而新，倾盖而故"，何则？知与不知也。昔者樊於期逃秦之燕，借荆轲首以奉丹之事；王奢去齐之魏，临城自刭，以却齐而存魏。王奢、樊於期，非新于齐、秦駃騠，而故于燕、魏也。所以去二国，死两君者，行合于志，而慕义无穷也。是以苏秦不信于天下，为燕尾生；白圭战亡六城，为魏取中山。何则？诚有以相知也。苏秦相燕，燕人恶之于燕王。燕王按剑而怒，食之以駃騠。白圭显于中山，中山人恶之于魏文侯，（魏文侯）投以夜光之璧，何则？两主二臣，剖心析肝相信，岂移于浮辞哉！故女无美恶，居宫见妒；士无贤不肖，入朝见嫉。昔司马喜膑于宋，卒相中山；范雎拉胁折齿于魏，卒为应侯。此二人者，皆信必然之画，捐朋党之私，挟孤独之交，故不能自免于嫉妒之人也。是以申徒狄蹈流之河，徐衍负石入海，不容于世，义不苟取，比周于朝，以移主上之心。故百里奚乞食于道路，缪公委之以政；宁戚饭牛车下，而桓公任之以国。此二人者，岂借官于朝，假誉于左右，然后二主用之哉？感于心，合于行，坚于胶漆，昆弟不能离，岂惑于众口哉？故偏听生奸，独任成乱。昔鲁听季孙之说逐孔子，宋信子冉之计，逐墨翟。夫以孔、墨之辩，而不能自免。何则？众口铄金，积毁销骨。是以秦用由余而霸中国，齐用越人子臧而强威宣。此二国岂拘于俗，牵于世，系奇偏之矢哉？公听共观，垂名当世。故意合则胡越为兄弟，由余子臧是也，不合则骨肉为仇雠，朱、象、管、蔡是也。今人主如能用齐、秦之明，后宋、鲁之听，则五伯不足侔，三王易为比也。是以圣人觉悟，捐子之之心，能不说于田常之贤；封比干之后，修孕妇之墓，故功业覆于天下，何则？欲善无厌也。夫晋文公视其仇而强霸诸侯，齐桓公用其仇而一匡天下。何则？慈仁殷勤，诚加于心，不可以虚辞借也。至夫秦用商鞅之法，东弱韩、魏，立强天下，而卒车裂商君；越用大夫种之谋，擒劲吴，霸中国，卒诛其身。是以孙叔敖三去相而不悔，於陵仲子辞三公为人灌园。今世主诚能去骄傲之，怀可报之意，披心腹，见情素，隳肝胆，施德厚，终与之穷通，无变（爱）于士，则桀之狗可使吠尧，跖之客可使刺由；况因万乘之权，假圣王之资乎？然则荆轲之沉七族，要离燔妻子，岂足为大王道哉？明月之珠，夜光之璧，以暗投人于道路，众无不按剑相盼者。何则？无因至前也。蟠木根抵，轮囷离奇，而为万乘器者，以左右先为之容也。故无因而至前，虽出随侯之珠，夜光之璧，只足以结怨而不见德。故有人先游，则以枯木朽株，树功而不忘。今使天下布衣穷居之士，虽蒙尧、舜之术，挟伊、管之辩，素无根抵之容，而欲竭精神，开忠信，辅人主之治，则人主必袭按剑相盼之迹矣，是使布衣不得当枯木朽株之资也。是以圣王制世御俗，独化于陶钧之上，能不牵乎卑乱之言，不惑乎众多之口。故秦皇帝任中庶子蒙嘉之言，以信荆轲之说，故匕首窃发，周文王校猎泾、渭，载吕尚而归，以王天下。秦信左右而弑，周用乌集而王。何则？以其能越挛拘之语，驰域外之议，独观于昭旷之道也。今人主沉于谄谀之辞，牵于帷墙之制，使不羁之士与牛骥同皂，此鲍焦之所以忿于世，而不留于富贵之乐也。臣闻盛饰以朝者不以私汙义，砥砺名号者不以利伤行，故里名胜母而曾子不入，邑号朝歌墨子回车。今使天下寥廓之士，笼于威重之权，胁于势位之贵，回面汙行，以事谄谀之人，求亲近于左右，则士有伏死崛穴岩薮之中耳，安有尽精神而趋阙下者哉！（《新序》卷三《杂事》）

邹阳，在《史记》和《论衡》中都是称“邹衍”或“驺衍”。邹与驺通。齐国有三位邹子，还有一位称“邹奭”。他们都是阴阳家的代表人物。

邹阳这一长篇大论，列举大量历史上君臣关系的事实，谈经验教训，总结出来，从理论上加以概括、归纳，形成一套系统的君臣关系论。国君对臣的尊重、信任，是非常重要的。有的人为什么在这一国不能立功，换到那一国却立了大功呢？这是国君了解他，理解他，充分信任他，给他创造立功的环境和条件。由于贤士到处都会遇到嫉妒和诬陷，国君听信谗言，贤士求活命都有困难，哪有精力去思考如何创功立业？整天处于惶恐之中，还怎么能安心做事？贤士办事要没有精神负担，放开手干，才能成功。如果常有掣肘，那就难以正常发挥能力，办不成事。梁孝王读了这一上书，深受感动，马上把他放出来，并请他“为上客”。

（三）任贤

天子要听谏。谏，就是提意见。只有贤人才能有较多的正确意见，也才敢提意见。如果周围有一批小人，天子的精神也会被污染，最后同流合污，同归于尽。如果能任用贤人，一批贤人相互讨论，互相启发，取长补短，那么，天子就可以经常听到正派高明的言论。在潜移默化中，提高思想品德，锻炼理论思维，净化精神境界，提高处理政务的能力以及分辨是非的能力。因此，能不能任贤，成为天子非常关键的问题，也是兴衰存亡的关键。在刘向《说苑·尊贤》中有一段话，以先秦事实为基础，讲了任贤的几个理论问题。今录于下：

禹以夏王，桀以夏亡；汤以殷王，纣以殷亡。阖庐以吴战胜无敌于天下，而夫差以见禽于越；文公以晋国霸，而厉公以见弑于匠丽之宫；威王以齐强于天下，而愍王以弑死于庙梁；穆公以秦显名尊号，而二世以劫于望夷。其所以君王者同，而功迹不等者，所任异也。

同一个国家，有的国君强盛，有的国君衰亡，不是风水有什么变化，而是所任的相不一样。也就是说，国家的兴衰存亡，是所任相的好坏决定的。

是故成王处襁褓而朝诸侯，周公用事也。赵武灵王年五十而饿死于沙丘，任李兑故也。

还有一种反差很大的现象。周成王是个小孩，能够“朝诸侯”，接受诸侯的朝拜。而五十岁的赵武灵王，久经沙场，建功立业，是个成熟的、强有力的诸侯王，却饿死沙丘。问题出在所任上，周成王任的是周公，而赵武灵王任的是李兑。

桓公得管仲，九合诸侯，一匡天下，称为义主。失管仲，任竖刁、易牙，而身死不葬，为天下笑。一人之身，荣辱俱施焉，在所任也。

对于一个人则更有典型意义。齐桓公先是任管仲，九合诸侯，一匡天下，是春秋五霸之首。后来管仲死了，还是这一个齐桓公，信任竖刁、易牙，结果身死不葬，为天下笑。这一典型的事例有力地证明了，国君的荣辱也是由所任决定的。

故魏有公子无忌，削地复得。赵任蔺相如，秦兵不敢出。鄢陵任唐雎，国独特立。楚有申包胥，而昭王反位。齐有田单，襄王得国。由此观之，国无贤佐俊士，而能以成功立名、安危继绝者，未尝有也。

从魏、赵、鄢陵、楚、齐等国来看，说明得到贤士俊才，就能成功立名，安危继绝。贤士的决定作用，得到大量事实的有力证明。没有贤士，要想立功成名，是根本不可能的。

故国不务大而务得民心，佐不务多，而务得贤俊。得民心者民从之，有贤佐者士归之。文王请除炮烙之刑，而殷民从，汤去张网者之三面，而夏民从；越王不隳旧冢，而吴人服，以其所为之顺于民心也。故声同，则处异而相应、德合，则未见而相亲，贤者立于本朝，则天下之豪，相率而趋之矣。何以知其然也？曰：管仲，桓公之贼也，鲍叔以为贤于己而进之为相，七十言而说乃听，遂使桓公除报仇之心，而委之国政焉。桓公垂拱无事，而朝诸侯，鲍叔之力也。管仲之所以能北走桓公，无自危之心者，同声于鲍叔也。纣杀王子比干，箕子被发而佯狂，陈灵公杀泄冶，而邓元去陈，自是之后，殷兼于周，陈亡于楚，以其杀比干、泄冶，而失箕子与邓元也。燕昭王得郭隗而邹衍、乐毅以齐赵至，苏子、屈景以周楚至，于是举兵而攻齐，栖闵王于莒。燕校地计众，非与齐均也。然所以能信意至于此者，由得士也。

这里提出两大原则：得民心与有贤佐。得民心，是方向问题。有贤佐，是实现目标的保证。人是情同相应的。信任贤俊，就会吸引天下的贤俊之士，那么，自己的事业就会发达，国家就会盛强。杀戮贤士，就会把已有的贤士都赶走，国家就会消亡，自己也会遭祸，被天下耻笑。典型的是，殷纣王杀了比干，箕子就出走了，后来殷朝就亡了。相反，燕昭王信任郭隗，其他贤俊如邹衍、乐毅、苏子、屈景从天下各地赶到燕国来。燕国有了这一批贤俊，国力大大增强了，举兵攻齐，占领齐国大片土地，使齐闵王只好躲到莒那个地方去。当时，齐国就剩两个县。齐国后来得一田单，以莒县为基地，出奇兵攻破燕国军队，恢复齐国。贤俊的作用，在这里得到充分展现。“佐不务多，而务得贤俊”，这句话是非常深刻的。在许多时候，特别是斗智的时候，人海战术是不行的。

故无常安之国，无恒治之民，得贤者则安昌，失之者则危亡，自古及今，未有不然者也。明镜所以照形也，往古所以知今也，夫知恶往古之所以危亡，而不务袭迹于其所以安昌，则未有异乎却走而求逮前人也。太公知之，故举微子之后，而封比干之墓。夫圣人之于死，尚如是其厚也，况当世而生存者乎？则其弗失可识矣！

历史上有那么多的事实证明任用贤俊的重要性，“得贤者则安昌，失之者则危亡”。太公知道这个道理，“举微子之后，而封比干之墓”，就是表明他是重视贤俊的。对死者，尚且如此，更不用说对于当世活着的贤俊了。但是，还有一些统治者也知道得贤俊可以兴旺，失贤俊就会危险，在行动上却视贤士为土芥，随便践踏，甚至还经常随便杀戮贤俊之士。他们相继亡国灭身，却不知原因何在。

齐景公问于孔子曰：“秦穆公其国小处僻而霸，何也？”对曰：“其国虽小，而其志大，虽处僻，而其政中，其举果，其谋和，其令不偷，亲举五羖大夫于系缧之中，与之语，三日而授之政。以此取之，虽王可也，霸则小矣。”

这里用孔子的话说，秦穆公国家小，地处偏僻，之所以能称霸诸侯，就是能用贤。用客观条件的不足，来反衬用贤的关键性、决定性作用。有好条件的地方，能用贤的话，就更了不起了。

或曰：“将谓桓公仁义乎？杀兄而立，非仁义也。将谓桓公恭俭乎？与妇人同舆驰于邑中，非恭俭也。将谓桓公清洁乎？闺门之内，无可嫁者，非清洁也。此三者，亡国失君之行也，然而桓公兼有之，以得管仲、隰朋，九合诸侯，一匡天下，毕朝周室，为五霸长，以其得贤佐也。失管仲、隰朋，任竖刁、易牙，身死不葬，虫流出户。一人之身，荣辱俱施者何也？

其所任异也。由此观之，则任佐急矣。”

齐桓公有三大毛病，是亡国失君的大毛病。因为用了贤佐，成为五霸之长。失去贤佐，身死不葬，虫流出户。根本原因就是所任异也。得出结论：任佐急。委任贤佐是治国最重要、最急迫的事。

夫士存则君尊，士亡则君卑。周威公曰：“士壹至如此乎！”（甯子）对曰：“君不闻夫楚乎？王有士曰楚傒胥、丘负客，王将杀之，出亡之晋，晋人用之，是为城濮之战；又有士曰苗贲皇。王将杀之，出亡走晋，晋人用之，是为鄢陵之战；又有士曰上解于。王将杀之，出亡走晋，晋人用之，是为两棠之战；又有士曰伍子胥，王杀其父兄，出亡走吴，阖闾用之，于是兴师而袭郢。故楚之大得罪于梁、郑、宋、卫之君，犹未遽至于此也；此四得罪于其士，三暴其民骨，一亡其国。由是观之，士存则国存，士亡则国亡；子胥怒而亡之，申包胥怒而存之，士胡可无贵乎？”

甯子以楚国为例，讲得罪士所造成的严重危害。四次得罪四个士，造成三次战争失败和一次亡国。楚国得罪了伍子胥，伍子胥发怒，楚国亡了。另一个士申包胥发怒，楚国又保存下来了。可见，士在国家存亡中起多么大的作用。这也是历史上有名的楚才晋用。

关于任贤，约可分为三方面：识贤、任贤、信贤。

首先是识贤。古代传说中，周文王在渭水之滨发现姜子牙。姜子牙后来在周武王伐殷战争中起了关键的作用，成为周武王首先封赏的第一功臣。

识贤是一个很难的事情。如果自己没有特殊的慧眼，那就无法识贤。没有伯乐就没有千里马。千里马就在万马群中，谁有本事把它找出来。孔子东游到陈蔡两国时，遇到很大困难，七天吃不上饭，还在认真地学习诗书礼乐。这时子路提出这样的问题：不是说天会给好人幸福吗？先生做好事这么长时间了，为什么还这么困难？难道还有什么不好的行为吗？孔子借此机会大发一番议论。他说：

由来！汝小人也，未讲于论也。居，吾语汝。子以知者为无罪乎，则王子比干何为刳心而死？子以义者为听乎，则伍子胥何为抉目而悬吴东门？子以廉者为用乎，则伯夷叔齐何为饿于首阳之山？子以忠者为用乎，则鲍叔何为而不用，叶公子高终身不仕，鲍焦抱木而泣，子推登山而燔？故君博学深谋，不遇时者众矣。岂独丘哉？贤不肖者材也。遇不遇者时也。今无有时，贤安所用哉？故虞舜耕于历山之阳，立为天子，其遇尧也。傅说负土而版筑，以为大夫，其遇武丁也。伊尹故有莘氏僮也，负鼎操俎调五味，而立为相，其遇汤也。吕望行年五十，卖食棘津，年七十屠于朝歌，九十乃为天子师，则遇文王也。管夷吾束缚自槛车，以为仲父，则遇齐桓公也。百里奚自卖五羊之皮，为秦伯牧牛，举为大夫，则遇秦缪公也。虞丘名闻于天下，以为令尹，让于孙叔敖，则遇楚庄王也。伍子胥前功多，后戮死，非知有盛衰也，前遇阖闾，后遇夫差也。夫骥罢盐车，此非无形容也，莫知之也。使骥不得伯乐，安得千里之足？造父亦无千里之手矣。夫兰茝生于茂林之中，深山之间，不为人莫见之故不芬。夫学者非为通也。为穷而不困，忧而志不衰，先知祸福之始，而心无惑焉。故圣人隐居深念，独闻独见。夫舜亦贤圣矣，南面而治天下，惟其遇尧也。使舜居桀纣之世，能自免于刑戮之中，则为善矣，亦何位之有？桀杀关龙逄，纣杀王子比干，当此之时，岂关龙逢无知，而王子比干不慧乎哉？此皆不遇时也。故君子务学，修身端行而须其时者也。子无惑焉。（《韩诗外传》卷七第六章）

孔子列举许多事例，说明士人要自己学习理论，提高水平，等待机会，至于是否能得到重用，这要看是否遇到明主。从历史经验中看，遇明主、被发现的是极少数的幸运者。绝大多数的情况是：一是有名人推荐，二是经过考试选拔。

在古代没有考试制度之前，推荐是非常重要的手段。因此，荐贤就是古代十分重要的政治任务。前面提到的樊姬向楚庄王讲评沈令尹，后来沈令尹推荐孙叔敖，使楚庄王称霸诸侯，说明荐贤的重要性。孔子与子贡的对话，也颇有意义。《韩诗外传》卷七第二十四章载：

子贡问大臣，子曰："齐有鲍叔，郑有子皮。"子贡曰："否。齐有管仲，郑有东里子产。"孔子曰："然。吾闻鲍叔之荐管仲也，子皮之荐子产也，未闻管仲子产有所荐也。"子贡曰："然则荐贤贤于贤。"曰："知贤，智也。推贤，仁也。引贤，义也。有此三者，又何加焉？"

知贤是推贤、引贤的前提。不知贤，百事不成。知贤，能不能推引，则是个人品德的问题。知贤不荐，还要加以诬蔑，陷害，是历代强臣的通病，即所谓嫉贤妒能。所谓"武大郎开店，不要高人。"国君如果不了解这种情况，也可能会失贤。齐桓公要任用甯戚，群臣争谗之曰："甯戚，卫人也，去齐不远。君可使人问之，问之而固贤，用未晚也。"齐桓公说："不然。问之，患其有小恶。以其小恶，忘其大美，此世所以失天下之士也。"（《初潭集·君臣一》）齐桓公当晚就任命甯戚为卿。这是对贤人的信任。如果对贤人都细加调查，可能因为一些小错误，而影响任用大才。在这种时候，还是需要一种宽容，不要过于认真。正所谓"水至清则无鱼，人至察则无徒"。但是，至于管仲与子产的问题，还有商榷的余地。鲍叔推荐管仲是对的，管仲治国方略比鲍叔强，鲍叔有让贤的高尚品德。如果他嫉贤妒能，那么管仲就会死于非命。当管仲弥留之际，推荐了鲍叔，认为鲍叔的缺点是疾恶好善的情绪太强烈，不宜任百官之首的相。相，应当有宽容之心，所谓"宰相肚里能撑船"。当然，全天下不能说没有比管仲强的人。管仲为了推行自己的主张，不荐人自代，应是成功的原因之一。成功就证明管仲的选择是正确的。至于子产，他在郑国实行一系列的改革，也是成功的。他在弥留之际，曾给子大叔讲了为政以猛的道理。《左传·昭公二十年》载："郑子产有疾，谓子大叔曰：'我死，子必为政。唯有德者能以宽服民，其次莫如猛。夫火烈，民望而畏之，故鲜死焉；水懦弱，民狎而玩之，则多死焉。故宽难。'"这话是有针对性的。子大叔后来还是为政以宽，结果郑国大乱。他当即下令纠之以猛，杀了一批人，才得以维持秩序，恢复正常。这一事实证明了子产的预见。这话也包含普遍性。孔子从此概括出："政宽则民慢，慢则纠之以猛。猛则民残，残则施之以宽。宽以济猛，猛以济宽，政是以和。"（《左传·昭公二十年》）实践是检验真理的唯一标准，后来的成功事实证明，鲍叔推荐管仲，子皮推荐子产，是正确的。管仲、子产未推荐别人自代，也是正确的。

批评不荐贤应该主要批评那一类自己干不了也不让别人干成的嫉贤妒能的人。他们占着茅坑不拉屎，把权力据为己有，一味排除异己，特别是打击比自己强的人，以达到垄断权力、保住既得利益的目的。这种人的特点就是为自己谋取私利，不顾国家利益。最后，国破家亡，自己也未能幸免于难。

春秋战国时代，有些诸侯王、大夫、贵族有养士之风气。养士很多，有些人物就是从士中脱颖而出，建功立业，既有鸡鸣狗盗之徒，也有论道佐时之辈。在那乱世，国君和士人都有选择的自由，哪个国君慧眼识珠，亲近来远，就能富国强兵，立于不败之地。哪个君王不能远佞亲贤，就会遭难遇祸，以致亡国灭身。国力的竞争，就是人才的竞争，就是争夺"士"的竞争。贤士是国家兴盛的关键。

秦汉时代建立了中央集权的统一国家。与战国时代的臣一主二的情况相反，出现主一臣二的买方市场。所有贤才只有到唯一的买主，即皇帝那里，得到皇帝的认可，才能施展自己的才华，才能实现自己的抱负，实现自己的价值。而皇帝摆开架子，想出种种办法，来选拔自己所需要的贤人。

这样一来，原先谁得贤人，谁就能富国强兵，如今变成，谁得到任用，谁就可以享受荣华富贵。由于这种变化，政权的权威性大大提高了，不是士傲视官，而是官傲视士，以德抗位的情况就变得非常罕见了。从表面上看，好像士有求于官，从实质上说，官仍然有求于士。只是时间变得长了一些，许多人看不清楚。从长远看，得不到士的支持的政府，早晚也要被推翻。有远见卓识的统治者仍然很重视贤人的作用。

董仲舒在对策中提出建议，建学校培养贤才，通过推荐和考核选拔贤才，在实践中检验人才、发现人才、遴选人才和淘汰庸才。汉统治者把荐贤制度化，实行荐举制度，举孝廉，举贤良，还有举明经之士。总之，推荐孝子、廉吏、读书明理、品德高尚的知识分子。推荐到中央朝廷进行考察，有的由皇帝直接出题考试，有的由中央专门机构负责接收、审查。制度规定官位在二千石以上，每年要推荐一定数量的人才，供朝廷选用。荐者与所荐者要负连带责任。所荐人才立了功，荐者有很高荣誉。所荐人才不称职，或者犯了什么罪行，推荐者要受到贬斥，或降级处分。史书称：

古者诸侯岁贡士，进贤受上赏，非贤贬爵土。升之司马，辩论其才，论定然后官之，任官然后禄之。故王者得其人，进仕劝其行，经邦弘务，所由久矣。汉初诏举贤良、方正，州郡察孝廉、秀才，斯亦贡士之方也。中兴以后，复增敦朴、有道、贤能、直言、独行、高节、质直、清白、敦厚之属。荣路既广，觖望难裁，自是窃名伪服，浸以流竞。权门贵仕，请谒繁兴。自左雄任事，限年试才，虽颇有不密，固亦因识时宜。而黄琼、胡广、张衡、崔瑗之徒，泥滞旧方，互相诡驳，循名者屈其短，算实者挺其效。故雄在尚书，天下不敢妄选，十余年间，称为得人，斯亦效实之征乎？顺帝始以童弱反政，而号令自出，知能任使，故士得用情，天下喁喁仰其风采。遂乃备玄纁玉帛，以聘南阳樊英，天子降寝殿，设坛席，尚书奉引，延问得失。急登贤之举，虚降己之礼，于是处士鄙生，忘其拘儒，拂巾衽褐，以企旌车之招矣。至乃英能承风，俊乂咸事，若李固、周举之渊谟弘深，左雄、黄琼之政事贞固，桓焉、杨厚以儒学进，崔瑗、马融以文章显，吴祐、苏章、种暠、栾巴牧民之良干，庞参、虞诩将帅之宏规，王龚、张皓虚心以推士，张纲、杜乔直道以纠违，朗顗阴阳详密，张衡机术特妙：东京之士，于兹盛焉。(《后汉书·左周黄列传》)

东汉时代荐举产生很多弊端，受到讥评，有一些民谣就反映了这一现象，如“举孝廉，父别居”“举贤良，不读书”等。后来推荐都是当官的互相推荐自己的子弟，推荐不实，成为普遍现象。到了魏晋时代，实行九品中正制度，只是把官面子规范化、公开化、明确化，使原来隐蔽的形式表面化。物极必反，于是就有了隋唐时代的科举制度。考试与推荐产生的历史前后与沿用时间的长短，在一定程度上能反映出二者的差异、进步性和合理性。

在隋唐以后，实行科举制度，普遍实行考试的方式选拔官员，形成一千多年以来的文官制度。很显然，这种制度有它的优越性，主要在于公平。一个穷秀才，可能一举成名，进入统治集团。在很长时间中，许多青年都把科举当作自己首选的理想。“金榜题名时”与“洞房花烛夜”并列，成为人生两个最幸福的时刻。不仅如此，还有“书中自有黄金屋”“书中自有颜如玉”的说法，成为十分流行的诗句。“万般皆下品，唯有读书高”，也是家喻户晓的诗句，说明这些说法部分反映了当时的现实。中国近代史上很多人批评科举制度，那是国弱自卑心态的表现。西方传教士刚了解科举制度以后，认为是中国人的第五大发明，为文官制度奠定了基础。现在全世界都采取考试的办法，这是比较公平合理的。

无论是推荐的，还是考试选拔的，都要在任用中进行考察、监督，不断地进行遴选和淘汰。从历史上来看，每一种制度刚产生时都是有合理性的，实行时间长了，就都会产生缺点，都需修改、补充、完善。最后不行了，就推翻再来，重新规定新的制度。任何好的制度，也都会出现漏洞，也都有人钻空子，从中捣鬼，营私舞弊。我们不能因为有某种弊端，而全盘否定这种制度。过去人们批判科举制度，就缺乏分析，凭感情的成分多一些。科举制度如果没有合理性，怎么能沿袭一千多年呢?

（四）何处寻贤

“十室之邑，必有贤俊。”天下何处无芳草，世间何处无贤人。寻找贤人不能戴着有色眼镜，带着某种偏见。有的重视家族名望，有的重视亲近熟人，或者山头学派。很少有人注意基层默默无闻的人群。明太祖朱元璋说：“朕本农夫，深知民间疾苦。”（《朱元璋系年要录·洪武四年》）因此他认为“必举世族，则有志者不得上达者多矣”，就会埋没很多人才，使许多贤士不得志。他还说：“国家用人惟才是与，使苟贤无间于疏远，使不肖何恤于亲昵。”（《明太祖实录》卷四十八）如果是贤人，不要由于疏远而不能招纳；如果是不肖者，更不要因为亲昵而舍不得抛弃。就是说，用人唯一的标准是才能，不能拘泥于亲疏远近。

远近还有另一种意义。“亲近来远”与“舍近求远”，这两个成语是讲到哪儿寻找人才的问题。许多人想招人才，眼睛朝外，到天下去寻找，上下求索，犹如海底捞针，这叫“舍近求远”。花的工夫多，耗的钱财多，收到的效果差，未必能招来贤人。另一种办法就是“亲近来远”，就是对身边已经有的人才极端重视，特别尊重，这就有感召力，就会吸引一批真正的贤人甚至大贤人来。

“亲近来远”，从中可以看到有一种精神感召的作用。孟子讲：“以力服人者，非心服也，力不赡也；以德服人者，中心悦而诚服也，如七十子之服孔子也。”（《孟子·公孙丑上》）以德服人，就是靠精神感召。古代记载一些这类典型的例子。如：

汤见祝网者，置四面，其祝曰："从天坠者，从地出者，从四方来者，皆离吾网。"汤曰："嘻！尽之矣。非桀，其孰为此也？"汤收其三面，置其一面，更教祝曰："昔蛛蝥作网罟，今之人学纾。欲左者左，欲右者右，欲高者高，欲下者下，吾取其犯命者。"汉南之国闻之曰："汤之德及禽兽矣。"四十国归之。人置四面，未必得鸟；汤去其三面，置其一面，以网其四十国，非徒网鸟也。（《吕氏春秋·异用》）

汤用一面网未必能网到飞鸟，而他的爱物之心，却感动了其他诸侯，来投奔的达到四十国。正如孔子所说："上好礼，则民莫敢不敬；上好义，则民莫敢不服；上好信，则民莫敢不用情。夫如是，则四方之民，襁负其子而至矣，焉用稼？"（《论语·子路》）只要领导者能够喜欢礼、义、信，那么，四方的人民都会奔来投靠，还要自己去种庄稼吗？这也是以道德来感化人民的说法。因此，孔子认为从事政治，只要自己做好了，百姓也会跟着做好，整个社会风气也会变好。

国君对人民强调感化。因此，中国过去比较重视道德，而不注重法律，孔子说："子为政，焉用杀？"（《论语·颜渊》）同时对于官员，只要是枝节问题，就得宽容，这也是得人心的。

与此相反，对臣的宽容，并不等于对臣的纵容。古人有一种说法："婴儿有常病，贵臣有常祸，父母有常失，人君有常过。"（《潜夫论·忠贵》）人君的常过就在于不断地娇纵宠臣。娇纵宠臣，使宠臣灭家的不仅是一代了。王符说：

当吕氏之贵也，太后称制而专政，禄产秉事而握权，擅立四王，多封子弟，兼据将相，外内磐结，自以虽汤武兴、五霸作，弗能危也。于是废仁义而尚威虐，灭礼信而务谲诈。海内怨痛，人欲其亡，故一朝摩灭而莫之哀也。霍氏之贵，专相幼主，诛灭同僚，废帝立帝，莫之敢违，禹继父位，山云屏事，诸壻专典禁兵，婚姻本族。王氏之贵，九侯、五将，朱轮二十三，太后专政，秉权三世。莽为宰衡，封安汉公，居摄假号，身当南面，卒以篡位十有余年。自以居之已久，威立恩行，永无祸败。故遂肆心恣意，私近忘远，崇聚群小，重赋殚民，以奉无功，动为奸诈，托之经义，迷罔百姓，欺诬天地。自以我密，人莫之知。(《潜夫论·忠贵》)

汉初，吕后专政的时候，吕产、吕禄及一大批吕氏人物垄断朝廷上下大权，为非作歹。霍光有辅相幼主的功劳，霍氏因此专权，排除异己，诛灭同僚，连废立皇帝这样的大事，也是他一个人说了算。投靠这个家族的，都当上官，反对这个家族的，或者只是不肯卖身投靠的，都被排挤。这个家族一旦垮台，朝廷为空。王氏就更厉害了。王莽的姑母是汉元帝的皇后，这个王太后在元帝死后，在成帝、哀帝、平帝三世都有极大的权威，即所谓“秉权三世”。后来，王莽从宰衡，到安汉公，再从假皇帝到真皇帝，把汉朝改了新朝。这些宠臣，他们“虐百姓而失民心”，都落得家破人亡，以失败而告终。王符讲的都是汉代的事。汉代以后，历代也都有同类的现象，不断发生，谁也不会从中吸取什么教训，他们都以为自己是牢不可破的，坚如磐石，稳如泰山。唐代的武三思、安禄山，宋代的秦桧，明代的魏忠贤，也都是“无功于民氓”“骄臣用灭其家”者。对于皇帝来说，也是“爱之适足以害之”。总之，皇帝对于臣子，残暴不行，溺爱也不行，就像对待子女一样。当然，进入成熟的民主政治以后，民主制度比较完善以后，所谓君臣关系，已经不是过去那种隶属关系，而是平等的、为人民服务的公务员，各尽职责。这些大概不算是问题了。也许这种关系会表现在企业中。

寻贤的同时，要注意宽容，而不要骄纵。同时也还要注意辨奸。不要以为所有来的人都是贤人。也不要因为周围的人都说某个人好，就以为他是贤人。更不要由于周围的人都说他不好，就认为他是不好的人。要像孔子说的那样，听说以后，还要加以实际考察。他说：“众恶之，必察焉；众好之，必察焉。”又说：“吾之于人也，谁毁谁誉？如有所誉者，其有所试矣。”（《论语·卫灵公》）察与试，都是从实际上进行考察，也都是实事求是的。只是听汇报，不考察实际，容易出现严重偏差。

只听汇报不行，深入实际，与一些人直接见面，是否就可以了解贤人了呢？贤人并不是那么容易了解的。王充在《论衡·定贤篇》中列举一系列事例说明用任何一种固定的标准来衡量贤人都会出现失误。这里有真假虚实的问题。春秋时代，孔子的学生宓子贱被任命为单父（地名）的行政长官。他在赴任的途中顺访了阳昼，向他征求为官之道。阳昼说：“吾少也贱，不知治民之术，有钓道二焉，请以送子。”子贱说：“钓道奈何？”阳昼说：“夫极纶错饵，迎而吸之者，阳桥也，其为鱼薄而不美；若存若亡，若食若不食者，鲂也，其为鱼也博而厚味。”宓子贱说：“善。”阳昼说钓鱼时，鱼饵刚放下去，还没到底，就有鱼迎来抢着食饵，这种鱼叫阳桥。这种鱼肉少，味道也不美。还有一些鱼，一会儿出现，一会儿又消失。对于鱼饵像吃，又像不吃。这种鱼叫鲂。这种鱼肉厚，味道美。宓子贱还没到单父，就有一批人在各段路上迎接他。宓子贱叫车夫赶快走，说这些人都是阳昼所说的“阳桥”。他到单父后，才邀请一些老人、贤人来共商治理单父的事情。

仅仅是一个单父的行政长官，就有这么多人巴结、奉承，如果是一国之君，巴结奉承的人自然就更多了。但是，真理不能靠投票决定，同意的人多，不一定就是正确的意见。在科学史上，许多新创见，新发现，总是少数人提出来的。不可能几亿人同时提出什么科学见解，同时发现什么新事物。因袭传统，是绝大多数人的思想定式。如果用投票来确定科学成果，那么，恐怕什么科学成果也不会产生。为什么在政治上可以用投票来选举呢？在有传统的阶级社会中，人都是不平等的，因此只能在一定范围内，人们有平等地位，才能进行投票决定某些问题。其他地方都不会产生这种方式。现代的选举法产生于美国这个特殊的移民国家。这种方法可以反映多数社会成员的意愿，即人民的意愿。有这种合理性，所以逐渐成为世界各国所要采纳的选举方式。但是，它不是判断真理的方法。

所谓“听话听音”，来客是很复杂的，在见面中相互了解就会逐渐深入，这就要善于听“音”。据载西周时代的周公是最善于听“音”的。有一次，齐地有一个人叫王满生，来找周公。周公出来接见。

周公问：“先生远辱，何以教之？”

王满生说：“言内事者于内，言外事者于外，今言内事乎？言外事乎？”

周公导入。

王满生说：“敬从布席。”

周公不导坐。

王满生说：“言大事者坐，言小事者倚。今言大事乎？言小事乎？”

周公导坐。王满生坐。

周公曰：“先生何以教之？”

王满生说：“臣闻圣人不言而知，非圣人者虽言不知。今欲言乎？无言乎？”

周公俯念，有顷，不对。王满生藉笔牍书之曰：“社稷且危。傅之于膺。”周公仰视见书曰：“唯！唯！谨闻命矣。”明日诛管蔡。（《说苑》卷十五《指武》的最后一段。明代程荣校的《汉魏丛书》本与《百子全书》本是一致的。《吕氏春秋·精谕》的内容与此大同，只是“王满生”，作“胜书”。而《韩诗外传》作“客”）

王满生说话似乎有点卖关子，他掌握重要信息，要摆一下谱。如果周公稍有不逊，他就会扬长而去，不管你了。周公之所以那样小心，就是怕遇到这种人，因礼节不到，而误了大事，所谓“小不忍则乱大谋”。

同样内容，在《韩诗外传》中则有不同的记载。该书卷四第三十三章载：

客有见周公者，应之于门曰：“何以道旦也？”

客曰：“在外即言外，在内即言内。入乎将毋？”

周公曰：“请入。”

客曰：“立即言义，坐即言仁。坐乎将毋？”

周公曰：“请坐。”

客曰：“疾言则翕翕，徐言则不闻。言乎将毋？”

周公唯唯：“旦也喻。”

明日兴师而诛管蔡。

故客善以不言之说，周公善听不言之说。若周公可谓能听微言矣。故君子之告人也微，其救人之急也婉。《诗》曰：“岂敢惮行，畏不能趋。”

这一段话译成现代文，大意是：有客人要见周公，周公在门口问：“你有什么要跟我说的？”客人说：“在外面就说外表的话，在里面就说内心的话。进去还是不进去呢？”周公说：“请进。”客人又说：“站着说义，坐着讲仁。坐还是不坐？”周公说：“请坐。”客人又说：“大声说，大家都听见了；小声说，你又听不见。我说还是不说呢？”周公点点头说：“我明白了。”第二天，周公就采取行动，派兵去诛了管叔、蔡叔。后面是韩婴的评论：客人善于用不说话的办法告诉别人信息。周公善于听没有明确说出来的意思。像周公这样可以说是能够听“微言”（指暗示）的。因此，君子告诉别人用暗示的办法，救别人的危急用委婉的语言。当客人说到大声说怕大家都听见，说明这是绝密的信息，那当然是有关天下的大事。他在周公家，怕别人听见，这个“别人”都是周公的亲属，没有其他人，说明作乱的是周公家族的人，于是就知道是说管叔、蔡叔的事。原先，周公已经知道此两人要作乱，但不知道何时动手。一听客人的报告，知道已经开始，于是，第二天马上派兵镇压。

《说苑》中说的可能是比较原始的材料，而《韩诗外传》则作了加工，显得更为精致，评论也颇有特色。这里没有提到“社稷且危”，更显得隐晦、精彩、深刻。

总之，国君如果想有所作为，就必须极端重视人才问题，就必须认真做好选拔贤才、任用贤才的各项工作。中国这种古老的政治理论，对于今后的社会学、政治学、管理学，也还有参考价值。

三、百官是国家机器的重要部件

封建社会的各级官员，是这个国家机器的各个部件。他们之间的配合、协调，分工合作，是这部机器正常运转的保证。为了这个目标，中国历代思想家提出了许多理论，又不断总结实践经验，不断发展理论，使中国这样一个庞大的国家能够长期保持统一安定的政治局面，一直延续到今天，这不能不说是一个奇迹。百官如何才能做到分工合作，又能发挥积极性呢？这是很复杂的问题。这套理论统称为“臣道”，说的是当官的要遵循什么样的法则的问题。

（一）官的分类

关于官，老百姓有一个两分法：忠臣和奸臣。这当然是最简单的分法，多半也只是戏剧把古代人物脸谱化了，因而在群众中留下这种印象。如果把这个非常复杂的问题当作学术问题来研究，那就不会这么简单了。关于官，按级别分，周代爵分公、侯、伯、子、男五等。而礼就是突出这种差别的一大套制度。汉代有三公：太尉、司空、司徒，有九卿：太常（奉常）、郎中令（光禄勋）、卫尉、太仆、廷尉、典客（大鸿胪）、宗正、治粟内史（大司农）、少府，还有二十七大夫和八十一元士、二百四十三下士等。魏晋时官分九品，九品中又分正、从与上、下，共有十几个等级，乃至三十个等级。丞相是一品，知县就是七品芝麻官。隋唐以后有六部：刑部、兵部、工部、吏部、礼部、户部。明清时代的九卿有六部尚书和都察院都御史、大理寺卿、通政司使。还有小九卿：太常卿、太仆寺卿、光禄寺卿、詹事、翰林学士、鸿胪寺卿、国子监祭酒、苑马寺卿、尚宝司卿，分工很明确。翰林学士相当于科学院院长，国子监祭酒，相当于大学校长。地方官则有州刺史、郡太守、县令（县长）等。官职的变化也相当复杂，基本上政府各部门所要管理的事都设置相应的机构，名称不同，职能都差不多。负责外交事务的，古代称为“典客”，典就是负责的意思。负责接待外国客人。又叫“大鸿胪”或“鸿胪寺卿”“司宾寺卿”，现在叫外交部部长。

关于官的性质，有忠、奸两大类。如果细分，也还有一些差别。荀子在《臣道》中分为态臣、篡臣、功臣、圣臣。他说：

内不足使一民，外不足使距难；百姓不亲，诸侯不信，然而巧敏佞说，善取宠乎上，是态臣者也。上不忠乎君，下善取誉乎民；不恤公道通义，朋党比周，以环主图私为务，是篡臣者也。内足使以一民，外足使以距难，民亲之，士信之，上忠乎君，下爱百姓而不倦，是功臣者也。上则能尊君，下则能爱民；政令教化，刑下如影；应卒遇变，齐给如响；推类接誉，以待无方，曲成制象，是圣臣者也。

荀子把齐之苏秦、楚之州侯、秦之张仪列为态臣的典型，把韩之张去疾、赵之奉阳、齐之孟尝算是篡臣的代表，将齐之管仲、晋之咎犯、楚之孙叔敖称为功臣，只有殷之伊尹、周之太公，才够格称为圣臣。

荀子所谓“态臣”，没有能力做任何一件事，“内不足使一民”，在内部不能号召、组织人民，在人民中没有威信。“外不足使距难”，对外不能解决各种矛盾，也不能处理争端，对内对外都没有威信，也没有朋友。他只是能说会道，吹牛拍马，骗取国君的信任和喜欢。这种人当然就属于奸臣之列。国君的高兴、喜欢，是这些人追求的最高目标。他们无所作为，只是盛世的装饰品，乱世的殉葬品。

荀子所谓“篡臣”，最大的特点是不忠于国君，却千方百计地讨人民的喜欢。有的人以为这是为人民服务的好人，这是一种误解。因为他们的根本目的不在为人民谋利，只是利用人民的力量为自己夺权服务。当他们夺权到手，就不再替人民着想了。田氏当臣时，贷粮予民，大斗贷出，小斗收回，人民觉得有好处，当他们夺权以后，就再也不这么做了。篡，就是要拉拢下面的队伍，为自己夺权培养基础，扩大实力。对上就是采取阳奉阴违的办法，处处寻找漏洞，千方百计地钻空子，给国君造成种种麻烦，使你陷入窘境，他才可以乱中夺权。王充在《论衡·定贤篇》中说：

以居位治人，得民心歌咏之为贤乎？则夫得民心者，与彼得士意者，无以异也。为虚恩拊循其民，民之欲得，即喜乐矣。何以效之？齐田成子、越王勾践是也。成子欲专齐政，以大斗贷，小斗收而民悦。勾践欲雪会稽之耻，拊循其民，吊死问病而民喜。二者皆自有所欲为于他，而伪诱属其民，诚心不加，而民亦说。孟尝君夜出秦关，鸡未鸣而关不开，下坐贱客，鼓臂为鸡鸣，而鸡皆和之。关即启，孟尝得出。又鸡可以奸声感，则人亦可以伪恩动也。……徒得人心，即谓之贤，如何？

齐田成子和勾践虽然得到人民一时的赞扬，他们本心并不是真诚的，只是为了自己的阴谋而施的“伪恩”，骗取人民的拥护，所以他们都不是贤人。这种臣是最大的奸臣、篡臣，他们不讲公道与通义，结党营私，围绕着国君，为自己的私利，千方百计地进行谋划。他们的最大特点，就是结党营私，假公济私，以权谋私。一切出于私心，一切为了一己之私。

荀子所谓“功臣”，对内能够组织群众，发动群众，做成一些事情。对外能够坚持原则，不辱使命，协调各种关系，解决实际难题。上忠于君，下爱人民，能团结贤人，共同做成一些有益于人民的好事。这就是为人民立功，所以称为功臣。荀子列举的是齐之管仲、晋之咎犯、楚之孙叔敖这几个功臣。实际上功臣还是比较多的，许多事情都是功臣做出来的。没有功臣，就不能有稳定的社会，也就不能有前进的历史。国家机器的正常运转，也都要靠这些功臣。功臣应该说是官员中的大多数。功臣有大公无私，也有大公小私，还有亦公亦私。功劳大小可能有很大的差别，这与能力大小、社会环境、历史条件以及安排的位置都有关系，还有一些不同的机遇，古人称为“命运”，不全是个人的、主观的原因。

荀子所谓“圣臣”，尊君与爱民兼而有之。能够制定切实可行的规章制度，在突发事件面前，能够应付自如，能够随着社会变迁进行恰当的社会改革，能够制定治国的方针大略。这是水平最高的官员，所以称为圣臣。荀子列举的人物是殷之伊尹、周之太公。按这个标准，我以为，秦的商鞅、李斯，汉的陆贾、董仲舒，唐的魏徵，宋的王安石，元的耶律楚材，明的张居正等，都应该属于“圣臣”的范围。他们在社会制度方面都有重大改革，在治理社会的理论上都有新的发现、新的突破、新的创造，对于社会制度的文明都有一定的贡献。我以为，圣，就是要有创造性。所谓“圣者作”，作，就是创造。

春秋时代晋国公子重耳在外奔波十几年后回到国内执政，是为晋文公。他要封赏随他逃亡的功臣。“大者封邑，小者尊爵”，这时有一个随从叫壶叔的说：“君三行赏，赏不及臣，敢请罪。”发布了三次获赏名单，没有我，我犯了什么罪。晋文公回答说：“夫导我以仁义，防我以德惠，此受上赏。辅我以行，卒以成立，此受次赏。矢石之难，汗马之劳，此复受次赏。若以力事我而无补吾缺者，此（复）受次赏。三赏之后，故且及子。”（《史记·晋世家》）晋人闻之，皆说。晋文公所谓应该受上赏的，正是荀子提到的圣臣，次赏就是荀子所谓功臣。在功上也有区别，谋功在上，力功在下。晋文公把谋功列于劳力之功前面，说明也是很高明的。这是中国传统见解。《汉书·霍光传》讲的“曲突徙薪”与“焦头烂额”，也反映了这种见解。在谋功方面也有区别。晋侯打了胜仗回来，“行赏，狐偃为首”。有的人说，这一场城濮之战，是用了先轸的计谋，为什么不首先赏先轸呢？晋文公说：“城濮之事，偃说我毋失信。先轸曰：‘军事胜为右’，吾用之以胜。然此一时之说，偃言万世之功，奈何以一时之利而加万世之功乎？是以先之。”（《史记·晋世家》）所谓“万世之功”，就是指道德方面的建议。而所谓“一时之利”，则指当时具体的事情。道德作为治国的根本，所以是万世之功。从此可见，中国历史上，所有重视劳力超过知识创新的、重视技能超过品德修养的统治者都是缺乏远见卓识的庸人，他们不知道什么是万世之功，一切只图眼前利益，立竿见影。“万般皆下品，唯有读书高”是过去很流行的一句话，后来受到严厉批判。现在重新评定它，至少可以说它是提倡读书、提倡知识、提倡文明的，是代表社会文明发展方向的。

（二）对君的不同态度

官员对于君的不同态度，也可以分为好几类。荀子说：

从命而利君谓之顺，从命而不利君谓之谄；逆命而利君谓之忠，逆命而不利君谓之篡；不恤君之荣辱，不恤国之臧否，偷合苟容，以持禄养交而已耳，谓之国贼。君有过谋过事，将危国家、殒社稷之惧也，大臣、父兄有能进言于君，用则可，不用则去，谓之谏；有能进言于君，用则可，不用则死，谓之争；有能比知同力，率群臣百吏而相与强君挢君，君虽不安，不能不听，遂以解国之大患，除国之大害，成于尊君安国，谓之辅；有能抗君之命，窃君之重，反君之事，以安国之危，除君之辱，功伐足以成国之大利，谓之拂。

这里有顺、谄、忠、篡、国贼、谏、争（诤）、辅、拂（弼）等不同的态度和做法。顺，当君的主意是正确的时候，顺从国君，没有什么可说的。主要问题在于，当国君主意不正确的时候，在国君提出想法可以预见对全国人民不利、对国君也不利的情况下，为臣的应该怎么办？明明知道对君不利，还是照办，这是谄。知道对君不利，为了国君的利益，坚决反对国君的命令，这是忠臣。违背君的命令，背地做不利于君的事，这是篡臣。不管国家兴衰存亡，也不管国君的决策对错，只要保住自己的乌纱帽，有官当，有禄享，其他什么事也不管，多一事不如少一事。荀子认为这种官就是“国贼”。汉代人称他们为“尸位素餐”，像尸体一样占着活人的位子，白吃饭，不干活。

为了国家的利益，为了国君的利益，千方百计地与不利于国家和国君的思想与行为作斗争。不惜冒着生命的危险，把身家性命都抛弃，也要力争利国利君利民。这些官员分为谏、诤、辅、拂（弼）。谏者提出自己的意见，国君不接受，他就离开。这种人在春秋战国时代比较多，例如孔子、孟子周游列国时，都因为国君不接受，他们才得以到处旅行、游说。韩非也是先向韩国献计，韩君不接受，他才到秦国去的。吴起也因国君的留与放，先后到鲁、魏、楚任职，最后死于楚国。到秦汉以后，在中央集权制的大一统国家中，只有一个买主，士不能在这个唯一的朝廷任职，就只能失业。失业者或在农村，或遁入山林，成为隐居者。汉代许多士人不满意政府的方针政策，退隐山林的很多，因此，汉代皇帝下诏书，经常提到特别要注意招隐居山林的贤人。但是，也有一些士人没有多大本事，也退隐山林，皇帝下诏书征诣，故意不应征，因此，名声就大了，再征辟，又不应征，名声越来越大。这叫“辞爵以吊名”（《论衡·自纪篇》）。有的人因此名气极大，皇帝一再征辟，最后出来应聘，当了官，没有什么政绩，不孚众望，徒有虚名，所以有人说：“盛名之下，其实难副。”（《后汉书·黄琼传》）

关于诤臣，出于一片忠君爱国的真心，对于国君的背道违理行为，以死抗争。这当然是忠臣的行为。比干谏殷纣，最后被剖心而死。伍子胥谏吴王夫差释放勾践，不成被杀。比干、子胥就是诤臣。卫国的大夫史鱼也用了尸谏。他在弥留之际，对儿子说：“我数言蘧伯玉之贤而不能进，弥子瑕不肖而不能退。为人臣生不能进贤而退不肖，死不当治丧正堂，殡我于室足矣。”（《韩诗外传》卷七第二十一章）卫君问为什么把父尸放在室内，不摆在正堂。儿子把父亲临终遗嘱复述一遍，卫君猛然觉悟，马上“召蘧伯玉而贵之，而退弥子瑕”。史鱼尸体这才移到正堂。这叫“生以身谏，死以尸谏”（《韩诗外传》卷七第二十一章）。在春秋战国时代，这种情况很少，因为那时是“自由买卖”，合则留，不合则去，诤臣较少。秦汉以后，谏不成，无处可去，只有退隐山林，否则就要送命。当然，很多忠臣因此丧命。也有偶然活命的，例如明代的海瑞，抬着棺材放在皇宫门外，然后进殿强谏。后来皇帝知道他准备死谏，反而不杀了。以死报君恩的，都属于这类诤臣。这些都是以后群众赞颂的忠臣。

荀子说：“故谏、争、辅、拂之人，社稷之臣也，国君之宝也，明君之所尊厚也，而暗主惑君以为己贼也。”（《荀子·臣道》）谏、诤、辅、拂，都是忠臣。谄、篡、国贼，都是奸臣。不同的皇帝对此有不同的看法，明君认为忠臣是个宝，非常珍惜。暗君认为忠臣是阻碍自己行为的绊脚石，必须搬走、踢开。暗君以为忠臣不除不能舒心。所谓“父母爱逆子，皇帝宠奸臣”，就是说的这种情况。皇帝在奸臣的侍候中感到很舒服，于是，就在舒舒服服中亡国灭身，身败名裂。当皇帝也不能图舒服，所谓“生于忧患，死于安乐”。荀子的结论是：“从道不从君。”当官处事，要服从“道”，即要按照客观规律和社会法则办事，不能只是讨好国君个人的欢心，只考虑国君个人的一时愿望和爱好。这句话与西方所谓“吾爱吾师，吾更爱真理”相似。所谓客观规律，就是要求实事求是。所谓社会法则，从现在来看，主要还应该是爱国利民。这个原则，就是孟子所说的：“民为贵，社稷次之，君为轻。”这个道理，很多人不明白。有一个例子可以说明问题。管仲先支持公子纠与公子小白争夺王位，后为公子小白，即齐桓公出谋划策，使齐桓公成为春秋第一个霸主。如何看待管仲的行为？后代儒者有争议。有的人认为管仲“背主事仇”，不忠。他的行为不值得学习。即使后来有很大功劳，也抵偿不了这个罪过。孔子有不同的看法，《论语·宪问篇》记载：

子路曰：“桓公杀公子纠，召忽死之，管仲不死。曰：未仁乎？”

子曰：“桓公九合诸侯，不以兵车，管仲之力也。如其仁，如其仁！”

子贡曰：“管仲非仁者与？桓公杀公子纠，不能死，又相之。”

子曰：“管仲相桓公，霸诸侯，一匡天下，民到于今受其赐。微管仲，吾其被发左衽矣！岂若匹夫匹妇之为谅也，自经于沟渎而莫之知也。”

孔子明确说了管仲是“仁”，表现在“九合诸侯，不以兵车”事功上。又说管仲“霸诸侯，一匡天下”的事业，为人民立了大功，使几百年后的人民都受到他的恩赐。这么伟大的人物，人才难得，怎么能与普通百姓一样为了守小信而默默无闻地死在野地里，没有人知道呢？孔子对管仲的贡献作了充分的肯定，没有指责他不殉难。这么权威的说法，后人还是有批评的。例如，北宋的程子说：

桓公，兄也，子纠，弟也。仲私于所事，辅之以争国，非义也。桓公杀之虽过，而纠之死实当。仲始与之同谋，遂与之同死，可也；知辅之争为不义，将自免以图后功，亦可也。故圣人不责其死而称其功。若使桓弟而纠兄，管仲所辅者正，桓夺其国而杀之，则管仲之与桓，不可同世之仇也；若计其后功而与其事桓，圣人之言，无乃害义之甚，启万世反覆不忠之乱乎？如唐之王珪、魏徵，不死建成之难，而从太宗，可谓害于义矣；后虽有功，何足赎哉？

程子还是在名分上讨论是非问题，根本没有从社稷与国君的关系上讨论是非问题。如果认为民与社稷重于国君，那么，管仲为了齐国的利益，做出巨大贡献，对于人民也立下大功，为什么还要在君的问题上纠缠呢？民贵君轻和从道不从君，这两个最重要的原则，后代的儒者渐渐忘记了。宋明理学家多数都属于这种类型，忘却了最重要的原则，心中只有一个君，盲目忠君。这是封建社会走向末路的开始。

汉代以后，士与政府的关系呈相当复杂的情况。敢于谏诤的人越来越少，混饭吃的越来越多。这种混饭者就是为了保住乌纱帽，以便享受荣华富贵。过去荀子称他们为“国贼”，而后来这种人大量存在，也就是很平常的了，算不了“国贼”，最多只能算是庸官、冗员，可有可无的混饭者。后来这种混饭者很多，他们不但受禄不做事，还要利用职权谋禄外的利益，发不义之财，所谓“马不吃夜草不肥，人不贪外财不富”，所谓“三年清知府，十万雪花银”，贪污受贿，欺压百姓，作威作福。

对待君的态度，还要针对君的不同而有差异。对于圣君，一切听从就行了。但是，这种圣君，只有抽象的意义，世界上是不存在的。尧、舜、禹也都要听取大家的意见，集思广益，才能做好事情。如果大家都不发言，那么，他们也不能提出正确的方案。历史上所谓圣君，就是最善于听取大家意见的国君。荀子说对待“中君”应该是：“忠信而不谀，谏争而不谄，挢然刚折，端志而无倾侧之心，是案曰是，非案曰非”（《荀子·臣道》）。

这就是说，对这种比较开明的君主要讲真话。不需要拐弯抹角，隐晦曲折，应该知无不言，言无不尽。对于暴君就不能这样，荀子认为应该：“调而不流，柔而不屈，宽容而不乱，晓然以至道而无不调和也，而能化易，时关内之，是事暴君之义也。”（《荀子·臣道》）大意是说：平常进行调和又不随波逐流，说话、行为都很柔和，心里却非常坚定，所谓“绵里藏针”。表面上很宽容，而大事还必须按部就班，保持一种基本的秩序。经常用大道理跟国君讲说，使许多事情都能得到正确、圆满的解释，希望他能逐渐接受正确的思想，在潜移默化中改变性情，随时引导他走上正确的轨道。这个情况，要比在明君手下做事难得多，也累得多。但是，我们从历史上看，所谓明君，也不是什么时候都是明白的。汉高祖刘邦赏功时首推萧何，后来也一样贬过萧何。他所赞扬的四个人：萧何、陈平、张良、韩信，也是他夺取天下最主要的依靠对象。张良出走，当然是为了避祸。萧何遭贬，韩信被诛，为什么呢？只有陈平，真正参透玄机，冷静应付所有事变，像走钢丝那样，小心谨慎，做成历史上少有的“善始善终”的贤相。汉文帝放贾谊，汉景帝诛晁错，汉武帝刑司马迁，西汉四十多位丞相，大多数都是被贬、被诛的，只有少数几个得以善终。东汉光武帝将反对谶纬的桓谭判以“非圣无法”的大罪，后因各官求情，贬为县丞，死于赴任的路上。唐太宗也是历史上著名的明君，遇着历史上著名的忠臣魏徵，明君与忠臣，如鱼得水。但是，从《新唐书》所载来看，唐太宗还经常怀疑魏徵有异心，甚至在魏徵死后多年，因有人进谗言，唐太宗命人推倒了魏徵墓碑，后来又重新立起来。伴君如伴虎，明君也是老虎，不小心也一样吃人。这是封建专制制度所决定的，并非某一个皇帝品质不好造成的。荀子提供一种参考意见：臣子对待国君，“若驭朴马，若养赤子，若食馁人，故因其惧也而改其过，因其忧也而辨其故，因其喜也而入其道，因其怒也而除其怨：曲得所谓焉”（《荀子·臣道》）。像驾驭没有训练过的野马，又像养不懂事的婴儿，也像给饥饿的人喂食那样，根据他的害怕心理来逼他改正错误，根据他的忧虑来改变他的习惯，根据他的喜欢来引导他进入正道，根据他的愤怒情绪排除他所讨厌的东西，用非常巧妙的办法来使他就范。这当然十分不容易，需要很高的政治艺术。简单地说，就是像驯虎那样，要十分小心，十分巧妙，根据它的性质来计划自己的工作。

汉代马融著的《忠经》上说：

夫忠者，岂惟奉君忘身，徇国忘家，正色直辞，临难死节已矣。在乎沈谋潜运，正国安人，任贤以为理，端委而自化。尊其君，有天地之大，日月之明，阴阳之和，四时之信，圣德洋溢，颂声作焉。《书》曰："元首明哉，股肱良哉，庶事康哉！"（见《百子全书》第一册）

在这里，马融把奉君忘身、徇国忘家、正色直辞（谏诤）、临难死节都视为"忠"的不同表现。但是，他认为这些还不够，最重要还是"沈谋潜运，正国安人，任贤以为理，端委而自化"。"沈谋"就是深谋远虑，"潜运"就是潜移默化。郑玄注："至忠无迹，诚在沈潜。"所谓"至忠无迹"，就是说最忠的人没有形迹，在不知不觉中把社会各方面的事情都做好了。目的是使皇帝有最伟大的荣耀，让人民歌颂。所谓"临难死节"，就是国君有难时，以死报答。当然也有相反的意见。齐景公问晏子："忠臣之事君如之何？"晏子回答："有难不死，出亡不送。"国君有难，自己不以死相报。国君出走逃亡，不去送行。齐景公不理解："裂地以封之，疏爵以待之，有难不死，出亡不送，何也？"晏子说："言而见用，终身无难，臣何死焉？谏而见从，终身不亡，臣何送焉？若言不见用，有难而死，是妄死也。谏不见从，出亡而送，是诈忠也。"（《贞观政要·君臣》）不分国君好坏，一味忠诚，是愚忠。愚忠之臣，非良臣也。

忠臣与良臣还是有区别的。唐代，魏徵对唐太宗说："臣以身许国，直道而行，必不敢有所欺负。但愿陛下使臣为良臣，勿使臣为忠臣。"唐太宗问："忠良有异乎？"忠臣与良臣有什么不同吗？魏徵说："良臣使身获美名，君受显号。子孙传世，福禄无疆。忠臣身受诛夷，君陷大恶。家国并丧，独有其名。以此而言，相去远矣。"（《贞观政要·纳谏》）以此观之，魏徵是良臣，隋朝的元善达、独孤盛、屈突通、姚思廉、张道源等人都是忠臣。所谓"国乱有忠臣"。国不乱，只有良臣。

（三）任官的素质

有一些职业需要特殊的素质。当官这种职业也需要特殊的素质。从大的方面说，人有两种不同的素质：一是善与人同，一是善与人异。

第一，任官需要善与人同。

善与人同，他的思想、观念都与绝大多数的人是一致的。这种人当官，说的话，上级领导喜欢听，下级群众也能接受，周围平级的同事也都支持、赞同。这个官自然就好当了。这种人如果去做学问，或者去从事文艺创作，那就不行。因为他没有创新，只会讲别人说过的话，写别人发表过的意见，而学术界则要求有新见解，文艺创作则要求"人人心中所有，个个笔下所无"。如果都是重复别人的艺术形象，人家会以为他在抄袭别人的作品。善与人同的性格，适合当官，不适合学术研究与文艺创作。

善与人异，这种人如果当官，与上级不合，与周围同事也不协调，思想感情与群众也格格不入。他提出一种想法，群众不支持，同事不配合，上级不批准。他还怎么能工作呀？他的思路很新，但不切实际，不符合群众的愿望。有的想法虽然从理论上说可能是很好的，却是行不通的。惠施为魏惠王设计一个治国方案，大家认为这个是很好的。翟翦却认为"善而不可行"（《吕氏春秋》卷十八），不能用，为什么呢？他举了一个很好的例子：抬大木头的时候，大家哼着"嗨——呵"，走着整齐的步伐。这时虽有很美妙的歌声，却不能代替"嗨——呵"。实际需要是第一位的。有一些诗人可以写很浪漫的、很豪放的诗句，却不能在现实政治中施行。例如，李白是一个伟大的诗人，在政治活动中，他却是一个很蹩脚的矮子。散文家王充闾在《沧桑无语》一书的第一篇《青山魂》中有一段精彩的分析：

客观地看，李白的官运蹭蹬，也并非完全种因于政治才识的欠缺。即以唐代诗人而论，这方面的水准远在李白之下的，稳登仕进者也数不在少。要之，在封建社会里，一般士子都把个人纳入社会组合之中，并逐渐养成对社会政治权势的深深依附和对习惯势力的无奈屈从。如果李白能够认同这一点，甘心泯灭自己的个性，肯于降志辱身，随俗俯仰，与世浮沉，其实，是完全能够做个富于文誉的高官的。

可是，他是一个自我意识十分突出的人，时刻把自己作为一个自由独立的个体，把人格的独立视为自我价值的最高体现。他重视生命个体的外向膨胀，建立了一种志在牢笼万有的主体意识，总要做一个能够自由选择自己命运与前途的人。

他反对儒家的等级观念和虚伪道德，高扬"不屈己、不干人"的旗帜。由于渴求为世所用，进取之心至为热切，自然也要常常进表上书，锐身自荐，但大前提是不失去自由，不丧失人格，不降志辱身、出卖灵魂。如果用世、进取要以自我的丧失、人格的扭曲、情感的矫饰为代价，那他就会毅然决绝，毫不顾惜。

他轻世肆志，荡检逾闲，总要按照自己的意志去塑造自我，从骨子里就没有对圣主君王诚惶诚恐的敬畏之心，更不把那些政治伦理、道德规范、社会习惯放在眼里，一直闹到这种地步："长安市上酒家眠，天子呼来不上船，自称臣是酒中仙"（杜甫诗），痛饮狂歌，飞扬无忌。这要寄身官场，进而出将入相，飞黄腾达，岂不是南其辕而北其辙吗？[①]

以文学家的角度说明李白不得志的原因在于：他的个人性格、情操，

① 王充闾：《沧桑无语》，东方出版中心 1999 年版，第 11 页。

不适应政治场合。这当然是正确的。如果从理论的角度看，由于当时的大一统政治需要整个官僚机构必须协调，才能上下配合，正常运作。个性极强又十分浪漫的人与这种官僚机构格格不入，被淘汰是必然的，因为整个国家机器不可能适应他的性格，只能他的性格去适应国家机构，而他又不愿意改变自己的性格。这种主客观的矛盾决定了李白在官场的悲剧命运。李白的恃才高傲也很不适应政治界的活动。中国的大一统政治最需要的是各方面的良好配合，一个人自视甚高，轻视别人，必然妨碍相互配合。一个国家需要许多人一起工作，如果大家都不配合，个人本事再大，面对如此庞大的国家和众多的人民，都必将是无能为力的。管理国家与写诗不同，写诗是个人创作，自己关起门来就可以写。管理国家就不同了，没有所有人的集体合作是不行的。因此，王充闾先生提道："李白忽略了一个基本的现实：他处身于大一统的盛唐之世，而不是王纲解纽、诸侯割据、群雄并起的春秋战国时期。"① 所以，我们可以认为，李白当不成官，没有在政治战场上充当牺牲品，是一种幸运。而历史上这类牺牲品比比皆是，却在诗坛上立起了不朽的丰碑。现在有几个人能说出唐代的皇帝和丞相的名字，又有几个人不知道李白这个名字呢？同样道理，庄子没有去当官，一生穷困潦倒，受尽苦难，而他却能寿终正寝，名留人间。也可以说是不幸中的大幸。庄子是自己的明智选择，李白却是违背自己心愿的无奈。

第二，任官需要宽容。

善与人同，必然要有宽容的处世态度。孔子说："水至清则无鱼，人至察则无徒。"这个察是苛察，也就是对别人的言行观察得太仔细，对别人的优点和缺点都了解得太详细。这样别人就不愿意与他相处，他的朋友就很少了。

东汉时代的胡广，不理政事，不提意见，不主持公道，当然属于缺德的范围。但他推荐的人多是天下名士，又熟悉人情世故，了解朝廷制度，

---

① 王充闾：《沧桑无语》，东方出版中心 1999 年版，第 12 页。

史家说他“虽无謇直之风，屡有补阙之益”。从总体上评论，胡广也是有德的贤才。

在历代的政治宣传上，都是提倡坚持正确，反对错误，从善如流，疾恶如仇。现代讲的也是坚持真理，反对谬误。实际上，政治斗争是很激烈的，很残酷的，常常是你死我活的。但是，平时给人的印象是那样的循规蹈矩，有章可循，似乎还是那样的温情脉脉。因此，进入官场的人都应该知道这种情况，有时激烈，有时缓和；有的肝胆相照，有的钩心斗角；有的坦诚直率，有的笑里藏刀。《水浒传》中有一句话叫：“莫信直中直，须防仁不仁。”这也反映了官场上的复杂性。对于自己来说，应该是：“防人之心不可无，害人之心不可有。”因此，对于别人，则应多一点宽容。孔子的道“一以贯之”的是“忠恕”，孔子认为，恕道是可以一辈子实行的。孔子又说：“好勇疾贫，乱也。人而不仁，疾之已甚，乱也。”（《论语·泰伯》）不好的人，如果过分逼迫，使他无处藏身，或者过度谴责，使他失去尊严，那就可能逼出乱子来。现在来理解这句话，就是说在一般情况下，对于犯了错误的人，还要有给出路的政策和措施。这并不排除适当的斗争。人类追求的应该是和谐，斗争是不可避免的，是环境逼出来的，或是人的欲望的冲突而造成的。

《孔子家语》卷二《致思》记载：

子路治蒲。请见于孔子曰：“由愿受教于夫子。”子曰：“蒲其如何？”对曰：“邑多壮士，又难治也。”子曰：“然，吾语尔。恭而敬，可以摄勇；宽而正，可以怀强；爱而恕，可以容困；温而断，可以抑奸。如此而加之，则正不难矣。”

这是孔子对于官员如何对待人民的一种意见。恭而敬，就是说要有恭敬的态度，表现出来的应该是和颜悦色，和蔼可亲。这样可以对付勇敢的人，使他们不会乱来。宽而正，正派又能宽容，好强的人也会受到感动，不会对你逞强。爱而恕，有爱心又能宽恕他们的过错，倒霉的人不会逃走，会依附你。温而断，态度温和，但处理事情又很果断，这样可以使企图搞阴谋、做坏事的人心怀畏惧，不敢肆无忌惮。孔子认为有了这些措施，社会也就不难治理了。

（四）相的特殊地位

百官中最重要的是相，因此，相有特殊的地位。相处国君之下，为百官之首。他要辅佐国君处理一切重大事务。国君首先要选择好相，而相就要选择好百官，要做到知人善任。在整个封建政府机构中，相起着关键的、极为重要的作用。最典型的是管仲，他任齐国相，使齐桓公能称霸诸侯。孔子说："桓公九合诸侯，不以兵车，管仲之力也。如其仁，如其仁！"又说："管仲相桓公，霸诸侯，一匡天下，民到于今受其赐。微管仲，吾其被发左衽矣！"（《论语·宪问》）说明孔子充分肯定管仲的历史功绩。"齐桓公正而不谲"（《论语·宪问》），正派而不诡诈，之所以能称霸诸侯，就因为选对了人，用对了相。还是这个齐桓公，当管仲死以后，换别人任相，终至败坏，齐桓公死后，齐国大乱，尸体无人收葬，虫爬到户外。从此以后，齐国再也不能重登霸位。战国时代的屈原对此不能理解，同样一个齐桓公，先是称霸，后却惨死，以为"天命反侧"（《天问》）。柳宗元认为这不是天命的问题，而是所任用的相有了变化，开始任管仲，后来任竖刁这类佞人。用人当与不当，国家就有兴衰的不同，国君就有荣辱的差别。很显然，柳宗元的说法还是比较合理的。

与此相似的还有郑国的子产。子产任相，实行政治改革，又善于听取群众的意见。他不毁乡校，给人民留一个自由议论的空间，他可以从中听取意见，以便改进工作。他以乡校为师的思想，包含民主的因素。郑简公任子产为相时，对子产说："内政毋出，外政毋入。夫衣裘之不美，车马之不饰，子女之不洁，寡人之丑也。国家之不治，封疆之不正，夫子之丑也。”后来的情况是：“子产相郑，终简公之身，内无国中之乱，外无诸侯之患也。子产之从政也，择能而使之，冯简子能断大事，子太叔善决而文，公孙挥谋知四国之为，而辨于其大夫之族姓，变而立至，又善为辞令。裨谌能谋，谋于野则获，谋于邑则否，有事，乃载裨谌与之适野，使谋可否，而告冯简子断之，使公孙挥为之辞令。成乃受子太叔行之，以应对宾客，是以鲜有败事也。”（《说苑》卷七《政理》）郑简公把国事全部托付给子产去管理。子产知人善任，使各位贤人都能发挥各自所长。互相配合，靠集体的力量，把所有的大事办好，“鲜有败事”。

千军易得，一将难求。百官易得，一相难求。有一位贤相，就可以领好一班人马，就可以完成统治大业。如果相没有选好，那么，有许多人才也会因此而泄气，感到报国无门，请缨无路。失士心，就会失人心，失民心。失民心，当然就有亡国之虞。

相的地位重要，自然也是最危险的角色。西汉时期的相很多，前后换了 44 个，多数被罢免、诛杀。虽然是大一统时代的相，一人之下，万人之上，却常遭不幸，于是有“伴君如伴虎”的说法。因此，在大一统的中央集权的国家中，皇帝与相的配合是非常重要的。两者配合好的，如鱼得水的情况十分罕见。汉武帝与公孙弘，唐太宗与魏徵，宋神宗与王安石，只有很少的几对。在二者关系中，皇帝是主动方面，而相是被动方面。能干的皇帝经常换相，而软弱的皇帝却是能干的相的碍手者。有扶不起来的天子，没有撤不掉的笨相。

第十五讲
独尊儒术

一、政治家与哲学家的联盟

中国传统哲学的主干是儒家哲学。中国传统哲学又是中国传统文化的核心。因此，中国传统文化的优秀内容主要也是儒学。现在很多人喜欢讲中国传统的优秀文化，却不肯说儒家文化，因为20世纪的100年批判孔子儒家留下了后遗症，使一些人至今还谈儒而色变。这个观念是需要改变的。

从大的分类，哲学可以分为三大类：求真的科学哲学、求善的政治哲学和求美的艺术哲学。在西方，以求真的科学哲学为主流，因此，哲学家要跟自然科学家结成联盟。在中国，哲学家就要跟政治家结成联盟。韩愈在《原道》一文说："由周公而上，上而为君，故其事行；由周公而下，下而为臣，故其说长。"由周公以上，持道的哲学家"为君"，执政者，所以能够在实践中实行政治主张，于是就不存在联盟的问题。周公是一身而二任，他曾经摄政多年，后虽然还政于成王，仍然掌握行政大权。以后就不同了，所有哲学家都是臣，自己的政治主张，都要通过政治家来实行，因此都要与政治家结成联盟。结盟好的，事业就成功。例如，管仲与齐桓公结盟，使齐桓公称霸诸侯。孔子说："桓公九合诸侯，不以兵车，管仲之力也！如其仁！如其仁！""管仲相桓公，霸诸侯，一匡天下，民到于今受其赐。微管仲，吾其被发左衽矣。"（《论语·宪问》）齐桓公能够多次召集各诸侯国的盟会，不使用武力，都是管仲的力量。这就算是他的仁德。管仲的力量在于智慧，哲学的智慧。管仲帮助齐桓公稳定天下，人民到现在还享受他的恩赐。如果没有管仲，我们还会是披散着头发，穿着衣襟向左开的衣服。这说明管仲与齐桓公的联盟是成功的。还有如商鞅与秦孝公，吴起与魏武侯、楚悼王，李斯、韩非与秦始皇，陆贾、叔孙通与刘邦，贾谊与汉文帝，晁错与汉景帝，董仲舒、公孙弘与汉武帝，桓谭与王莽，魏徵与唐太宗。有些是成功的例子，也有失败的例子。汉文帝不用贾谊，而有景帝时代的吴楚“七国之乱”。景帝错杀晁错，痛悔不已。王莽自视太高，听不进桓谭等人的意见，最后归于失败。哲学家与政治家的联盟，合则两利，离则俱伤。两相比较，对于政治家的损失将更大。失去士人的支持，政治家就将失去权位，陷于贫困，甚至亡国灭身。而士人本来就没有什么权位，自由流动，虽然贫困，也还自在，没有太大危险。周公执政的时候，经常礼贤下士，唯恐失去士人。“然一沐三握发，一饭三吐哺，犹恐失天下之士……夫贵为天子，富有四海，由此德也。不谦而失天下亡其身者，桀纣是也，可不慎与！”（《韩诗外传》卷三第三十一章）洗一次头发，多次握着湿头发，出来接待来访的士人。吃一顿饭，多次吐出饭来，回答士人提出的问题，就这样还怕怠慢了士人。只有这样，才能维持“贵为天子，富有四海”的高贵地位。否则，就会像夏桀、殷纣那样落得“失天下亡其身”的下场。因此，周公告诫儿子不要以骄傲的态度对待士人，因为其中可能有高明的哲学家，怕失之交臂。《韩诗外传》卷三第三十一章载：成王封伯禽于鲁，周公诫之曰：“往矣！子其无以鲁国骄士。”周成王封伯禽于鲁曲阜。临行，周公告诫伯禽说不要因为有鲁国的高贵权势而轻慢士人。这是政治家恐怕失去哲学家。很多政治家由于素质太低，有眼不识泰山，失去哲学家导致失败，以致亡国灭身。先秦时代，老子、孔子、孟子、庄子、荀子，未能找到合适的结盟者，所以未能在社会政治上发挥应有的作用。他们当臣，“其说长”，他们的理论更深刻，思想更丰富，对后代有很大影响。秦汉时代，中央集权制度建立以后，皇帝掌握生死予夺、富贵荣华，而且只有一个权力中心，骄士的情况就更加严重。但是，只要人民还能生活得下去，天下还是太平的，因为没有地位相当的诸侯作为政敌，许多士人争相愿意尽忠于皇帝。如果用现代市场经济的说法，先秦时代是卖家（士）市场，秦汉以后是买家（皇帝）市场。在这一市场上，智慧就是特殊商品。

二、秦始皇为什么焚书坑儒

春秋战国时代是诸侯纷争的时代，诸侯兴衰成败决定于士的走向。士是那时社会的特殊阶层，他们是社会的精英分子，对诸侯间竞争有很大影响。因此，在《战国策》卷十一《齐四》中有这样的记载：

齐宣王见颜斶，曰："斶前！"斶亦曰："王前！"宣王不悦。左右曰："王，人君也。斶，人臣也。王曰：'斶前'，亦曰'王前'，可乎？"斶对曰："夫斶前为慕势，王前为趋士。与使斶为趋势，不如使王为趋士。"王忿然作色曰："王者贵乎？士贵乎？"对曰："士贵耳，王者不贵。"王曰："有说乎？"斶曰："有。昔者秦攻齐，令曰：'有敢去柳下季垄五十步而樵采者，死不赦。'令曰：'有能得齐王头者，封万户侯，赐金千镒。'由是观之，生王之头，曾不若死士之垄也。"宣王默然不悦。

齐宣王见颜斶，谁应该往前靠？颜斶往前靠，是士人巴结国王。齐宣王往前靠，是国王礼贤下士。前者士人可耻，王者傲慢，对双方都不利，都没有好名声。反过来就不同了，王者礼贤下士，士人受到尊重，对双方都是荣耀的。论起谁更高贵，颜斶当然认为，士更高贵，埋柳下季即柳下惠尸体的坟墓比活国王的头更珍贵。士为什么高贵？尊重士人，得道多助，社稷就可保住。不尊重士人，失去人心，就保不住社稷，就要国破家亡，身败名裂。在那纷争的春秋战国时代，士人的作用不可低估。正如王充所说："六国之时，贤才之臣，入楚楚重，出齐齐轻，为赵赵完，畔魏魏伤。"（《论衡·效力》）"吴不能用子胥，楚不能用屈原"，最后都落得身败名裂，国破家亡。国家之间的竞争，就是实力之争，也就是人才竞争。士的走向，对于政治影响极大。可以说，士是精英分子，当时的士在很大程度上代表民意，得士心才能得民心。

先秦儒家坚持自己的主张，孔子、孟子也都周游天下，无所留止，因为那时是一臣二君，政见不合，起身就走。孔子讲"三军可以夺帅也，匹夫不可夺志也"（《论语·子罕》）。孟子更强调"威武不能屈"。正如荀子所说："义之所在，不倾于权，不顾其利，举国而与之不为改视，重死、持义而不桡，是士君子之勇也。"（《荀子·荣辱》）这"士君子之勇"，就是儒家的独立人格。先秦儒家不屈服于威权。在这种意义上，我们可以称之为"自由主义"，也可以叫作"独立人格"或者"独立其精神""自由其思想"。秦始皇建立了中央集权的专制制度，形成一君贰臣的局势，所有士人都只能在秦中央政府那里找到自己施展才华、实施政治抱负的机会，不可能从别处找到这种机会。而秦代很多儒者还要坚持春秋战国时代的纯粹性和独立人格，那就只能隐遁山林，或者与当政者对抗，落个身败名裂的下场。秦始皇还下令偶语《诗》《书》者诛，以古非今者族。在各地自然就有一大批儒生谈论《诗》《书》，或者议论政治，批评官吏，受到惩治，这就不止于坑四百多人。儒生以对抗的态度对待新政权，必然导致焚书坑儒的事件发生。直至汉初，也还有一些迂腐儒者不肯出来为汉政权服务。有些人从历史记载来考证有没有焚书坑儒的事，实际上要从大势上分析，焚书坑儒不是难以理解的。李斯提出不许收藏、携带《诗》《书》，得到秦始皇的批准，就可以说已经开始"焚书"。因为全国各地都在焚书，并没有变成重大事件，史书也就不可能详细记载全国各地具体的焚书过程。从汉初缺书情况来看，也可以旁证秦代的"焚书"。

三、儒学创新，与时俱进

秦代对儒学采取的是焚书坑儒政策，几十年后的汉朝实行独尊儒术政策。这个大变革，就是中国历史上一个大的机缘。统治者的思想为什么会有这么大的变化？除了形势变化（战乱到稳定）和统治者变化（秦始皇与汉武帝），还有儒家与儒学的变化。哪个儒家能够抓住这个机缘，就可能成功立业，名垂青史，流芳百世；抓不住，就随草木同枯，消失于茫茫史海。

陆贾著《新语》，得到刘邦君臣的肯定，刘邦因此改变观念，愿意下马治天下；叔孙通和弟子们为汉朝制定朝廷礼仪，得到刘邦的采纳和赞赏。窦太后崩后，汉武帝招贤良对策，选拔了一批儒家，参与治理社会的决策。公孙弘与董仲舒等人，就是被选拔的儒家，为复兴儒学做出重大贡献。也有不幸者，贾谊也是有改革思想的大儒，却由于改革幅度大和反对势力强而遭到排挤，大谋未逞而英年夭折。晁错也是儒者，曾从伏生学习《尚书》，因建议削藩，逢吴楚“七国之乱”，被汉景帝所冤杀。他们的牺牲，也算是儒学复兴的代价。

能够抓住这个机会的儒家主要有陆贾、叔孙通、公孙弘、董仲舒四人。

刘邦建立汉朝以后，陆贾时时在刘邦面前称颂儒家的经典《诗》《书》，刘邦说：“乃公居马上而得之，安事《诗》《书》！”老子骑在马上打出来的天下，还要《诗》《书》做什么！陆贾说：“居马上得之，宁可以马上治之乎？且汤武逆取而以顺守之，文武并用，长久之术也。昔者吴王夫差、智伯极武而亡，秦任刑法不变，卒灭赵氏。乡（向）使秦已并天下，行仁义，法先圣，陛下安得而有之？”（《史记·郦生陆贾列传》）这段话非常重要。大意是：武力可以夺取天下，夫差、智伯、秦都是只用武力而灭亡。汤、武都是先用武力夺取天下，然后用文的办法顺守天下。文武并用，才是长久之术。就是说，刘邦用武力得天下，得天下后，就要改用文的办法治理天下，怎么能在马上治天下呢？刘邦听明白了，要陆贾总结历史成败的经验教训，陆贾写成《新语》12 篇。每一篇宣读以后，都得到刘邦认可，“未尝不称善”，而且“左右呼万岁”。这就是说，刘邦得天下以后，要用儒学治理天下。用通俗的语言讲儒学治理天下的道理，得到新统治者的认可。

叔孙通在《史记》卷九十九有传。他跟随刘邦以后，推荐了很多壮士，许多弟子有意见。他说：“汉王方蒙矢石争天下，诸生宁能斗乎？故先言斩将搴旗之士。诸生且待我，我不忘矣。”刘邦得天下后，许多功臣名将“饮酒争功，醉或妄呼，拔剑击柱”，刘邦正为这事发愁。这时，叔孙通建议征聘鲁诸生一起制定朝廷礼仪。叔孙通到鲁地招聘诸生，有两个儒生不肯来，说：“公所事者且十主，皆面谀以得亲贵。今天下初定，死者未葬，伤者未起，又欲起礼乐。礼乐所由起，积德百年而后可兴也。吾不忍为公所为。公所为不合古，吾不行。公往矣，无污我！”叔孙通笑曰：“若真鄙儒也，不知时变。”所事十主，何污之有？孔子游说诸侯，何止十主？管仲背主事仇，得到孔子的赞扬。儒生何其陋矣！积德百年，礼乐可兴，这种说法，不知有何根据。周公制礼作乐，何尝积德百年？以“古”为准，不知时变，“真鄙儒”！孔子讲“权”的重要性，在那些自以为是坚定的纯粹儒者那里，成了最不重要的甚至是背叛的表现。貌似坚定的儒者，他们只能导致儒学的毁灭，何能传承儒学？实质上是对儒学的真正背叛。没有应变创新的儒家，儒学怎么能流传至今？

叔孙通按照刘邦简单易行的要求，制定刘邦容易做到的礼仪。他真正理解了礼的精神是“因时世人情为之节文者也”，“颇采古礼与秦仪杂就之”，将古代的礼仪与秦代的礼仪进行综合创新（杂就之）。叔孙通既能理解儒家礼制的精神，又能从实际出发，制定适合当时的礼仪制度。效果如何？要看实施的结果。在仪式中，“自诸侯王以下莫不振恐肃敬”，“竟朝置酒，无敢欢哗失礼者”。刘邦很高兴，“吾乃今日知为皇帝之贵也”。叔孙通的弟子“悉以为郎”，他将皇帝奖赏的500斤金赐给诸生，诸生乃皆喜曰：“叔孙生诚圣人也，知当世之要务。”（《史记·刘敬叔孙通列传》）用儒家精神解决“当世之要务”，才能实现儒学的价值，也才能发展儒学。

叔孙通知道当世最需要解决的问题是什么，应当采取什么样的方法，如何解决。叔孙通的特点就是“通”，通达，能适应变化了的形势，能投缘，不同于鄙儒、迂儒、腐儒。他能随机应变，为稳定社会做出了重大贡献，为统治者巩固统治做了必要的事情，也为自己以及弟子争得地位与荣誉。叔孙通推荐人才与制定朝廷礼仪，都是适应并服务于中央集权制度的。刘邦因此感到皇帝的高贵，群臣“振恐肃敬”，“无敢欢哗失礼”，充分体现了“君为臣纲”的中央集权制度的特点。曾经有许多学者根据现代化民主的观念，简单地批判古代，包括汉代的中央集权制度，这是违背历史唯物主义的。

公孙弘也是能随缘的人，虽然研究学问不深，但善于以儒学包装汉武帝的决策，汉武帝非常满意，留在身边，任三公，至80岁死于丞相任上，封平津侯。他的特点是“每朝会议，开陈其端，令人主自择，不肯面折廷争。于是天子察其行敦厚，辩论有余，习文法吏事，而又缘饰以儒术，上大说之。二岁中，至左内史”。与朱买臣辩论，承认错误，说自己是“山东鄙人，不知其便若是”。汲黯批评他官高禄厚，却很节约，是欺诈伪装的表现。汉武帝问他，他说有这回事，说管仲上拟于君，晏婴下比于民，齐国皆治，并且表扬汲黯忠。“天子以为谦让，愈益厚之。”自己节约，钱花在宾客上，“家无所余”。他提倡：“知所以自治，然后知所以治人。”（以上《史记·平津侯传》）“公孙弘以《春秋》白衣为天子三公，封以平津侯。天下之学士靡然乡（向）风矣。”（《史记·儒林列传》）公孙弘为学官，提倡儒学教化，得到汉武帝批准，“自此以来，则公卿大夫士吏斌斌多文学之士矣”（《史记·儒林列传》）。可见，公孙弘在当时影响很大，成为儒者倾慕的榜样。辕固生告诉公孙弘：“公孙子，务正学以言，无曲学以阿世！”（《史记·儒林列传》）所谓“曲学以阿世”，就是修改理论为政治服务。

董仲舒的著作主要有《贤良三对策》与《春秋繁露》。主要思想是大一统论、天人感应说与独尊儒术。董仲舒这三对策的理论价值，可以说立了万世之功。大一统论，强调“屈民而伸君”，全国统一于皇帝，保证了全国政治的统一和领土的完整，维护了新创造的中央集权制度，使中国形成民族复杂、人口众多的大国。天人感应说限制了皇帝个人的私欲，达到“屈君而伸天”的作用，协调了君民之间的矛盾，调整统治者与被统治者之间的关系，使矛盾尽量缓和，不使激化。在没有民权的时代，这是促进社会和谐的重要方式，具有非常巨大的意义。进入现代社会以后，西方的民主观念传入中国以后，许多学者都极力批判中国古代的中央集权专制制度。但是，在两千多年前的汉代，建立与维护中央集权制度，代表着最先进的文化，也是最文明的意识形态。在以后的发展中，中国的富强无不与此相联系。独尊儒术，屈君而伸天，天又是由儒者按儒学来解释，已经暗含独尊儒术的意思。汉代独尊儒术奠定了以儒学为主干的中华民族魂。董仲舒为政治服务，不是简单地为当时的政策作论证，而是为整个民族的兴盛与发展、整个社会的长治久安做宏观长远的设计。

在这里介绍的四人中，陆贾协助陈平平定诸吕，维护汉室江山，得以寿终。叔孙通得到刘邦欣赏，“乃拜叔孙通为太常，赐金五百斤”。当时就被弟子称为圣人。后又为“太子太傅”，汉惠帝登基，他又为太常，“定宗庙仪法”。司马迁给叔孙通的总评价是：“叔孙通希世度务制礼，进退与时变化，卒为汉家儒宗。”公孙弘任相、封侯，显赫一时，在社会上产生巨大影响。“公孙弘以《春秋》白衣为天子三公，封以平津侯。天下之学士靡然向风矣。”“自此以来，则公卿大夫吏斌斌多文学之士矣。”（《史记·儒林列传》）司马迁专门为他单独立传，而董仲舒只是在《儒林列传》的最后挂上一号，算是续貂而已。“汉兴至于五世之间，唯董仲舒名为明于《春秋》，其传公羊氏也。”（《史记·儒林列传》）这是司马迁对董仲舒的最高评价。按班固的说法，这四人的贡献，以董仲舒为最大。董仲舒的贡献是

100 年以后才逐渐显现出来，因此，班固在《汉书》中为他单独立传，收录《贤良三对策》全文，并称他是“群儒首”，又为“儒者宗”。与此同时，公孙弘却与卜式、儿宽合传。

四、独尊儒术以后

汉代独尊儒术，实际上尊的是汉代的新儒学，是已经融会众家思想，经过综合创新的新儒学。陆贾在刘邦面前提倡《诗》《书》，提倡儒学，后来，叔孙通与其弟子制定朝廷礼仪，贾谊、晁错都因在朝廷上提出政治改革方案受到迫害。辕固生、胡毋子都、公孙弘等也都为儒学复兴做出过贡献，而董仲舒做了集大成的工作。从以后的情况来看，当时独尊儒术，主要是独尊了春秋公羊学，董仲舒是唯一明于春秋公羊学的学者，所以说到底，独尊的是董仲舒哲学，是董学。

从《史记》中可以看到，汉武帝时代儒学开始独尊。在以本纪、世家、列传三个层次中，司马迁将孔子与诸侯并列在《世家》中，孔子的弟子专门列传《仲尼弟子列传》，这也是其他学派所没有的。后代研究儒学的专家另立一列传《儒林列传》，也没有《道林列传》或《墨林列传》。司马迁的《史记》也充分表达了独尊儒术的特色，如果没有独尊儒术，那就无法解释这些现象。找一两句话，再加以歪曲的解释，无法确立令人信服的什么观点。研究历史，不能没有一种宏观把握的视角，个别事例也应该在宏观视角下加以分析才有意义。

从选拔人才中也可以看出独尊儒术。班固在《汉书·公孙弘卜式儿宽传》赞中说：“汉之得人，于兹为盛，儒雅则公孙弘、董仲舒、儿宽，笃行则石建、石庆，质直则汲黯、卜式，推贤则韩安国、郑当时，定令则赵禹、张汤，文章则司马迁、相如，滑稽则东方朔、枚皋，应对则严助、朱买臣，历数则唐都、洛下闳，协律则李延年，运筹则桑弘羊，奉使则张骞、苏武，将率则卫青、霍去病，受遗则霍光、金日磾，其余不可胜纪。是以兴造功业，制度遗文，后世莫及。”汉武帝所立的丰功伟业，与这些贤才的奉献和创造分不开。汉武帝时代人才最盛，汉宣帝时代也很盛，“孝宣承统，纂修洪业，亦讲论六艺，招选茂异，而萧望之、梁丘贺、夏侯胜、韦玄成、严彭祖、尹更始以儒术进，刘向、王褒以文章显，将相则张安世、赵充国、魏相、丙吉、于定国、杜延年，治民则黄霸、王成、龚遂、郑弘、召信臣、韩延寿、尹翁归、赵广汉、严延年、张敞之属，皆有功迹见述于世。参其名臣，亦其次也。”（《汉书·公孙弘卜式儿宽传》）为什么会如此之盛？班固又说：“汉兴六十余载，海内艾安，府库充实，而四夷未宾，制度多阙。上方欲用文武，求之如弗及，始以蒲轮迎枚生，见主父而叹息。群士慕向，异人并出。卜式拔于刍牧，弘羊擢于贾竖，卫青奋于奴仆，日磾出于降虏，斯亦曩时版筑饭牛之朋已。”（《汉书·公孙弘卜式儿宽传》）天下太平，需要人才来参与政治，帮助建立制度。汉武帝虚心诚敬，以蒲轮迎接枚乘，见到主父偃，十分感慨，相见恨晚。汉武帝这种求贤的态度，对贤才具有强大的吸引力，“群士慕向，异人并出”。汉武帝又从社会最底层发现、提拔一些优秀突出的人才。汉武帝英明，众多贤士才有机会充分发挥自己的才华。众多贤士的才华的充分发挥，才有汉武帝时代的盛世。

以上五十多人是史家认定的杰出人物，查他们的传记，他们主要是儒家学派的。其他学派都很少，只有一名是好黄老之言的，显然是“独尊儒术”的结果。如果认为只有所有的官员都是儒者，才算是独尊儒术，那么中国历史上就根本不存在这样的时代，也就是从未独尊过儒术。具有这种绝对化观念的人，是无法讨论社会科学之类问题的。

五、如何评论历史上的统治阶级

对于历史上的统治阶级的评价，需要历史唯物主义与历史辩证法的观点和方法。关于历史唯物主义，关于历史辩证法，关于新生产力的代表，关于先进文化，关于批判继承，都是需要讨论的问题。恩格斯在《反杜林论》中讲了这么一段话："讲一些泛泛的空话来痛骂奴隶制和其他类似的现象，对这些可耻的现象发泄高尚的义愤，这是最容易不过的事情。可惜，这样做仅仅说出了一件人所共知的事情，这就是：这种古希腊罗马的制度已经不再适合我们目前的状况和由这种状况所决定的我们的感情。但是，这种制度是怎样产生的，它为什么存在，它在历史上起了什么作用，关于这些问题，我们并没有因此而得到任何的说明。如果我们深入地研究一下这些问题，我们就不得不说——尽管听起来是多么矛盾和离奇——在当时的情况下，采用奴隶制是一个巨大的进步。……甚至对奴隶来说，这也是一种进步；成为大批奴隶来源的战俘以前都被杀掉，在更早的时候甚至被吃掉，现在至少能保全生命了。"① 奴隶制是一个巨大的进步，对奴隶来说也是一种进步。封建制度，特别是中央集权的专制制度比奴隶制更加进步，或者说是更加巨大的进步，对农民来说，也是一种进步。但是，过去革命的年代，批判所有的旧制度，把历史辩证法全忘光了！历史辩证法认为新兴的生产力代表的阶级是进步的，所建立的新制度也是比过去进步的，所创立的新文化也是先进文化。列宁说："我们只能利用旧社会遗留给我们的全部知识、组织和机关，在旧社会遗留下来的人力和物力的条件下建设共产主义。"② 又说："只有了解人类创造的一切财富以丰富自己的头脑，才能成为共产主义者。"③ 他特别强调要继承人类创造的全部知识财富，即文化，才能成为真正的共产主义者。在已经过去的人类历史中，所有新的生产力代表都是当时刚兴起的统治者，而不是奴隶与农民。过去许多人讲人民创造历史，却排除了所有的统治者，将所有的统治者都列入反动阶级，包括为统治者服务的所有知识分子，都作为永久批判的对象。好像在任何时候，

① 《马克思恩格斯选集》第 3 卷，人民出版社 2012 年版，第 561—562 页。
② 《列宁专题文集 · 论无产阶级政党》，人民出版社 2009 年版，第 278 页。
③ 《列宁专题文集 · 论无产阶级政党》，人民出版社 2009 年版，第 281—282 页。

统治者与为统治者服务的人都是反动的。为统治者服务在任何情况下都是不可饶恕的罪行。有人提出统治者与被统治者、奴隶与奴隶主共同创造历史，也遭到猛烈的批判。由此导出，有人认为中国的《二十四史》都是为帝王将相树碑立传的，是封建时代积累下来的文化垃圾。甚至有人要写与统治者对立的哲学史，他们不知道什么是时代精神，更不知什么是时代精神的精华。难道全人类创造的全部文化成果，都与统治者无关？长期缺乏历史辩证法的基本常识，于此可见一斑。不能接受和正确理解与运用历史辩证法和历史唯物主义，那么，所谓先进文化，所谓新生产力的代表，所谓文化的批判继承诸问题，都得不到合理的解决。所谓理论创新，也只剩下一句空话。我们提倡民主，当然要批判集权专制，但是，不能将历史上任何时期的中央集权封建专制都当作反动腐朽的东西来批判。我们有了现代科学，取代了旧科学，不能因此否定历史上所有的科学成果的价值与贡献。

六、汉武帝分别对待当时大儒

《史记·儒林列传》先说从刘邦到汉景帝，儒学不受重视。刘邦时忙于稳定社会，平定四海，还顾不上办学的事；汉惠帝、吕后时，“公卿皆武力有功之臣”；汉文帝“本好刑名之言”，汉景帝“不任儒者”，再加上很有实权的窦太后“好黄老之术”。所以儒生即使当了博士，也只是“具官待问，未有进者”。只当顾问，没有实权。司马迁叙述前代不重视儒者的情况，主要说明到汉武帝时代才真正重视儒学。汉武帝即位以后，“赵绾、王臧之属明儒学，而上亦乡之，于是招方正贤良文学之士。自是之后，言《诗》于鲁则申培公，于齐则辕固生，于燕则韩太傅。言《尚书》自济南伏生。言《礼》自鲁高堂生。言《易》自菑川田生。言《春秋》于齐鲁自胡毋生，于赵自董仲舒。及窦太后崩，武安侯田蚡为丞相，绌黄老、刑名百家之言，延文学儒者数百人，而公孙弘以《春秋》白衣为天子三公，封以平津侯。天下之学士靡然乡风矣。”（《史记·儒林列传》）窦太后强烈反对，早期提倡儒学的赵绾、王臧二人皆被害。窦太后崩后，儒学才蓬勃地开展起来，特别是公孙弘由于研究《春秋》当上天子三公，位极人臣，又封了侯，给当时士人树立了仿效的榜样。天下士人学习儒学成为一代风气、一种时尚。

汉武帝时代有两名儒生特别值得重视，那就是公孙弘与董仲舒。他们代表了中央集权制度下的儒生的两种不同的命运。董仲舒与公孙弘都是研究《春秋公羊学》的，也都是通过对策进入仕途的。董仲舒与公孙弘为汉朝统治服务，是一致的，但服务的方式不一样。用荀子关于从道与从君的说法，董仲舒是从道不从君，公孙弘是从道更从君。汉武帝对他们做了不同的安排：留公孙弘在身边参加决策，让董仲舒到外地任江都相。

据《史记·平津侯主父列传》记载：公孙弘，齐国人，放过牧，当过狱吏，40多岁才学《春秋》，养后母孝谨。汉武帝登基的建元元年（公元前140年），公孙弘60岁参加对策，被录取为博士。出使匈奴，完成任务的情况，汉武帝不满意，罢免回家。元光五年（公元前130年），汉武帝又开展对策，公孙弘再次被推荐参加，100多人的对策，太常令将公孙弘的对策摆在下等，汉武帝把公孙弘的对策提上来摆在第一，再任博士，派出到西南夷视察。回来说西南夷无所用，汉武帝不接受他的意见，但也没有再罢免他。

公孙弘恢奇多闻，生活十分节俭，用的是布做的被子，吃饭没有两样肉菜。后母死，他服丧三年。每次朝廷议事，他提出多种方案分析利弊，让皇帝自己选择，他不肯与皇帝在朝廷上当众争论。他懂的事情多，善于辩论，熟悉官场上文法与规矩，又能用儒学来解说文法。汉武帝非常高兴，两年中就提拔到左内史。他与汲黯结合，由汲黯提出建议，公孙弘附和，天子就很高兴地批准了。有一次，公孙弘与其他人约好向皇帝提一个建议。

在皇帝面前，公孙弘违背了先前约好的说法，顺着皇帝的意见说。汲黯当场指责公孙弘“多诈”“不忠”。皇帝问公孙弘，公孙弘说：“夫知臣者以臣为忠，不知臣者以臣为不忠。”汉武帝认为他说得对，以后别人说公孙弘不好，汉武帝也不理睬，反而更加信任公孙弘。元朔三年（公元前 126 年），公孙弘任御史大夫。汉武帝要设置朔方之郡，公孙弘多次表示不同意，认为那是无用之地。天子让朱买臣等人与公孙弘辩论，公孙弘看到皇帝意已决，就公开认负。汲黯说公孙弘位在三公，俸禄甚多，却用布被，是诈的表现。皇帝问公孙弘，公孙弘说有这事。他首先表扬汲黯，说汲黯是他最好的朋友，确实打中要害。然后说管仲奢侈，上与国君相当，晏婴节俭，下与平民同苦，齐国都治得很好。我现在只是跟晏婴一样，不影响治理国家。最后说如果没有汲黯的忠心，皇帝听不到这样的真话。皇帝任他为相，封平津侯。公孙弘善待宾客，他的俸禄主要用于招待宾客，家无余财。这方面也受到士人的赞赏。政治家喜欢这样的哲学家，所以留公孙弘在自己的身边，参加决策。公孙弘为学官，提倡儒学教化，得到汉武帝批准，“自此以来，则公卿大夫士吏斌斌多文学之士矣”。可见，公孙弘在当时影响很大，成为儒者榜样。当时著名的儒生辕固生告诉公孙弘：“公孙子，务正学以言，无曲学以阿世！”（《史记·儒林列传》）董仲舒也认为公孙弘“从谀”。公孙弘阿谀奉承，是当时学界的共识。

董仲舒，景帝时为《春秋》博士，弟子相授业，三年不窥园，经过对策，为江都相，中废为中大夫，后再任江都相，由于公孙弘提议，转胶西相，后辞职回家，著述。“汉兴至于五世之间，唯董仲舒名为明于《春秋》，其传公羊氏也。”（《史记·儒林列传》）

独尊儒术不是一句话所能完成的，而是一个漫长的综合创新的过程。荀子想独尊孔子儒学，由于当时政治还没有统一，统一思想只能是一种良好的愿望。秦始皇统一中国以后，统一思想才有了可能性。秦统一于法家思想，失败了。汉代开始兴起儒学。

董仲舒以儒家思想为主，在综合前人研究的基础上，大量吸收先秦的各种思想，按照自己的思想体系进行组织，自成一家之言。这一家可以称为新儒家。他的这个新儒家，比先秦原始儒家增加了很多思想内容，其中既有墨家的兼爱思想，也有阴阳家的阴阳五行思想，还有道家、法家、名家等各种思想。各家思想都有一方面的真理性，都是整个社会所需要的，所以才在激烈竞争中得以保存下来，而没有被淘汰。它们都在复杂的政治活动中起一定的作用，也都是不可或缺的。治理天下，是一个庞大的系统工程，需要许多思想。没有综合性的思想，只靠一家纯粹的思想，对于治理天下来说，显然是不够用的。

董仲舒以教师的身份，将汉武帝当作自己的学生，用儒学之道引导君主，教诲他如何行政，如何“强勉学问”“强勉行道”。批评当政者，“今废先王德教之官，而独任执法之吏治民，毋乃任刑之意与！”（《汉书·董仲舒传》）“故汉得天下以来，常欲善治而至今不可善治者，失之于当更化而不更化也。”（《汉书·董仲舒传》）“今陛下贵为天子……然而天地未应而美祥莫至者，何也？凡以教化不立而万民不正也。”（《汉书·董仲舒传》）于是董仲舒教导说：“是故南面而治天下，莫不以教化为大务。”（《汉书·董仲舒传》）“夫仁谊礼知信五常之道，王者所当修饬也；五者修饬，故受天之佑，而享鬼神之灵，德施于方外，延及群生也。”（《汉书·董仲舒传》）总之，董仲舒要汉武帝行道、改革、教化，最后落实到汉武帝本身要加强修养，提高素质。这都是董仲舒在对策中说的，只跟汉武帝一个人说的，几百年后由班固公布出来。班固认为这三对策非常重要，全文收录在《汉书》中，并且说：“及仲舒对册，推明孔氏，抑黜百家。立学校之官，州郡举茂材孝廉，皆自仲舒发之。”（《汉书·董仲舒传》）这些可以说明，汉武帝确实采纳了董仲舒的重要建议。有的学者说董仲舒三对策是班固伪造的，理由是《史记》中没有记载。《史记》一书记事数千年，人物数千人，岂能一一记载。《史记》所不载的人与事极多，不能说《史记》所不载的事物就不存在。班固在朝廷允许的情况下撰写《汉书》，根据皇家所藏的资料来编撰。董仲舒对策与汉武帝的策问联系在一起，如果伪造董仲舒对策，那就必须同时伪造汉武帝的策问。特别是关系到皇帝的言行，他怎么敢伪造？像王莽那样被认为是篡汉的大逆不道的罪人，有487573人上书歌颂王莽，精确到个位，都如实记载，如果让现代人来写，还不知会将王莽写成什么样子。

七、独尊儒术在《史记》中的反映

有的学者怀疑汉武帝是否真的独尊儒术。我们可以从《史记》中看到独尊儒术的影响。司马迁生活于汉武帝时代，开始按他父亲司马谈的说法，还是独尊黄老道家的，从《六家要旨》可以看出。后来独尊儒术，说明在汉武帝统治的这几十年中产生了这一巨大转变。这可以认为，在汉武帝时代，儒学开始独尊。《史记》中有《孔子世家》《仲尼弟子列传》和《儒林列传》，分别记载孔子身世、孔子弟子的情况以及孔子以后直至汉代研究儒学的状况。

《孔子世家》详细叙述了孔子的家世和他的成长过程，以及东游各国所遭遇的困难，等等。与诸侯王答对中，讲了一些话，有的就是《论语》中的语录。司马迁记述这些内容时，字里行间透露出一种崇拜心理。他在最后说：“《诗》有之：‘高山仰止，景行行止。’虽不能至，然心向往之。余读孔氏书，想见其为人。适鲁，观仲尼庙堂车服礼器，诸生以时习礼其家，余祗回留之不能去云。天下君王至于贤人众矣，当时则荣，没则已焉。孔子布衣，传十馀世，学者宗之。自天子王侯，中国言六艺者折中于夫子，可谓至圣矣！”（《史记·孔子世家》）以历代天下君王作为这个布衣的陪衬，可见他的崇拜心情。“至圣”的说法，这也是第一次。从此以后，历代称孔子为圣人、大圣、至圣先师、万世师表，连续不断，“帽子”也越来越大越高。有的人看了这些“帽子”有点眼红，但中国只有这一个最高的圣人，作为中华民族的文化象征，“帽子”怎么高也不过分。

《仲尼弟子列传》列了35人有准确年龄的，又列了42人无准确年龄的，共77人。这也是其他各家所没有的特殊待遇。

《儒林列传》列了孔子最主要的弟子，战国时代的儒家代表人物，直到汉代的经学博士，最后是董仲舒。司马迁听过董仲舒的讲学，他在《史记》中多次提到董仲舒，记载了从孔子到董仲舒的儒学传授过程，以及儒家人物。在《史记·太史公自序》中，有这么一段记载：太史公曰：“余闻董生曰：‘周道衰废，孔子为鲁司寇，诸侯害之，大夫壅之。孔子知言之不用，道之不行也，是非二百四十二年之中，以为天下仪表，贬天子，退诸侯，讨大夫，以达王事而已矣。’子曰：‘我欲载之空言，不如见之于行事之深切著明也。’”“董生”，服虔曰：“仲舒也。”这就是说，司马迁撰写《史记》的指导思想，与董仲舒和孔子的说法有一定的关系。这就是说，司马迁亲聆过董仲舒的教诲。

《春秋繁露·俞序》载：

仲尼之作春秋也，上探正天端，王公之位，万民之所欲，下明得失，起贤才，以待后圣，故引《史记》（不修春秋，鲁国史记），理往事，正是非，见王公，《史记》十二公之间，皆衰世之事，故门人惑，孔子曰：“吾因其行事，而加乎王心焉，以为见之空言，不如行事博深切明。”子贡、闵子、公肩子言其切而为国家资也。其为切，而至于杀君亡国，奔走不得保社稷，其所以然，是皆不明于道，不览于《春秋》也。故卫子夏言：“有国家者，不可不学《春秋》，不学《春秋》，则无以见前后旁侧之危，则不知国之大柄，君之重任也。故或胁穷失国，揜杀于位，一朝至尔，苟能述《春秋》之法，致行其道，岂徒除祸哉！乃尧舜之德也。”故世子曰：“功及子孙，光辉百世，圣人之德，莫美于恕。”故予先言：“《春秋》详己而略人，因其国而容天下。”《春秋》之道，大得之则以王，小得之则以霸。故曾子、子石盛美齐侯，安诸侯，尊天子，霸王之道，皆本于仁，仁，天心，故次之以天心。

这里的子夏之言：“有国家者，不可不学《春秋》，不学《春秋》，则无以见前后旁侧之危，则不知国之大柄，君之重任也”，在《史记·太史公自序》中也有引述，如说：“故有国者不可以不知《春秋》，前有谗而弗见，后有贼而不知。为人臣者不可以不知《春秋》，守经事而不知其宜，遭变事而不知其权。为人君父而不通于《春秋》者，必蒙首恶之名。为人臣子而不通《春秋》之义者，必陷篡弑之诛，死罪之名。其实皆以为善，为之不知其义，被之空言而不敢辞。”司马迁对《春秋》的理解更加深刻，这些思想也是《史记》中所包含的内容。他借讲《春秋》来讲《史记》，他的《史记》就是要表达《春秋》之义。壶遂将《史记》比《春秋》，而他说：“君比之于《春秋》，谬矣。”以否定的方式来肯定。孔子厄陈蔡，作《春秋》；司马迁遭李陵之祸，作《史记》，有相似之处。

先秦诸子百家，著名的有管子、孙子、老子、墨子、商鞅、庄子、公孙龙子、惠施等诸多名人名家，哪一位学者也没有进入“世家”与诸侯并列，哪一位大师的系列弟子、研究哪一派的历代学者也没有专门列传。道、墨也称显学，却没有《道林列传》，也没有《墨林列传》。要不是独尊儒术，《史记》的这些写法就很难解释。

当然，也有学者引述《史记》中的一些说法，证明司马迁是黄老道家的代表人物。如何解释这个矛盾呢？如果前面的现象都是肯定的，那么就是说司马迁既有黄老道家的思想，也有儒家的思想。由于汉代的思潮是先有黄老道家的思想盛行，后有儒家思想的独尊。如果承认司马迁的思想是随着时代的变化而变化的，那么，我们可以推测司马迁开始受到他父亲的影响，也是受到时代的影响而有黄老道家的思想，后来受到董仲舒等儒家的影响，也是受到时代的影响而有儒家的思想。这就是说，司马迁先有黄老道家的思想，最后归入独尊儒术。这里有一个转变的过程。这个转变过程，就是独尊儒术开始形成的时期。这就证明汉武帝时代正是独尊儒术产生的时代，汉武帝是独尊儒术的。

独尊儒术的影响：一是奠定中华民族的民族魂；二是增强民族凝聚力；三是稳定了和谐社会；四是巩固了统一大国的局面；五是为世界和平提供一种思想资源。独尊儒术的弊端在于，后儒思想僵化，搞教条主义，或者片面强调仁爱，不重视国防建设而遭外来侵略，宋代国势软弱就反映了这种弊端。任何一种思想一旦僵化，都是会有弊端的。孔子强调“权”的意义也就在这里。曾经一段时期，在阶级斗争观念的影响下，将所有的统治阶级都作为批判的对象，没有可以歌颂的地方。一概非古而颂今，这与秦代儒生一味颂古而非今正相反，都是走极端，殊途同归，归于错误。现代有些人批评司马迁有“扭曲的国家意识”“天真的观念”。用现代西方的观念批评两千多年前的大史学家，到底谁更“扭曲”，谁更“天真”？

八、独尊儒术反映在选用人才上

选用人才标准与方式，突出表明统治者的思想倾向。西汉初期，各级官员大多数是跟随刘邦打天下的元勋，只有像陈平、陆贾等少数人是文人，绝大多数是武将出身，“公卿皆武力有功之臣”。每一个新朝初期多用武将，是很自然的事。天下是将军们打出来的，打天下自然就要坐江山。这时候少数文人（主要是谋士）也会得到重用的，例如运筹帷幄的张良、陈平，游说诸侯的郦食其、随何、陆贾，筹集物资、建立制度的萧何、叔孙通，都属于这类少数被重用的文人。他们在战争中的作用也是非常重要的，楚汉战争的胜负的关键就在这些文人的作用上。在军事方面，汉军远不是楚军的对手。西汉建立之初，需要协调各种关系，调整利益分配，稳定社会秩序，建立必要的制度，没有这些文人也不行，社会的巩固与否，关键在这里。到了文帝时代，有一位杰出的文人就是贾谊。汉文帝非常欣赏他，一再提拔他，还想提他“任公卿之位”，主持变法改革。结果树大招风，还活着的将军们（周勃、灌婴、张相如、冯敬等）群起反对，年幼的皇帝顶不住，只好牺牲年轻的文人贾谊，向老将军妥协。汉景帝时代，异姓王已经没有了，同姓王也都是在优越的环境中泡大的，养尊处优，只会享受，没有经过磨难锻炼，不能胜任政治斗争。在下层官员中，他们的子孙却往往由于父母当小官吏的方便条件，有较多机会接触社会各阶层的人物，比较能够表现出自己的才华，得到上层人物的赏识，得以出人头地。到了汉武帝时代，汉朝建立已经七八十年，跟随刘邦打天下的开国元勋都死光了，他们的后代也开始分化，有的因为犯罪，被诛杀，或者免为庶人，降为平民。少数人物由于不同的原因，再次立功封爵。但是，这个时候，贵族出身的子弟与平民的子弟，基本上处于相对平等的地位进行公平竞争。由于条件差别，贵族出身的子弟机遇多一些，创功立业的比例大一些。平民也并不是没有机会，朱买臣就是一个典型。他是一个贫民，靠卖柴为生。在男尊女卑的时代，只有丈夫休妻子的时代，他却被妻子休了。后来，由于他刻苦读经书，研究儒学思想，有机会在皇帝面前“说《春秋》，言《楚辞》”，汉武帝一高兴，就“拜买臣为中大夫”，使他得以一再展示才华，最后官位“列于九卿”（《汉书·朱买臣传》）。汉武帝唯才是举，不拘一格，所以涌现了一大批杰出人才。

这些杰出的人才出仕的方式主要有因父亲而出仕的、明经的，以及被当政者发现并提拔的、当官推荐的、自荐的、参加对策的、察廉的、奉献财物任官的。因父亲而出仕的，称为“任子”，共有 12 名；明经出仕者有 9 名；被当政者发现并提拔的和参加对策的，各有 5 名；当官推荐的、察廉的、捐钱的各 3 名；自荐的有 2 名。还有个别是积功劳的、经商出身的、靠外戚关系的、好黄老言的各 1 名，还有 6 名情况比较复杂，难以归类的。“任子”，占 1/4 强。明经和对策的最多，有 14 名，也占 1/4 强。提拔、推荐、察廉，这三种方式，都是政府通过规范形式选拔的有 11 名，也占 1/4 强。明经与对策，主要是儒家学派的。其他学派只有 1 名是好黄老之言的，显然是独尊儒术的结果。

汉武帝用人成功经验有二：一用儒生；二用下层有能力的人。选拔主要采取理论与实践相结合的办法，他一上台就招贤良文学进行对策，就是直接讨论政治问题，看理论水平与思维能力如何，然后再在任用中进行实际考察。如对策中选上公孙弘，派他出使匈奴，回来后，汉武帝不满意，马上罢免。以后再次选上，在实际决策中，汉武帝很满意，不断提拔，直至天子三公、封侯。汉武帝能够大胆起用卫青、霍去病、金日磾，说明汉武帝有眼光，自己素质比较高。素质不高的领导者，不能分清善恶、贤不肖，不会知人，自然不善于任人；偶然用了贤人，就能维持统治；用了佞人，就归于失败，甚至国破家亡。善于任人，虽有些毛病，用其所长不影响大局。齐桓公任用管仲，自己虽然有许多毛病，仍然可以九合诸侯，一匡天下。齐景公素质不高，无德无能，任用晏婴主政，维持了统治齐国最长的时间。

九、汉代新儒学的启示

汉代新儒学得以独尊，而坚持先秦的儒学却一再受到打击。这是变与不变的不同命运。时代变了，理论不变，必然凝固、僵化，被淘汰；只有与时俱进，不断创新，才能有活力，有长久的生命力。

儒学的创新有各种不同的形式，当时最时髦的创新往往是比较肤浅的、表面的、见效快的，但不是水平最高的；当时受到冷落的创新，却可能是深刻的、重大的、带根本性的，后来才能日益显示出优越性和合理性来，影响是久远的。因此，创新成果的价值如何，不是当时就能看清楚的，需要长期的社会实践的检验。有的利在当代，有的功在千秋。

以此可见，理论的生命力在于精神，不在于具体结论。理论的基本精神要因地制宜，要与时俱进，要本土化，要时代化。希望一个结论“放诸四海而皆准”，视为万古不变的教条，都是懒汉的思维，都要陷入脱离实际，终于失败。不研究当前现实，不了解实际情况，不能从实际出发，任何高明的理论也会走向反面，变成谬误。

儒学能不能继承？过去统治阶级的思想是否需要全面抛弃？否定一切继承，曾经是一些“左派”幼稚病的普遍观念，他们的观念中只有历史虚无主义。谈儒色变，是 20 世纪批儒的后遗症。清除“左派”幼稚病的观念，仍然是艰巨的任务。

第十六讲
大同理想

中国传统的儒家是探讨社会问题，儒家哲学是政治哲学，终极目标就是实现社会每一个成员都过上幸福的生活，包括矜寡孤独废疾者，一个也不能少。

一、大同理想，天下为公

孔子认为，尧舜之前，没有私有制，自然界所有财富都是公有的，谁获得就归谁。那是人人为公的时代，可以称为“公天下”。从夏禹开始，人人为家，可以称为“家天下”。

家天下是以家庭为所有权单位。禹为天子，以后传给儿子启，启也传给自己的儿子，这样一直传下去。最后传于桀，桀表现不好，不能为民兴利除害，商汤起来带领人民推翻夏桀的统治，建立商朝，实现了改朝换代。孔子认为商朝取代夏朝，周朝取代商朝，社会制度都做了一些改革。孔子认为周朝以后，社会制度还要不停地改革，社会才能不断前进，不断完善，人民生活才能不断提高。

夏禹创立家天下以后，一直延续到清末，达4500年之久。其间不断改朝换代，不断改革创新，《二十四史》有实录，可供参考。

如何建设家天下，道家提出“小国寡民”的方案：国家很小，只有几户或几十户人家，与别国没有什么接触，虽然鸡犬之声相闻，却老死不相往来，不接触就没有矛盾。小国内部即使有矛盾，也是鸡毛蒜皮的小事，不会造成大的伤害。但是，这一理想在中国历史上没有实现过。国虽小，还必然有联系，也必然会产生矛盾、斗争，导致吞并。春秋时期，许多小国、弱国，都在纷争中消失。最后剩下七个大国，还在大规模战争中斗智斗勇。最后秦吞六国，统一天下。这说明小国寡民的理想不切实际，不通人性，不合民心。

法家主张以法治国，当政者颁布法令，百姓守法，天下就安定了，那就是令行禁止。但是，社会生活很复杂，有许多方面，不能都写在法典上，生活的许多方面是法所涵盖不了的，这自然会有漏洞。法管百姓，而不管制定法的人，他们贪婪逼得平民无法正常生活，只好起来造反。秦朝建立统一大国以后，不久就被人民起义所推翻，就是这样的历史教训。这说明治理社会单纯依靠法治是不够的。从秦朝灭亡以后，以后的朝代再也没有出现单纯法治的。

墨家提出十大主张，主要是兼爱、非攻。兼爱就是博爱，也相当于儒家讲的"泛爱众""博施于民而能济众"。非攻是反对侵略战争。如何阻止侵略战争，只通过外交游说是不够的，需要有更强的军事实力才能真正以兵去兵，以战去战。墨家这些思想有合理性，后来被儒家所吸纳。汉代独尊儒术以后，各家思想中有合理性成分，都融入儒家思想体系，形成完善的意识体系，因此有儒医、儒将的说法。

可能是后儒托孔子之名撰写了《礼记》中的《礼运》篇，提出儒家的最高理想，也是终极目标。

大道实行的社会，天下为公。少数人为公，大多数人为公，都不能算天下为公。这就要摆脱家庭的局限，就不能任人唯亲，要选拔道德高尚的贤人和有一技之长的能人，参加社会管理工作，才能使社会和谐，相互信任，和睦相处，每个人不仅要孝顺父母，还要尊敬别人的父母，不仅要宠爱自己的子女，也要同样对待别人的子女，每个社会成员都有一颗博爱之心，社会充满爱，所有老年人都有幸福的晚年，所有壮年人都有发挥才能的机会，都能为社会做出自己的贡献。每一个少年都有好条件，接受教育培养，获得茁壮成长。这样的社会，阴谋诡计没有出路，盗窃捣乱的现象不会发生，各家外门不关，道路上丢失的东西也没人捡，所有有用的东西都没人拿回家，这就是大同社会。

这种大同理想跟马克思的共产主义有相通之处。所谓“天下为公”，就是说社会的全体成员都有高尚的品德，奉献的精神，毫不利己，货“不必藏于己”，就是消灭私有制，实行全民公有制，没有必要将货物藏于自己的家里。所谓“壮有所用”，就是“各尽所能”，“力恶其不出于身”，劳动成为社会各个成员的第一需要。“老有所终”“幼有所长”“矜、寡、孤、独、废疾者皆有所养”，这就是共产主义“按需分配”的原则。“男有分，女有归”，使人类社会每个成员都有合适的位置，在性爱诸方面都能得到合理的满足，获得充分的享受。整个社会“谋闭而不兴，盗窃乱贼而不作”，没有人尔虞我诈、钩心斗角，整个社会都处于和谐状态，没有阶级，没有剥削，没有战争，每个人都生活在安全幸福、无忧无虑的环境中。

让社会所有成员都生活在幸福中，以这个为终极目标的，就是社会最高理想。中国儒家的大同理想与马克思的共产主义，都是这种最高理想。

中国儒家提出大同理想已经两千多年还没有实现，因为这是最高理想，当然不是容易实现的。但难以实现，不等于不能实现。

中国古代儒家根据当时社会存在的问题，设计出大同世界的理想社会，虽然至今没有实现，但它在以后的两千多年中，对于许多精英分子有引导作用。有些思想家据此向当政者提出施仁政的建议，有些思想家以最高理想为标准对历代当政者做出评论与评价，分析政治实践的功过。还有个别思想家更进一步，想将大同理想付诸实践，企图划出一小块区域，做试验，研究探索特区的建设，以便未来扩大。明代何心隐就做过聚和堂的试验。

二、聚和堂试验

明代何心隐在他的家乡江西永丰县做过这种试验。他创办了一个聚和堂，将本宗族的人联合为一个共同体，他捐资千金，在聚和堂旁建一所学堂，聘请名师来教导本宗族的青少年。这个学堂颇有特色，所有学生都住在学堂内，过着平等的集体生活，没有贫富差别，一起学习，一起吃住，这样可以减少私心杂念。家里有事，可以请假。还有许多具体的规定，如每家只能给子弟送饭，不能送果品玩好，“勿徇妇人……勿纵以子递盛饰，勿快以子递厚味”，就是让富家不要给子弟送漂亮衣物和美味佳肴。还规定，十年之后，学生“不论贫富，冠婚衣食，皆在祠内酌处”。不分贫富、冠礼、婚礼都在祠堂内举行，仪式一样。外姓子弟愿意来学，均表示欢迎，并且一视同仁。除了办学堂之外，在经济诸方面也进行合作，“计亩收租，会计度支，以输国赋”。“凡冠婚丧祭，以迨孤独矜寡失所者，悉哉以义，彬彬然礼教信义之风，数年之间，几一方之三代矣。”由专人计算，缴纳国赋，按合理的原则，对失去依靠的人进行救助。几年之间，这里的社会风气变得特别好，几乎可以称得上“一方之三代”。三代指夏、商、周，即小康社会。虽然比不上大同社会，是小康社会，也已经比现实好多了。

聚和堂请专人会计，根据国家规定，缴纳赋税。这样，官员就无从收贿，地方官得不到利，心怀不满。嘉靖三十八年（公元1559年），地方官要收“皇木银两”的杂税，人民反抗，杀伤吴善五等六人，官吏就把罪名加在何心隐头上，将他逮捕入狱。后把他定罪，充军贵州，聚和堂也就因此解体了。仅仅因一个小官吏作梗，聚和堂就解体了，说明这种组织很脆弱，经不起折腾，是走不通的。

古代儒家讲的是大道之行，天下为公，说的是“天下”，个别地区是行不通的。马克思讲的共产主义也是全世界的事，不是一个地区、一个国家所能实现的。在这一点上，马克思主义与儒学是相通的。

三、近代大同说

中国古代的大同理想与近代西方社会思想相结合，产生了近代大同说。康有为用《公羊传》的三世说来注《礼运》篇。《公羊传》的三世指太平世、升平世、据乱世。康有为认为，孔子说的“大道之行”的大同社会就是太平世。“三代之英”的小康社会，就是升平世。而孔子所处的春秋末期是据乱世。康有为认为自己所处的时代也是据乱世。希望通过社会变革，可以进入小康社会，即升平世，最后要进入太平世。他把社会理想太平世称为“大同”，著《大同书》。

佛教讲人间是苦的，佛教的职责就是将俗人超度到西方极乐世界；基督教认为人有原罪，必须在人间受苦行善来赎罪。康有为要创立儒教，首先也要讲人间的苦。他用大量篇幅讲“压制之苦”“阶级之苦”“刑狱之苦”“贫穷之苦”“天灾之苦”“人道之苦”“人治之苦”“人情之苦”。不但贫穷之人有苦，富贵之人、帝王神仙也都有苦，富人多田有“忧纳税之苦”，店家有“忧倒闭之苦”，财多有“忧盗贼之苦”，当官的有“忧逢迎上司之苦”、有“忧遭弹劾倾轧之苦”、有“杀身族诛之苦”。帝王有“忧水旱天灾之苦”、有“忧敌国外患，盗贼满山之苦”、有“国破家亡之苦”、有“遭逢革命上断头台之苦”，神仙也有“断头杀身，破家沈族，以救世患之苦”。康有为讲的这些苦，有阶级之苦，帝王遭逢革命之苦，都已经有了近代的气息，他创教的目的在于“去苦求乐”。他说：“立法创教，令人有乐而无苦。善之善者也。”他认为只有建立大同世界，才能使人有乐而无苦。大同世界，没有贫富差别，没有阶级，没有战争，没有私有财产，没有国界，没有种族差异，是一个至平、至公、至仁的最高理想世界。康有为所设计的思想世界，不在彼岸，也不在西方极乐世界，不在天堂，也不在地下，就在现实社会，这与孔子的设想是相一致的。

如何实现这种社会理想，康有为提出去九界：如去国界合大地，去级界平民族，去种界同人类，去形界保独立，去家界为天民，去产界公生业，去乱界治太平，去类界爱众生，去苦界至极乐。每一界如何去法，他也有具体详细的设想，如将私有制变成公有制。共产主义也有这一条。但是，占领大片土地的富贵人家不接受，怎么办？马克思号召全世界无产者联合起来，实行无产阶级专政。中国共产党领导人民起来革命，打土豪，分田地，实现了耕者有其田。这一实践证明了马克思的设计是有效的，不是空想。马克思还有一个理论，发展科技，提高生产力，才能改变生产关系。就是说，生产力高度发展，社会极大丰富，人们思想觉悟大大提高，大同社会才可能实现，所有财产归全民所有，这就是“共产”的意思。

康有为设计的大同社会，融合了中国传统的大同理想和西方近代文化，经过研究整理出来的。他想通过取消（去）国家、民族、阶级等的差别，来实现大同。但是如何消灭，却是很难的事。康有为《大同书》比《礼记》所讲的要详细，有西方近代文化的补充。这些都将为以后政治改革提供参考。

孙中山曾题字“天下为公”，说明他也受到中国儒家传统大同理想的影响。中国革命者容易接受马克思主义，认同共产主义，也说明中国传统文化中有这方面的基因。总之，我以为中国儒家传统思想中有一些成分与马克思主义相能，与共产主义相通。因此，现在提倡中华民族文化自信，复兴中华文化，与坚持马克思主义也是相一致的。只要不是死记硬背马克思的一些结论，而是理解马克思的说法，又能将其基本精神与革命实践相结合，就不难领会其精神并在实践中取得成功。毛泽东领导革命，就是这方面突出的代表，光辉的榜样。

附 录

领导干部应从中华文化中汲取哪些政治智慧

周桂钿

习近平总书记指出，“中华文化积淀着中华民族最深沉的精神追求，是中华民族生生不息、发展壮大的丰厚滋养”[①]。

这一重要论断，指出了中华文化的价值所在。中华文化源远流长、博大精深，蕴藏了许许多多优秀、精辟、独特的思想精华，学习和掌握其中的各种思想精华，对树立正确的世界观、人生观、价值观很有益处。

那么，对于领干部来说，应该从中华文化中汲取哪些滋养呢？我认为，最突出的是政治智慧。

一、中华文化的特长：政治智慧

有两千多年历史的古国有中国、古巴比伦、古埃及、古印度等诸多国家，而文明没有中断，保留到现在的只有中国。用天干地支纪年、纪日，六十一循环，连续记载两千多年的自然变化和社会变迁，为世界保存一份不间断的记录，这就是世界历史文化的瑰宝——《二十四史》。中国虽经许多变革和改朝换代，也没有中断，这是奇迹！

① 习近平：《胸怀大局把握大势着眼大事 努力把宣传思想工作做得更好》，《人民日报》2013年8月21日。

中国地域广大，地形复杂，人口众多，民族多样。虽然有过春秋战国、魏晋南北朝和五代十国的数百年分裂割据时代，最终仍然要合起来，从秦汉时代到现代，中国在两千多年中基本维持统一大国的局面，这也是奇迹！

持续不断，统一大国，这两大奇迹是政治智慧在长期实践中产生的成果。

长期延续统一大国，是依赖于完善的社会制度，而制度的完善又依赖于合理的因革创新。因是因袭、继承，革是改革变法，不断地因革，使社会制度能适应社会的发展、进步。在交通、通信条件非常落后的夏、商、周三代时期，要统治地域广阔的“天下”，周代采取分封建国的封建制度，用分片包干的办法，将偏远的土地和人民分给亲属、功臣去管理，定期向周天子述职，保持周天子的权威地位。推行敬天保民的执政理念。敬天，就是要维护天子的权威，保证天下一体。保民，民为国家的根本，是上天委托君王保护的，伤害民，就是违背天命。

为了保民，必须任贤使能。选拔贤能，也在历史上有过许多改革和创新，最重要的应该是隋唐时代实行的科举制度，一直沿用一千多年，到清朝末年。考试奠定了文官制度，选拔结果使社会各阶层处于流动的状态，放牛娃也能一举成名、进入仕途，官宦人家的子弟不学无术，也会落入底层。

官僚机制也在不断改革中，先有三公九卿，后有九品中正，又有五府六部，分工协作，有国相协助皇帝调理各部门的关系，使政权机构像一个活人，动作协调，运动自如。

机构、制度的基础是一些重要的基本理念，如大一统论、为政以德、和为贵、和而不同，但最根本的还是以民为本。

二、政治智慧的核心：以民为本

将人民看成政治的根本，是中华民族数千年前传下来的优秀传统，是政治智慧的核心，是最精华的部分。民本观主要有以下几点：

（1）民是国家的根本。民为邦本，国以民为本，民是天下的主人，是历史的决定者，得民心者得天下，天下盛衰兴亡，决定于民心的向背。明智的当政者就知道为人民兴利除弊，“先天下之忧而忧，后天下之乐而乐。”这个“天下”就是指天下人民。

（2）君民关系，民贵君轻。许多人以为君主有至高无上的权力，君主的权威压倒一切，而老百姓在社会底层，任人欺压。许多古圣先贤从历史上总结出民贵君轻，君以民为本，是极高的政治智慧。开明的君主认识到，“为君之道，须先存百姓”。上天立君以为民，君为民服务，才能维持下去；不能为民服务，还要欺压人民，那就是违背天命，众叛亲离，孤家寡人，落得国破家亡，为后人所耻笑。

（3）吏为民役。各级官吏都是人民的仆役，人民是主人，缴纳税收来雇用官吏当仆役，这就是传统的公仆思想。在人民面前，耀武扬威，作威作福，自以为是人民的“父母官”，这些没有传统道德的腐败分子太不自量了。

（4）利民就是公义。在公私关系上，在义利关系上，许多人觉得很难分清楚。实际上也可以作最简单的划分，为人民谋利，就是公，就是义；为自己谋利，就是私利。到底是为人民，还是为自己，领导干部自己一般都很清楚，是不难分别的。当然，有的时候对于具体问题，缺乏理论修养，没有全局观念，受蔽于眼前状况，也可能作出错误判断。

古人用水与舟作比喻，水则载舟，水则覆舟。也比作鱼水关系，鱼有水则活，离水则死。数千年的历史经验反复证明任何政权与人民群众的关系就是这样的。因此，任何政权都不允许有伤害人民的官员存在，一经发现，就要惩治、清除，如果任其发展，这个政权就会失去执政能力，离彻底垮台就不远了。因此，与人民为敌的官员不被政权惩治，必将成为政权的殉葬品。无论如何，都不会有好结果。相反，如果站在人民一边，则无往而不胜。孙中山的“三民主义”，毛泽东的“为人民服务”，都是继承中华文化的优秀传统，立下不朽功业。

三、快乐一生的政治智慧：以“不贪为宝”

中华文化中的政治智慧非常丰富，任何领导干部只要把人民摆在心中最高的位置上，其他问题也就迎刃而解了。对于个人来说，如果有以“不贪为宝”的信念，那就可以无愧无悔。这是快乐一生的政治智慧。

鲁国相公仪休可以说是不贪的典范。他喜欢吃鱼，有人投其所好，给他去送鱼。他不接受。有人问他，你不是很喜欢吃鱼吗？为什么不接受别人送的鱼，他说，我如果收了别人的鱼，就当不成国相，以后别人不再送鱼，就没有鱼吃了。老子曾说，这才是真正懂得爱惜自己的人。

一些领导干部贪财，有的仗着自己有后台，后台后面还有大靠山，有恃无恐，疯狂地贪污受贿，不久就被判了死刑，没收了财产。有的开始很谨慎，循规蹈矩，不敢贪，后来稍不留心，防线突破，贪心越来越大，最后落入法网，进入监狱。情况虽不同，但都由于贪。贪污受贿的钱还没花，就被全部没收，只买了一张进监狱的“门票”，或换来一张地狱的“入场券”。无数贪心的教训，验证了以“不贪为宝”的箴言。

孔子的弟子子罕当地方官，有人给他送来一块宝玉，并说专家鉴定过，质量还不错。子罕不收，说，宝玉是你的宝贝，不贪是我的宝贝。我收了你的玉，你的宝贝没了，我的宝贝也失掉了，不如各自保存自己的宝贝。客人说，我一个平民有这么贵重的宝玉，不敢出门，躲在家里也不安全。怎么办？于是，子罕把宝玉留下，请玉工加工，然后卖掉，扣除玉工的工钱，用剩下的钱帮客人购买房屋，置办田产，安顿好客人，算是好事做到底。

现在的法律是贪污受贿有罪，行贿也有罪。这个献宝玉的客人有什么罪？应该如何定罪？平民百姓有了困难，不送礼解决不了，如果领导干部能为百姓排忧解难，百姓何必送礼？定行贿罪是贪官想出来的，为了掩送礼人的口。当然，有些送礼的人想借用当官的公权力追求自己的非分之想，也是不正当的。百姓的正当要求，当官的不给办，有没有失职渎职的惩罚制度？

总之，领导干部无论水平高低，能力大小，只要坚持两条：以民为本，以“不贪为宝”，就会立于不败之地。